名师工程 教研提升系列

高中数学探究活动课课例集

刘志成 秦文波 —— 主编

中教育科学"十四五"规划2022年度一般课题"基于SOLO理论的高中学生分析素养培养策略研究"（课题批准号:K22YG120575）研究成果

中教育评估研究会2024年度重点课题"高中数学课堂深度学习评价指标构建与实践研究"（课题批准号:PJY2024046）阶段研究成果

西南大学出版社
国家一级出版社 全国百佳图书出版单位

图书在版编目（CIP）数据

高中数学探究活动课课例集 / 刘志成，秦文波主编. 重庆：西南大学出版社，2025.6. -- ISBN 978-7-5697-3130-9

Ⅰ. G633.602

中国国家版本馆 CIP 数据核字第 2025UJ9611 号

高中数学探究活动课课例集
GAOZHONG SHUXUE TANJIU HUODONG KE KELI JI

| 主　　编 | 刘志成　秦文波 |
| 副 主 编 | 李洁平　简　毅　谭　大 |

选题策划｜王玉菊
责任编辑｜刘欣鑫
责任校对｜鲁　欣
装帧设计｜闻江文化
排　　版｜陈智慧
出版发行｜西南大学出版社（原西南师范大学出版社）
　　　　　网上书店 https://xnsfdxcbs.tmall.com
　　　　　地　　址：重庆市北碚区天生路2号
　　　　　邮　　编：400715
　　　　　电　　话：023-68868624
印　　刷｜重庆市圣立印刷有限公司
成品尺寸｜170 mm×240 mm
印　　张｜15.5
字　　数｜320千字
版　　次｜2025年6月　第1版
印　　次｜2025年6月　第1次印刷
书　　号｜ISBN 978-7-5697-3130-9
定　　价｜68.00元

编委会

主　审 | 刘志成

主　编 | 刘志成　秦文波

副主编 | 李洁平　简　毅　谭　大

编　委（按姓氏笔画排序）

杨　芳　吕万碧　蒙春雪　王灿若

熊　炬　陈治超　梁正伟　熊丽涢

周　莉　何钰芳　张桂萍

前言

在当今这个信息爆炸的时代,数学不仅是科学殿堂的基石,更是现代社会运转不可或缺的"语言"。对高中学生而言,数学不只是学业的一道难关,更是打开科学世界大门的一把钥匙。为了顺应教育改革的潮流,激发学生的数学学习兴趣,培养他们主动探索、解决实际问题的能力,为教师们的探究活动课教学提供一定的参考,我们精心编纂了《高中数学探究活动课课例集》一书。

本书汇聚了区域优秀一线数学教师的实践经验与智慧结晶,旨在通过一系列精心设计的探究活动课例,为学生提供一个全新的数学学习平台。这些课例不仅覆盖了高中数学的核心知识点,更融入了现实生活、科技前沿等多维元素,使数学学习不再枯燥无味,而是充满了探索的乐趣和发现的惊喜。

在编纂过程中,我们特别注重以下三点:一是紧跟教材,贴近学习实际情况。多数课例都来自2019年人教版《普通高中教科书·数学(A版)》(简称2019年人教A版教材),小部分课例是教材的延伸,力求与学生的实际学习和生活紧密相连。二是注重过程、培养能力。我们鼓励学生主动参与探究过程,通过观察、猜想试验、交流研讨、推理验证等多种学习方式,培养他们的自主学习能力、批判性思维和解决问题的能力。在这个过程中,学生不仅能够掌握数学知识,更能学会如何运用数学去解决实际问题。三是鼓励创新、拓宽视野。每个课例都设有挑战性的问题,鼓励学生勇于尝试、不断创新。我们希望通过这些探究活动课课例,拓展学生的数学视野,激发他们的创新意识和提高他们的实践能力。

此外，本书还特别注重教师角色的转变。在探究活动课中，教师不单是知识传授者，也是学生学习的引导者和伙伴。我们希望这本书能够成为广大数学教师开展探究活动课的得力助手，帮助他们更好地设计和组织数学探究活动。特此提出以下优化数学探究活动课教学的四点建议。

一是明确数学探究活动的含义与表现。数学探究活动课是围绕某个数学问题，开展自主探究、合作研究并最终解决问题的过程。其具体表现为：发现和提出有意义的数学问题，猜测合理的数学结论，提出解决问题的思路和方案，通过自主探索、合作研究论证数学结论。我们应根据数学探究活动课的基本含义和过程，按课标提出的基本要求、基本流程来实施教学探究活动课。

二是改变教师的教学方式、学生的学习方式。数学探究活动课的含义、课程性质与课程目标决定了数学探究活动教学的目标指向不只是知识与技能，还有能力与素养；其也决定了在数学探究活动课中，学生应以更强的自主性、合作性、探究性、创新性方式进行学习。只有这样，学生才能更好地掌握数学思想方法，积累数学活动经验，增加对数学的情感和兴趣。为了突破课堂时间对学生探究的限制，应借鉴翻转课堂的理念与做法，建立课前探究、课中交流和再探、课后拓展一体的教学机制。

三是加强对学生数学探究基本方法的指导。鉴于学生探究意识、探究能力比较薄弱的现状，为了促进学生有效探究，教师应在探究策略方法的研讨上多花时间。学生通过独立思考、小组讨论、全班交流及教师指导明晰探究所用的主要策略与方法：观察与尝试，归纳与猜想，从简单到复杂，如从低到高、从特殊到一般、从相互独立到相互关联等方法展开探究。教师应认识到讨论探究策略方法、理解探究策略方法、实践探究策略方法是发展学生数学思维、提高学生探究能力的基本途径与方式。

四是抓本质、抓关键，着力发展学生的数学思维。数学探究活动课涉及面广、综合性强，我们需要基于探究对象的特点，在全面把握探究策略方法的基础上突出重点。

最后，我们要感谢所有为本书编纂付出辛勤努力的同仁和朋友们。正是有了他们的支持和帮助才有了《高中数学探究活动课课例集》一书，也希望教师们给本书提出宝贵的建议。

编者

2024.12.13

目录

课例 1 探究函数 $f(x) = x + \dfrac{1}{x}$ 的图象与性质 ············· 001

课例 2 互为反函数的两个图象间的关系 ············· 011

课例 3 函数 $y = A\sin(\omega x + \varphi)$ 及函数 $y = A\cos(\omega x + \varphi)$ 的周期 ······ 020

课例 4 利用单位圆的性质研究正弦函数、余弦函数的性质 ············· 029

课例 5 1 的 n 次方根 ············· 037

课例 6 祖暅原理与柱体、锥体、球体的体积 ············· 044

课例 7 探究球的体积公式 ············· 052

课例 8 双曲线渐近线的探索 ············· 062

课例 9 为什么二次函数 $y = ax^2 + bx + c$ 的图象是抛物线 ············· 070

课例 10 牛顿法——用导数方法求方程的近似解 ············· 075

课例 11 子集的个数有多少 ············· 085

课例 12 组合数的两个性质 ············· 090

课例 13 二项分布的性质 ············· 099

课例 14 斐波那契数列 ····················· 107

课例 15 用信息技术探究点的轨迹——椭圆 ············ 121

课例 16 函数 $y = A\sin(\omega x + \varphi)$ 的图象 ············ 128

课例 17 超几何分布与二项分布的区别与联系 ··········· 140

课例 18 圆锥曲线的形成 ····················· 147

课例 19 圆锥曲线的光学性质——椭圆 ············· 156

课例 20 从"圆"到"球" ···················· 170

课例 21 一元三次函数的图象和性质 ··············· 183

课例 22 函数 $y = x^a - \log_b x$ 的图象与性质——信息技术在探究函数图象与性质中的运用 ······················· 192

课例 23 正方体截面的探究 ···················· 202

课例 24 探究复数的三角表示式 ·················· 211

课例 25 函数模型的应用案例 ··················· 217

课例 26 杨辉三角的性质 ····················· 232

课例 1

探究函数 $f(x) = x + \dfrac{1}{x}$ 的图象与性质

一、教学内容及其解析

(一)内容

(1) 函数 $f(x) = x + \dfrac{1}{x}$ 的图象.

(2) 本课例用时为 1 课时,探究函数 $f(x) = x + \dfrac{1}{x}$ 的图象与性质.

(二)内容解析

本节取自 2019 年人教 A 版教材必修一. 数学探究是指学生在主动参与的前提下,根据自己的猜想和假设,运用数学方法对问题进行研究,在研究过程中获得能力、提升素养、发展思维、构建知识的一种学习方式. 本课例内容是学生进入高中阶段后第一次进行数学探究的题材,教材直接呈现了紧密相连、逐层递进的 7 个问题,这为教学提供了广阔的创意空间. 函数 $f(x) = x + \dfrac{1}{x}$ 是两个幂函数的"函数和",它是一个典型的函数模型,它的图象与性质在现实生活中有着广泛的应用.

2019 年人教 A 版教材设置"探究与发现"栏目,是实现数学建模和数学探究活动的一个窗口,而探究"函数 $f(x) = x + \dfrac{1}{x}$ 的图象与性质"这个题材十分契合函数主题. 这个栏目包含了函数的图象、函数的性质、幂函数等,能有效补充学生对函数认识的不足,比如打破只从函数图象探究性质的模式,创建从性质到图象、又从图象到性质相结合的研究模式.

这样的探究活动课可以培养学生的整体性意识、创新性思维,提高他们发现问题与提出问题、分析问题与解决问题的能力. 学生学会探究的方法,并体会探究的乐趣,逐步养成自我探究的习惯,进而提高探究的能力.

基于以上认识,本节课的教学重点为探究函数$f(x)=x+\dfrac{1}{x}$的图象和性质,总结研究一个函数的一般方法.

二、学生学情分析

在初中阶段,学生已经了解函数是解决实际问题的重要模型,高中阶段学生已经学习了函数的概念和性质,幂函数和基本不等式等内容.他们能利用函数单调性的定义等来研究函数的单调性,也学会研究函数的奇偶性、最值等,具备了进一步研究函数$f(x)=x+\dfrac{1}{x}$的图象与性质的能力.在此基础上,学生初步养成了从"图象视角"和"运算视角"分析数学问题的习惯.

学生对两个或多个函数线性相加所得的新函数接触不多、理解不足,表现出对新函数图象和性质的探究意识不强、自主探究能力不高的行为,大部分同学缺乏自主发现问题和提出问题的意识.

三、教学目标及其解析

(一)目标

(1)通过对函数$y=x$与$y=\dfrac{1}{x}$图象与性质的回顾,学生学会归纳研究函数图象的一般方法,体会数形结合的思想.

(2)根据研究函数性质的一般步骤,学生学会归纳探究函数$f(x)=x+\dfrac{1}{x}$的性质,通过证明结论,发展数学推理能力.

(3)通过对函数$f(x)=x+\dfrac{1}{x}$图象与性质的探究,学生体会探究活动课的价值与合作交流的意义,进一步提高逻辑推理能力,发展直观想象、数学运算、逻辑推理等数学核心素养.

(二)目标解析

达成上述目标的标志如下.

(1)学生能从函数解析式出发研究函数的性质,结合性质能猜想出函数$f(x)=x$

$+\dfrac{1}{x}$ 图象的大致形状.

(2)学生能用描点法画函数 $f(x)=x+\dfrac{1}{x}$ 的草图,能提出改进画图的可操作性方法。比如多选取点,能借助函数图象的特征进行平移等,通过合作探究能直观感知函数的图象变化趋势,并用代数运算进行证明.

(3)学生能积累研究函数图象和性质的方法,能自主发现问题和提出问题,能深刻体会化归思想和数形结合思想.

四、教学策略分析

本节课以实际问题为背景引入探究主题,带领学生体会研究对勾函数的必要性. 教师应用问题探究式教学方式,提出具有启发性的问题,引导学生有逻辑、有脉络地进行探究学习,让学生充分参与获取知识的实践活动.特别是在函数 $f(x)=x+\dfrac{1}{x}$ 图象探究的过程中,引导学生深度参与探究过程.

基于"几何思想",根据学生的认知基础,教师引导学生利用图象特征研究新函数,理解新函数的基本性质,寻找解决问题的思路.基于"运算思想",引导学生利用运算思想研究并严格证明新函数的单调性、奇偶性,利用基本不等式求最值和确定单调性的分界点.基于"极限思想",结合函数 $y=x$ 和 $y=\dfrac{1}{x}$ 的图象变化趋势说明函数 $f(x)=x+\dfrac{1}{x}$ 的图象变化趋势,引导学生用无穷变化的眼光去看问题.教师采用理论推导和信息技术相结合的手段,从函数图象无穷逼近某条直线引出渐近线概念,帮助学生理解函数的变化趋势,帮助学生从有限认识无限、从不变认识变、从直线形认识曲线形、从近似认识精确,拓展了解决问题的途径.

教学难点:如何找到研究新函数的视角,确定的单调性"分界点"、函数的图象及变化趋势.

五、教学过程

(一)创设情境,提出问题

教师课前播放小视频,让学生了解最近我国部分地区缺电及电力部门计划开发太阳能的情况,并提出以下问题.

问题1：国家电力部门为了开发太阳能，计划在西部的戈壁上建造一个占地面积为 1 km² 的长方形太阳能电厂.(由于受到某种客观条件限制，电厂周围需要修建围墙，并且长方形围墙的长在 1.5 km 到 2 km 之间)为了缩减成本，要怎样设计才能使长方形围墙的长与宽之和最短？

师生活动：学生独立思考、作答，全班交流.引出函数 $f(x) = x + \dfrac{1}{x}$，$x \in [1.5, 2]$.

追问：对于函数 $f(x) = x + \dfrac{1}{x}$，$x \in [1.5, 2]$，当 x 取什么值时，$f(x)$ 有最小值？你能猜出它是多少吗？

师生活动：学生独立思考、作答，全班交流，有的学生一开始可能会回答当 $x = 1$ 时，$f(x)$ 有最小值.但经过思考后发现这个函数在 $x = 1$ 处没有定义，转而思考函数的性质.学生可能猜出在 $x = 1.5$ 处有最小值，但是不清楚原因，教师引出研究的必要性，提示学生要解决这个实际问题，还应研究函数 $f(x)$ 在整个定义域上是怎样变化的，引出本节课的课题.

设计意图：从实际问题引出函数模型，引起学生研究函数 $f(x) = x + \dfrac{1}{x}$ 的兴趣，激发学生的探究欲望.教师让学生猜想函数的最小值答案时，实际上已经利用了函数 $f(x)$ 在 $[1.5, 2]$ 上的一个性质，引发学生进一步思考.如果提出与这个函数相关的更多问题，就必须研究该函数更多的性质，从而让学生明白函数的整体性质，理解研究的必要性.

（二）探究思考，形成新知

问题2：面对一个新函数 $f(x) = x + \dfrac{1}{x}$，你认为可以从哪些方面研究这个函数？

师生活动：学生独立思考、作答，全班交流.教师可以适时引导.

由于函数描述的是两个变量之间的对应关系，因此我们通常从形和数两个方面去研究函数的图象与性质.具体可以从定义域、值域、单调性、奇偶性、最值、函数图象等方面对该新函数进行研究，明确研究目标.

问题3：你认为应该如何研究函数 $f(x) = x + \dfrac{1}{x}$？

师生活动：先让学生按小组合作进行探究，再让小组代表到讲台分享探究结果，最后师生共同总结.

预设1：第一小组代表先画出函数的图象，再利用图象和解析式，回答函数的值域、单调性、奇偶性等问题.

师生总结：以前我们学习一类新的函数，一般先从函数的图象开始研究函数的性质，如已学的幂函数．但采用这种方法研究的前提是函数的图象可以通过列表、描点、连线画出来，而且该函数比较容易选点．

设计意图：通过小组代表呈现的想法，同学们都知道研究一个函数的常规途径是先画图象，再研究性质．同时教师指出这种方法依赖图象且对图象的要求较高，画图需要精准．

预设2：第二小组代表分析函数的解析式后，先对函数是否具有某种性质进行猜想，然后通过逻辑推理验证这种猜想．可先研究函数的定义域、奇偶性、单调性、值域等性质，结合性质再研究函数的图象．

师生总结：如果我们知道函数的对称性，画图时就只需要作出图象的一部分，利用对称性就可以画出另外部分，这为研究图象提供了方便．再结合单调性等性质就可以确定函数的大致形状．用定义法判断函数单调性时，需要先知道分界点，但这个分界点难以确定．

设计意图：从性质出发研究函数图象，这是一种新的研究模式，通过对函数性质的研究，可以更加准确地画出函数的图象，进而可以研究其他性质．但这种研究路径在研究函数单调性时也有可能会碰到困难，因此应先明确探究任务．

追问：以上小组的研究路径能否结合一下？

师生活动：可以采用结合的形式，从"几何思想"和"代数运算"两个视角把不同的研究路径结合起来使用．

设计意图：让学生知道可以从数和形两个方面同时对函数进行研究，引导学生选择合理的探究路径．先从解析式出发，研究函数 $f(x) = x + \dfrac{1}{x}$ 的定义域和奇偶性，再画出函数的图象，通过图象探究函数的单调性和变化趋势．

（三）探索函数 $f(x) = x + \dfrac{1}{x}$ 的图象与性质

问题4：请尝试猜想函数 $f(x) = x + \dfrac{1}{x}$ 具有哪些性质？哪些性质你能够证明，哪些性质你暂时还无法证明？

师生活动：学生分组讨论、相互交流，教师必要时可引导．教师让学生先对函数是否具有某种性质进行猜想，然后通过逻辑推理证明这种猜想的正确性，这是研究函数性质常用的一种方法．也可从函数解析式出发，分析出函数的定义域为 $\{x | x \neq 0\}$，由函数 $y = x$ 和 $y = \dfrac{1}{x}$ 都为奇函数，先猜想函数 $f(x) = x + \dfrac{1}{x}$ 为奇函数，然后再行证明．

猜想函数的单调性,一般方法是观察函数的图象、得出结论.但函数图象的变化趋势还不清楚,教师可引导学生先去探究函数的图象,再研究函数的单调性.

设计意图:在问题3的基础上,学生知道函数的定义域和奇函数两个性质后,试着去猜想函数的单调性,但是没有函数图象,不能直接猜想,因此学生作函数的草图.

问题5:你能画出函数$f(x) = x + \dfrac{1}{x}$的图象吗?

师生活动:学生在图纸上画图,教师可帮助画图有困难的学生,最后班级交流互动.教师展示3张学生的图.

学生观察后进行发言、讨论,最后师生一起总结,并结合图象猜想函数的性质、给出证明.这个过程可以同时对函数性质和函数图象进行探究.

追问1:在画函数$f(x) = x + \dfrac{1}{x}$图象的过程中遇到什么困难?你们是怎样解决的?

师生活动:在列表—描点—连线环节中,点的选择,怎么选择更方便作图?在表1-1中,自变量取点1,2,3,4是自然能想到的,但如何选取区间(0,1)内的点呢?

表1-1

x	...	1	2	3	4	...
$y = x + \dfrac{1}{x}$	...	$1+1$	$2+\dfrac{1}{2}$	$3+\dfrac{1}{3}$	$4+\dfrac{1}{4}$	...

第一个点取$x = \dfrac{1}{2}$,因为$f\left(\dfrac{1}{2}\right) = \dfrac{1}{2} + 2 = f(2)$,第二个点取$x = \dfrac{1}{3}$,因为$f\left(\dfrac{1}{3}\right) = \dfrac{1}{3} + 3 = f(3)$,继续以上过程就可以了.

师生共同探究,得到表1-2.

表1-2

x	...	$\dfrac{1}{4}$	$\dfrac{1}{3}$	$\dfrac{1}{2}$	1	2	3	4	...
$y = x + \dfrac{1}{x}$	...	$\dfrac{1}{4}+4$	$\dfrac{1}{3}+3$	$\dfrac{1}{2}+2$	$1+1$	$2+\dfrac{1}{2}$	$3+\dfrac{1}{3}$	$4+\dfrac{1}{4}$	...

事实上,$\forall x_0 \neq 0, f(x_0) = x_0 + \dfrac{1}{x_0} = \dfrac{1}{x_0} + x_0 = f\left(\dfrac{1}{x_0}\right)$,根据这个原理,在区间(0,1)就可以取想要的点进行画图,可以多选取几点使得图象比较准确.

设计意图:利用函数解析式特征,选取特殊的点,这样既可以避免盲目选点,也可以更加精准地作出函数的图象.此法本质上是借助数的分析,从运算的视角研究问题.

追问2:如果不列表你能画出函数的图象吗?如何利用函数$y = \dfrac{1}{x}$与$y = x$的图象来探究函数$f(x) = x + \dfrac{1}{x}$的图象?

师生活动:学生先独立完成,教师再通过信息技术演示作图过程,呈现作图结果.

在x轴上任取一点$P(x_0, 0)(x_0 \neq 0)$,过点P作x轴的垂线,与函数$y = \dfrac{1}{x}$与$y = x$的图象的交点分别记作Q, R,把线段PQ平移至RS(图1-1),则点S的纵坐标就是$x_0 + \dfrac{1}{x_0}$. 这样,对每一个点P,就可以画出点S,由无数个点S构成的轨迹就是函数$f(x) = x + \dfrac{1}{x}$的图象(图1-2).事实上,在这个过程中,我们很好地借助了原来两个函数$y = x$和$y = \dfrac{1}{x}$的图象.

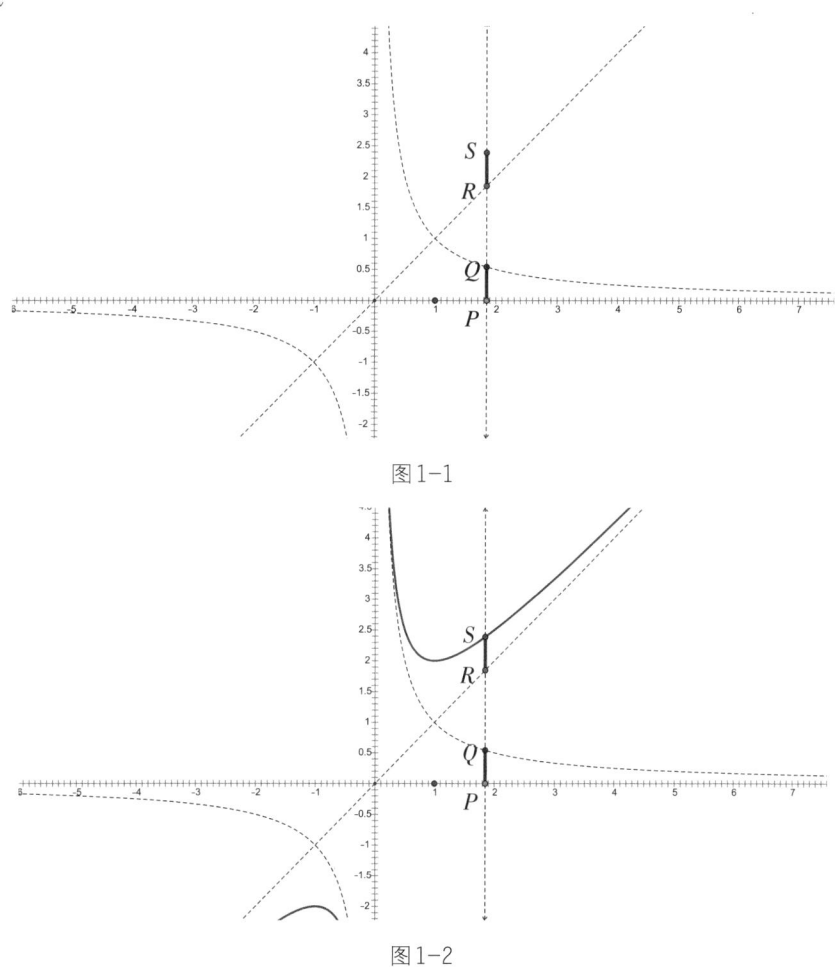

图1-1

图1-2

设计意图：一般而言,学生会把函数图象简化为描点作图.通过追问2可知借助原来两个函数的图象也能画出新函数的图象,从而改变函数图象的作图方式.通过不同途径作图,学生对知识联系性的认识更加深刻,从中也能深刻体会化归这种数学思想.

追问3：我们已经得到函数的图象,根据图象怎样得到函数的其他性质？

师生活动：学生先发言,然后全班进行交流.教师引导学生观察图象,自主进行探究,先猜想函数的单调性和值域,并能用代数运算说明理由.教师在单调性的分界点进行追问,分界点为什么是1？可以利用基本不等式和单调性定义来说明.

方法一：由基本不等式可知,

当 $x > 0$ 时, $x + \dfrac{1}{x} \geq 2\sqrt{x \cdot \dfrac{1}{x}} = 2$, 当且仅当 $x = \dfrac{1}{x}$, 即 $x = 1$ 时,可取等号.

方法二：可以用单调性定义来证明 $f(x) = x + \dfrac{1}{x}$ 在区间 $(0, 1)$ 上单调递减.

$\forall x_1, x_2 \in (0, 1)$, 且 $x_1 < x_2$, 有

$$f(x_1) - f(x_2) = \left(x_1 + \dfrac{1}{x_1}\right) - \left(x_2 + \dfrac{1}{x_2}\right) = (x_1 - x_2) + \left(\dfrac{1}{x_1} - \dfrac{1}{x_2}\right) = \dfrac{x_1 - x_2}{x_1 x_2}(x_1 x_2 - 1),$$

由 $x_1, x_2 \in (0, 1)$ 得 $x_1 x_2 < 1$, $x_1 x_2 - 1 < 0$. 又由 $x_1 < x_2$ 得, $x_1 - x_2 > 0$.

于是 $\dfrac{x_1 - x_2}{x_1 x_2}(x_1 x_2 - 1) > 0$,

可知 $f(x_1) - f(x_2) > 0$, 即 $f(x_1) > f(x_2)$,

所以 $f(x) = x + \dfrac{1}{x}$ 在区间 $(0, 1)$ 上单调递减.

设计意图：学生已经准确地画出函数的图象,并结合图象猜想出函数的单调性.但是,教师还需要引导学生从运算的角度去证明猜想,体会数形结合的数学思想.先猜再证的探究模式符合学生的认知规律,此探究可以培养学生发现问题和提出问题的能力,也有效解决分界点这一难点.

追问4：你能利用函数 $y = x$ 和函数 $y = \dfrac{1}{x}$ 的图象变化趋势说明函数 $f(x) = x + \dfrac{1}{x}$ 的变化趋势吗？

师生活动：学生观察图象、合作交流,学生代表发言,得出以下结论.

在第一象限,函数 $f(x) = x + \dfrac{1}{x}$ 的图象在 $y = x$ 和 $y = \dfrac{1}{x}$ 图象的上方, 当 $x \to +\infty$

时,$\frac{1}{x} \to 0$,函数$f(x) = x + \frac{1}{x}$的图象无限接近直线$y = x$;当$x \to 0$时,$\frac{1}{x} \to +\infty$,函数$f(x) = x + \frac{1}{x}$的图象无限接近y轴.

事实上,这里体现了直线$y = x$和y轴为什么是函数$f(x) = x + \frac{1}{x}$的渐近线.渐近线(图1-3)的概念:曲线上一点M沿曲线无限远离原点或无限接近间断点时,如果M到一条直线的距离无限趋近于零,那么这条直线称为这条曲线的渐近线.

同时师生一起总结函数的图象与性质,提出画图象的几个关键因素(表1-3),如画图时应先画渐近线,然后完成性质小结,教师点评并板书单调性、值域、渐近线等内容.

表1-3

定义域	
值域	
单调性	
渐进线	
其他	

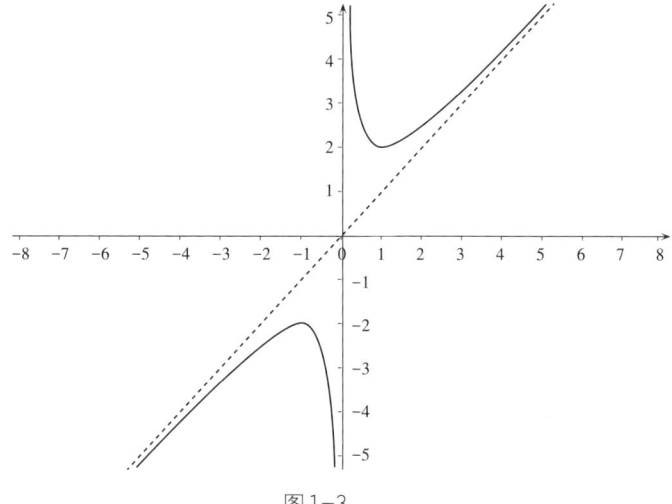

图1-3

设计意图:让学生整体感知函数的变化趋势,学会从极限的角度看问题.教师可以提出渐近线的概念,并引导学生借助数的分析说明形的变化,进一步体会数形结合的思想,同时培养学生分析问题和解决问题的能力,让学生在探究过程中体会成功的喜悦.

(四)学以致用,类比探究

问题6:本节课的研究对象是从实际问题中抽象得到的,也是两个最简单的幂函数相加得到的.类似地,你能提出新函数吗？如何研究它的性质,并较为准确地作出这个新函数的图象.

师生活动:学生分小组合作探究,并写出新函数的性质,画出新函数的图象.学生可派小组代表板书,然后全班交流,教师也可以通过投屏多展示几位学生的探究结果.

设计意图:在经历函数$f(x) = x + \frac{1}{x}$图象和性质的探究过程后,学生已经掌握了研究一个新函数的方法.教师通过设置开放性问题,让学生积极参与探究,能自主提出问题和分析问题,更加明白探究一个新函数的研究路径和研究方法.

(五)课堂小结,形成结构

问题7:回顾本节课的学习过程,回答下列问题.

(1)结合本节课的学习过程,你对函数图象和性质的研究内容和方法有什么体会？

(2)你有什么新的发现？

师生活动:先让学生独立思考、作答,再进行全班交流,教师引导学生提出新的问题,与学生互动,并总结.

在探究过程中,本节课借助了原来两个函数$y = x$和$y = \frac{1}{x}$解析式以及图象的特征,把要研究一个新函数的问题转化为研究已经学过的函数,这体现了把未知转化为已知的化归思想.回顾整个探究过程,本节课先从解析式出发,研究了函数$f(x) = x + \frac{1}{x}$的定义域和奇偶性,再结合定义域和奇偶性画出函数的图象.在取点时,借助解析式特征去选点,可以方便、有效地画出函数的图象,还可以分析图象的变化趋势.画出图象后,我们借助函数的图象猜想函数的单调性和值域,通过图象可以得到函数的其他性质,并根据基本不等式和单调性定义进行了严谨的证明.整个过程充分体现了数形结合的思想.

设计意图:从结构化、联系性等角度归纳总结本节课的学习内容,进一步认识研究一个新函数的研究内容、过程和方法,突出新函数和原函数的内在关联,渗透化归思想.

互为反函数的两个图象间的关系

一、教学设计

(一)教学内容解析

本节课内容来自2019年人教A版教材必修一"指数函数与对数函数"中对数函数性质的探究活动,学生学习完指数函数与对数函数的图象和性质后进入本节课.

《普通高中数学课程标准(试验)》对反函数提出了"知道指数函数$y=a^x$与对数函数$y=\log_a x$互为反函数$(a>0,a\neq 1)$"的要求.基于课标的要求,本次探究活动课采用先整体设计、后分步实施的方式,借助具体的情境引导学生经历从类比、模仿到自主探索、从局部实施到整体构想的过程.学生以小组为单位经历"自主探索、成果展示"的探究活动课,发现和提出问题、分析和解决问题,养成独立思考与合作交流的习惯.

本次探究活动课以教材中互为反函数的两个简单函数图象间的关系为出发点,通过合理推断、从特殊到一般,研究了同底数的指数函数与对数函数在性质与图象上的关系,进一步强化反函数的概念.本节课的教学不仅要让学生掌握知识,更要发展学生的数学核心素养.学生不仅要会研究同底数的指数函数与对数函数,更要学会研究互为反函数的一类函数.学生在此过程中强化对数学概念和规律的深入理解以及对数学思想方法的领悟. 在理解基本知识和方法的基础上,教师对问题进行深入的挖掘,并进一步将处理问题的方法进行迁移与应用,培养学生的数学思维能力和探究能力.

基于以上认识,本节课的教学重点为探究互为反函数的两个函数图象之间的关系.

(二)学生学情解析

学生已经学习了指数函数与对数函数的有关知识,对其性质和图象有了一定的了解,这为理解二者的关系奠定了基础.因此,在本节课中,学生能够独立分析同底数的指数函数与对数函数的性质和图象特点,从而进一步理解互为反函数的两个函数的性质及图象关系.学习基础不同的学生对本节课的掌握情况不同,学习基础薄弱的学生在研究同底数的指数函数与对数函数的性质和图象的关系时,很容易混淆两者,较难观察同底数的指数函数与对数函数的关系,从而难理解反函数.但是,学生的学习兴趣和求知欲较强,且具有一定的自主探究与合作学习的意识,可通过探究活动课实现知识的拓展和延伸.

根据以上分析,本节课的教学难点为如何引导学生自主提出"互为反函数的两个图象间有何关系"的问题,如何严格证明两个反函数的图象关于 $y = x$ 对称.

(三)教学目标设置

《普通高中数学课程标准(2017年版2020年修订)》(以下简称《课标》)对"反函数"的学习要求是:"知道对数函数 $y = \log_a x$ 与指数函数 $y = a^x$ 互为反函数($a>0, a \neq 1$)."

《课标》指出,高中数学课程分为必修课程、选择性必修课程和选修课程. 选修课程的内容涉及微积分、空间向量与代数、解析几何与线性代数、逻辑推理初步、数学模型等知识. 选修课程为学生确定发展方向提供引导,为学生展示数学才能提供平台,为学生发展数学兴趣提供选择,为大学自主招生提供参考.

此外,《课标》强调,教师应注重信息技术与数学课程的深度融合,实现传统教学手段难以达到的效果.

结合以上目标要求,以及学生的学情分析,本节课的教学目标设定如下.

(1)教师采用自主探索、引导发现、直观演示等教学方法,由特例引导学生探索指数函数与对数函数图象间的关系,进而归纳出互为反函数的函数图象间的关系与其他性质,体会从特殊到一般的思想.

(2)教师带领学生借助几何画板绘制出相应函数的图象,通过直观感知、操作确认、推理论证等探究过程,领悟研究几何问题的基本思路,提高运用图形语言、符号语言和文字语言表达与交流的能力.

(3)通过不断地自主思考、积极探索以及与他人合作交流,学生逐渐养成勇于探索、敢于质疑、严谨求实的科学精神.

(四)教学策略解析

数学是思维的科学,数学学习不是简单的"告诉",而是学生个性化的"体验". 本次探究活动课设置六个环节:项目选定、制定计划、活动探究、成果展示、活动评价、拓展延伸,采用问题引导、合作探究和研究学习的方式,倡导自主探索、独立思考、动手实践、合作交流.教师充分利用"观察""思考""探究"等教学方法,强调几何直观,把图形思维的建立和数形结合能力的培养放到突出的位置. 此外,教师在教学中注重合理推断,降低证明要求,渗透从特殊到一般、类比与转化的数学思想.具体如下.

1.项目选定

基于上述对教学内容、学生学情、教学目标以及教学策略的分析,本次活动课设定如下.

主题:互为反函数的两个函数图象间的关系;

形式:项目式探究;

研究路径:从特殊到一般,类比与转化;

重点:互为反函数的两个函数图象之间的关系;

难点:推导两个函数图象关于 $y = x$ 对称的方法.

2.制定计划

本次探究活动课采用课外时间及一节数学课完成,详情如表2-1.

表2-1

\	\	探究活动课表	\
\	时间	项目进度	备注
前期准备	2024年10月14日	1.明确探究内容,前后桌4名学生自动成组并选定组长; 2.学生提前预习并讨论相应内容.	\
活动过程	2024年10月15日	1.教师将本节课的探究内容划分为多个层层深入的子问题; 2.在教师的引导下,学习小组自主探究,不断经历从特殊到一般、猜想与求证的过程; 3.教师关注各组思考进度,及时答疑,及时辅导; 4.小组代表分享小组的探究结果,教师引导学生思考,然后同学互评,教师点评.	\
拓展延伸	2024年10月16日至17日	1.进一步探究反函数与原函数在单调性、奇偶性方面的关系,通过分析多个具体函数的反函数性质,总结出一般性的规律; 2.准备数学课,进行成果推广和评价.	\

3. 活动探究

教师在课前设置详细的探究活动方案,从情境、研究对象本身、研究对象与其他对象的关联3个维度进行细化,将整个教学目标细分为若干个子问题逐一研究.学生采用小组合作的方式,提前预习相应内容.

设置环节的目的是让学生逐渐养成独立阅读与思考、合作与交流的习惯,这是新课标所倡导的理念,也是学生较为缺乏和忽视的良好的学习习惯.问题设计以教材中"探究与发现"内容为基础,一方面是为了消除新知的陌生感,另一方面也是为课堂教学做准备.

4. 成果展示

(1)课堂展示环节,针对探究活动方案上的问题让各小组一一进行分享,教师对分享成果进行点评.

(2)学生按组展示探究成果,成为课堂真正的主人. 探究式问题驱动全体学生主动参与知识建构、探究,同时使学生学习更加规范,实现高效课堂.

(3)学生从课前探究和课上展示中总结研究几何问题的基本思路,体会数学中的从特殊到一般、类比与转化思想,培养并发展直观想象、数学抽象和逻辑推理素养.

教师在教学中把这些问题完全交给学生,让他们讲解、互相评价,最大限度地给学生表现自己的机会,充分调动学生积极性,展示思维过程,暴露问题.这样既可以活跃课堂,也能激活学生思维,让他们快乐地学习,尽情享受数学的乐趣和魅力.

5. 活动评价

根据各小组展示的探究成果,教师现场设置学生自评、小组互评、课堂评价等多种评价方式,发现学生的闪光点并给予肯定和鼓励,同时针对学生存在的问题提出意见.

6. 拓展延伸

学生在课堂上学习了互为反函数的两个函数图象间的关系,以及反函数的一些基本性质.课后教师让学生分组进一步探究反函数与原函数在单调性、奇偶性方面的关系.每个小组可选一个特定的函数(如幂函数)进行研究,通过分析多个具体函数的反函数性质,总结出一般性的规律.教师为学生提供必要的支持和指导,鼓励学生积极探索,培养学生的创新精神.

(五)教学基本流程

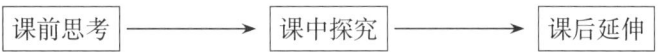

二、成果展示

(一)问题导入,遇见新知

教师:(1)利用多媒体展示埃舍尔的《白天与黑夜》这幅充满几何对称美的画作(图2-1),引导学生观察画中黑白天鹅图案的分布特点,并向学生提问,这幅画中有什么样的对称关系?

图2-1

(2)接着展示物理学中简谐振动的位移—时间图象,向学生提问这幅画中是否存在某种对称性?

教师:生活中我们会经常发现对称美,那在数学中,我们学过的函数图象也会有这种对称美.就让我们走进今天的探究活动课,一起去感受互为反函数的两个图象间的对称美!

设计意图:教师引导学生发现情境中的对称关系,进而引出数学中更多的对称关系,培养学生的观察、归纳能力.

教师:我们知道,当$a>0$且$a\neq1$时,对数函数$y=\log_a x$和指数函数$y=a^x$互为反函数,且它们的定义域和值域正好互换.那么,互为反函数的两个函数图象有什么关系?

(二)学生展示,探究新知

探究1:指数函数$y=2^x$图象与对数函数图象间的关系.

学生:在同一个坐标轴上画出两个函数的图象并观察,我们发现两个函数图象的形状很相似,且看起来像关于某条直线对称.通过分析各小组成员作出的图象,我们猜想这两个函数的图象应该关于直线 $y = x$ 对称.

教师:直观感受得到的结论未必正确,我们可以尝试用一些特殊点来验证猜想.

设计意图:本课例让学生从具体函数展开探究,根据函数图象进行直观猜想,并进行验证,从而引出探究重点.学生从形到数,通过特殊点对猜想进行验证,培养数学核心素养.

学生:为了更精确地探究这两个函数图象之间的关系,那我们怎么来验证这个猜想? 我们可以先从特殊点入手.比如取函数 $y = 2^x$ 的图象(如图 2-2)上的几个点,如:$P_1(-1, \frac{1}{2})$,$P_2(0, 1)$,$P_3(1, 2)$,去计算 P_1,P_2,P_3 关于直线 $y = x$ 的对称点的坐标是什么?

答:P_1,P_2,P_3 关于直线 $y = x$ 的对称点的坐标分别为 $P_1'(\frac{1}{2}, -1)$,$P_2'(1, 0)$,$P_3'(2, 1)$.

教师:计算得很正确,那这些对称点在 $y = \log_2 x$ 的图象上吗? 大家可以利用 GeoGebra(GGB)软件画图或者代入解析式验证一下.

学生:因为 $\log_2 \frac{1}{2} = -1$,$\log_2 1 = 0$,$\log_2 2 = 1$,每个点坐标满足 $y = \log_2 x$,所以它们在函数 $y = \log_2 x$ 的图象上,但是这里只取了三个点,还需要更多的点来验证.

教师:非常好,你们能发现问题并进行思考.我们可以多找一些点来验证我们的猜想,看看是不是大部分点都满足这种对称关系,那我们再取几个点试试吧.

设计意图:增强学生自信,激发学生持续探索的热情,促使其保持好奇心,在实践中深化知识,培养学生独立思考能力与探索精神.

教师:通过刚才特殊点的验证,我们初步猜想 $y = 2^x$ 与其反函数 $y = \log_2 x$ 的图象关于直线 $y = x$ 对称,那我们怎么从一般的角度来证明这个结论呢?

学生:我们可以类比刚才的过程,如果点 $P_0(x_0, y_0)$ 在 $y = 2^x$ 的图象上,那么只要求出 $P_0(x_0, y_0)$ 关于直线 $y = x$ 对称的点的坐标,然后验证是否该点在函数 $y = \log_2 x$

的图象上即可.

答：$P_0(x_0,y_0)$ 关于直线 $y=x$ 对称的点为 $P_0{'}(y_0,x_0)$. 因为 $y_0=2^{x_0}$，所以 $x_0=\log_2 y_0$，即点 $P_0{'}(y_0,x_0)$ 在函数 $y=\log_2 x$ 的图象上.

教师：很好，那这样我们就从一般性的角度证明了指数函数 $y=2^x$ 与其反函数 $y=\log_2 x$ 的图象关于直线 $y=x$ 对称.

设计意图：教师从特殊到一般进行引导，降低了学生的思考难度.学生通过解析式进行演算，从数的角度严格证明结论，培养了严谨的态度，发展了理性的求知精神.

学生：指数函数 $y=2^x$ 以及对数函数 $y=\log_2 x$，这两个函数的图象关于直线 $y=x$ 对称，我们进一步猜想能够根据这个结论得出更一般性的结论吗？即指数函数 $y=a^x(a>0,a\neq 1)$ 及其反函数 $y=\log_a x(a>0,a\neq 1)$ 的图象是否也关于直线 $y=x$ 对称.

探究2：互为反函数的两个图象之间的关系是什么？

答：要验证指数函数 $y=a^x(a>0,a\neq 1)$ 及其反函数 $y=\log_a x(a>0,a\neq 1)$ 的图象是否关于直线 $y=x$ 对称.即设 $P_0(x_0,y_0)$ 在函数 $y=a^x(a>0,a\neq 1)$ 上，由对称性可知 $P_0(x_0,y_0)$ 关于直线 $y=x$ 对称的点的坐标为 $P_0{'}(y_0,x_0)$. 由于 $y_0=a^{x_0}$，所以 $x_0=\log_a y_0$，即点 $P_0{'}(y_0,x_0)$ 在函数 $y=\log_a x$ 的图象上，所以两函数图象关于直线 $y=x$ 对称.

设计意图：从两个特殊函数入手，从探究特殊点之间的关系到函数与函数图象上任意点之间的关系，再到两个函数图象之间的关系，本节课引导学生从数和形两方面进行探究.从函数 $y=2^x$ 与 $y=\log_2 x$ 的图象之间的对称关系到函数 $y=a^x(a>0,a\neq 1)$ 与 $y=\log_a x(a>0,a\neq 1)$ 的图象之间的对称关系，学生多次经历从特殊到一般的探究过程，积累从具体到抽象的经验，养成一般性思考问题的习惯."亲自"发现问题并提出问题是思维能力的表现，也是核心素养落地的出发点.

教师：你们的思路非常清晰，证明过程也很正确.通过这样从特殊到一般的探究过程，我们深刻理解了互为反函数的两个图象间的关系.那接下来，我们看看如何运用这个结论来解决一些实际问题.

(三)学以致用，加强应用

教师：已知函数 $y=\left(\dfrac{1}{2}\right)^x$，请同学们利用我们刚才得出的互为反函数图象间关系的猜想,画出它的反函数图象.

学生(画图后):根据 $y = \left(\dfrac{1}{2}\right)^x$ 与它的反函数图象关于直线 $y = x$ 对称的猜想,画出了其反函数的图象.

教师:如果 $y = 2^x$ 与 $y = \log_2 x$ 分别与 $y = -x + 3$ 交于 A、B 两点,设 A、B 两点的横坐标分别为 x_1, x_2,那应该怎么求 $x_1 + x_2$ 的值呢?提示一下,我们可以从图象的对称关系入手.

学生(思考后):因为 $y = 2^x$ 与 $y = \log_2 x$ 的图象关于直线 $y = x$ 对称,该直线 $y = x$ 与直线 $y = -x + 3$ 垂直,设交点为 C,那设 A、B 两点关于直线 $y = x$ 对称,也关于点 C 对称,所以 $x_1 + x_2$ 等于点 C 横坐标的两倍.

教师:非常棒,你的思路很正确.那该点的横坐标怎么求呢?

学生:联立 $y = x$ 和 $y = -x + 3$,解得交点 C 的坐标为 $\left(\dfrac{3}{2}, \dfrac{3}{2}\right)$,所以 $x_1 + x_2 = 3$.

教师:完全正确,通过这两个问题,我们进一步巩固了互为反函数的函数图象关系的结论,并且学会了如何灵活运用这个结论来解决问题.

设计意图:教师通过层层递进的问题,并借助几何画板的演示,从特例出发让学生探索、发现并应用指数函数与对数函数图象之间的关系,便于学生深刻理解记忆.

三、课堂小结与课后延伸

(一)课堂小结

课堂小结环节,学生对本节课进行一个小结.

(1)本节课我们从哪几个方面探究了互为反函数的两个函数图象之间的关系?

(2)在探究过程中涉及哪些数学思想和方法?

(3)类比本节课的探究过程,如果以后需要再次研究两个函数图象间的关系,你们会怎样设计研究路径?

设计意图:小结使学生结合分享的具体内容,对本次探究活动课把握全局.在对问题的探究过程中,教师展示科学研究的一般规律,即观察生活、抽象并定义研究对象、研究对象的性质,研究对象与其他对象的联系,为学生在后续自主探究时确立研究思路奠定基础.

（二）课后延伸

反函数概念的提出为我们研究函数提供了新的思路.我们在课堂上证明了互为反函数的两个函数图象关于直线 $y = x$ 对称的猜想,并探究互为反函数的函数图象间一些基本性质.课后请大家分组进一步探究反函数与原函数在单调性、奇偶性方面的关系.每个小组选择一个特定的函数(如幂函数)进行研究,通过分析多个具体函数与互反函数的性质,总结出一般性规律.

设计意图:为学生的课后学习提供一个方向,让学生能够在学习的道路上保持探究的热情,怀揣探究的勇气和创新的精神,不断体会求知的快乐!

函数 $y = A\sin(\omega x + \varphi)$ 及函数 $y = A\cos(\omega x + \varphi)$ 的周期

一、教学内容解析

本节课的内容来自2019年人教A版教材必修一的探究与发现.主要探究函数 $y = A\sin(\omega x + \varphi)$ 及函数 $y = A\cos(\omega x + \varphi)$ 的周期公式及简单应用.

三角函数是高中数学课程核心内容之一,是刻画周期现象的数学模型,也是连接初等数学与高等数学的一个纽带,因此学生理解三角函数、教师教好三角函数非常有必要.

周期是函数性质的重要组成部分,学生在学习正弦函数和余弦函数图象的基础上,对三角函数进行更加深入的探究性学习.本课例能为后续正切函数周期及正切、正弦、余弦函数的单调性、最大值、最小值的学习奠定基础,起到承上启下的作用.同时,三角函数周期也是高考的重点和热点,在整个高中数学教学体系中占有十分重要的地位.虽然教材正文对函数周期有一定的阐释,但其是从特殊角度出发,没有推广到一般情形,所以学生在面对千变万化的问题时可能会显得束手无策.

虽然"函数 $y = A\sin(\omega x + \varphi)$ 及函数 $y = A\cos(\omega x + \varphi)$ 的周期"是探究活动课,属于课外阅读内容,但教材在简短的篇幅中介绍了正弦和余弦函数的周期公式,并对公式的来源进行简要的推导.学生在学习过程中只能对其进行简单识记应用,并不清楚公式所蕴含的本质.

如部分学生并不清楚自变量 x 是增加常数值 T 的非零整系数倍, x 增加 $kT(k \neq 0)$ 后不变的是其函数值.部分同学对定义域无界的理解也不透彻,所以掌握周期公式的本质既可以锻炼逻辑推理能力,也可以更加理解并运用周期相关问题的快速解决方法.与此同时,教师还可以进一步激发学生深入思考、探究一般函数和抽象函数周期与自变量系数之间联系的兴趣.但是在常规教学没有对该周期公式进行深入的研究,而是直接让学生使用.这不仅与数学学习的规律不符,而且也没有教给学生用数学的思维思考问题和用数学的眼光观察世界及用数学的语言表达问题的能力,不利于学生的长足发展.因此教师引导学生探究并学透正弦函数和余弦函数的周期公式,并以此渗透类比逻辑推理思想,可为学生扎实的数学学习能力打下基础.

二、学情分析

中国科学院李邦河院士认为数学根本上是玩概念的,而不是玩技巧.所以学习数学必须对新的概念和新的公式追根究底.作为数学学习者和探究者必须要有高尚的、实事求是的科学精神和坚韧不拔的求知欲,这样才可以让自己在面对新鲜事物时拥有强烈的探索欲.事实上,三角函数是刻画"周而复始"现象的经典数学模型,该函数的周期性既是三角函数的重要性质之一,也是一般函数的重要性质之一.虽然人教版教材在必修第一册对函数的概念与性质进行了阐述,但仍需要教师进行补充.在没有探究学习正余弦函数周期之前,学生对函数周期性的理解和掌握是比较困难的,导致部分学生开始恐惧数学,体会不到学习数学的乐趣.

在实际教学过程中,若在学习该知识的过程中没有生活实例,那么在课堂上就会缺少一定的思维起点和数学直观,学生会觉得概念非常抽象,这也可能使得部分学生开始远离数学.

另外,学生对三角函数周期性的学习需要具备一定的空间想象能力和逻辑推理思维能力.学生对周期性这一概念有较为深刻的理解后,才能将其精确转化为数学符号语言.所以对周期公式这一知识的学习,学生不仅需要记忆,还需要将数与形进行完美结合,充分体会从特殊到一般的数学思想和方法.

函数是高中数学的核心内容,而函数的周期性是函数教学中的重点和公认的教学难点,其难点主要体现为如何把握好教学的"度".即在不超出高中生认知水平又不超出教学大纲要求中,如何把函数的周期性和最小正周期的概念讲清楚,这是一个十分棘手的教学问题.

大多一线教学是以"满堂灌"为主,部分学生处于机械化的被动学习状态,难以完全掌握知识本质,导致学生知其然而不知其所以然.因此,为了有效解决学生在学习正余弦函数的周期性上存在的问题,教师需要对课标、教材、学情等方面进行深入分析，了解本课例所蕴含的数学思想方法、相关知识间的联系、学生认知水平现状，揭示数学本质，有效实施教学实践．

三、教学目标设置

《普通高中数学课程标准（2017年版2020年修订）》（以下简称《课标》）中表明三角函数是一类最典型的周期函数．本课例可以帮助学生在用锐角三角函数刻画直角三角形中边角关系的基础上，借助单位圆建立一般三角函数的概念，体会引入弧度制的必要性．用几何直观和代数运算方法研究三角函数的周期性、奇偶性（对称性）、单调性和最大（小）值等性质，探索和研究三角函数之间的一些恒等关系，学会用三角函数构建数学模型解决实际问题．

教材对"三角函数周期"的学习要求是学生能借助单位圆理解任意角三角函数（正弦、余弦、正切）的定义，能画出这些三角函数的图象，了解三角函数的周期性、奇偶性、最大（小）值．学生能结合具体实例，了解 $y = A\sin(\omega x + \varphi)$ 的实际意义；能借助图象理解参数 ω, φ, A 的意义，了解参数的变化对函数图象的影响．学生学会用三角函数解决简单的实际问题，可以利用三角函数构建刻画周期变化事物的数学模型．

结合以上目标要求，以及对四个学段（小学、初中、高中、大学）教材的研究，本节课的教学目标设定如下．

（1）学生理解函数 $y = A\sin(\omega x + \varphi)$ 及函数 $y = A\cos(\omega x + \varphi)$ 的周期公式推导．

（2）学生掌握函数 $y = A\sin(\omega x + \varphi)$ 及函数 $y = A\cos(\omega x + \varphi)$ 的周期公式．

（3）学生能解决简单的实际问题．

（4）教师通过引领学生手脑并用，使学生能运用数学运算思想，对函数性质问题进行思考．学会构建数学模型，利用逻辑推理能力对函数的周期进行科学的分析推导，进而达到解决问题的目的．

本课教学重难点如下．

教学重点：函数 $y = A\sin(\omega x + \varphi)$ 及函数 $y = A\cos(\omega x + \varphi)$ 周期公式的推导．

教学难点：函数 $y = A\sin(\omega x + \varphi)$ 及函数 $y = A\cos(\omega x + \varphi)$ 周期公式的应用及推广．

四、教学策略解析

函数 $y = A\sin(\omega x + \varphi)$ 及函数 $y = A\cos(\omega x + \varphi)$ 周期公式的应用广泛,是高考热点,所以教师教学时需明确本节课的核心内容,合理安排课堂时间与内容.在常规教学中,教师容易忽略公式的推导过程,易使学生的逻辑推理能力和建模能力弱化,导致学生感觉公式抽象.这也将导致部分学生对学习函数的兴趣度不高与信心不足.因此教师教学时可以尝试着让学生带着问题和疑惑思考,并结合自己找到的问题和给出的理由进行辩证,以完善知识架构和知识细节.

五、教学流程

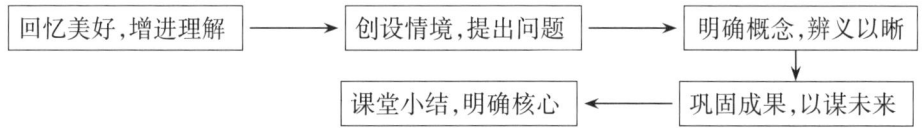

六、教学过程

函数周期是高考的热点和高频考点,教师在前期教学过程中对函数周期的求取主要有定义法、图象法二种方法.这些方法可从数和形两个角度进行论证,如定义法,它是解决问题的原点.但为了应用需要,我们需要一种更简洁的方法或者说简便易记易用的公式,因此便从特殊到一般归纳总结出公式法.

环节一 回忆美好,增进理解

引言:现实世界中的许多运动、变化都有着循环往复、周而复始的规律,这种变化规律称为周期性.例如:地球自转引起的昼夜交替变化和公转引起的四季交替变化,月亮圆缺、潮汐变化,物体匀速圆周运动时的位置变化,物体简谐运动时的位移变化、交变电流变化等. 这些现象都可以用三角函数进行刻画.

前面我们学习了函数的一般概念,并研究了指数函数、对数函数等,知道了函数的研究内容、过程和方法,以及如何用某类函数刻画相应现实问题的变化规律. 本节课我们将利用这些经验,学习刻画周期性变化的三角函数.

问题1:函数的性质主要有单调性、奇偶性、最大(小)值等.以函数的奇偶性为例,我们经历了怎样的研究历程?期间学到哪些数学思想和方法?

追问:如何定义奇函数和偶函数?这个定义的关键是什么?

师生活动:学生思考,独立回答,教师点拨.

设计意图:学生通过回忆在学习探索函数概念和函数的单调性、奇偶性和最大(小)值等性质的过程中所采用的方法,深刻领悟从特殊到一般、数形结合的思想方法在新知探索中的应用.教师在追问中强调"在定义域内的x都有函数值",让学生深刻感悟对定义需要深挖细嚼,不放过每一个字(词),理解概念本质.另外,回顾旧知识,可激发学生的数学联想和类比能力,为本节课做好思维和思想方法的准备.

环节二 创设情境,提出问题

问题2:假设摩天轮每30 min转一圈,即任意给定一个时刻,每30 min后,摩天轮到达同一位置,即自变量t每增加30,则距离地面的高度$h(t)$不变.类比函数奇偶性,我们该如何用数学表达式来刻画"自变量t每增加30,则距离地面的高度不变"呢(如图3-1)?

师生活动:学生独立作答$h(t+30)=h(t)$,教师点拨延伸$h(t+30k)=h(t),(k\in \mathbf{Z}$且$k>0)$.

图3-1

设计意图:摩天轮转动规律的实际案例让学生的思维潜移默化地从感性认识上升到理性认识,并通过类比函数奇偶性的数学表达$f(-x)=f(x),f(-x)=-f(x)$得到本问题的数学符号表达$h(t+30k)=h(t)$,$(k\in \mathbf{Z}$且$k>0)$,同时也让学生经历数学抽象符号化、数学建模的思维过程,这是培养学生数学核心素养的必经之路.

问题3:正弦函数$y=\sin x(x\in \mathbf{R})$和余弦函数$y=\cos x(x\in \mathbf{R})$是否也具有"周而复始"的变化规律,我们先从图象上观察(如图3-2).

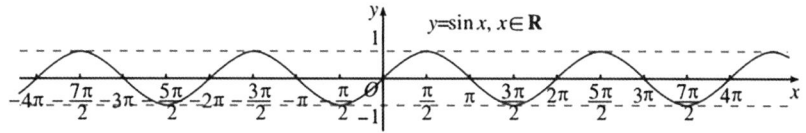

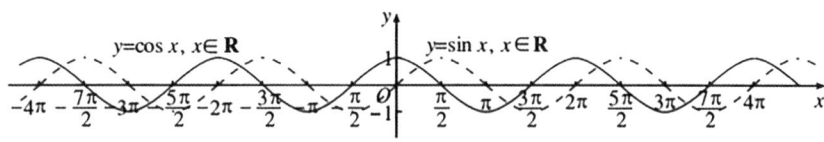

图 3-2

追问 1:该如何用自然语言描述这种现象? 这一现象又该如何用数学语言即数学表达式来刻画?

师生活动:学生思考,尝试作答,教师根据学生作答情况进行适当补充.

追问 2:请看下面 2 个函数图象(图 3-3),该图中的函数是否为周期函数? 请同学们用数学语言描述函数 $f(x)$ 满足什么条件时是周期函数?

师生活动:抽取部分学生独立完成,如有不足之处,则由其他学生进行补充完善.

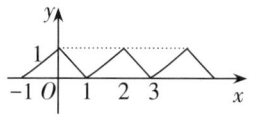

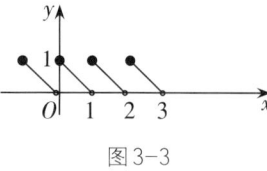

图 3-3

追问 3:现在请同学们思考下面三个问题.

(1)等式 $\sin(\frac{\pi}{4}+\frac{\pi}{2})=\sin\frac{\pi}{4}$,$\sin(\frac{5\pi}{4}+\frac{\pi}{2})=\sin\frac{5\pi}{4}$ 是否成立? 如果等式成立,能否说 $\frac{\pi}{2}$ 是正弦函数 $y=\sin x$ 的周期? 为什么? 对此你有什么想法?

(2)$y=\sin x$,$x\in[-2\pi,2\pi]$ 是周期函数吗? 为什么? 此问题对你有什么启发?

(3)若定义在 **R** 上的函数 $f(x)$ 是周期函数,且周期为 T,试问 $2T,3T,-T$ 是它的周期吗? 由此你能归纳出什么结论?

师生活动:学生独立完成后相互交流,为得到周期函数概念埋下伏笔.

设计意图:让学生顺利从现实生活实例过渡到纯数学世界,切身经历从具体(摩天轮)到抽象(正余弦函数)的过程,知道"周而复始"的本质就是函数的周期性,且周期性能用一个数学式来刻画.为学生形成周期函数概念奠定一个崭新的思维根基,与此同时学生的认知水平也能产生质的飞跃.虽然从直观观察到抽象概括,是学生学习和教师教学的一大难点,但这亦是培养学生数学抽象思维能力的重要途径.教师通过追问1,培养学生数学自然语言的表达能力和数学符号语言的转化能力,为数学问题的符号化奠定基础,便于更好更精准地解决数学应用问题.追问2,让学生明确周期函数定义域的无界性,可能部分学生不一定答得十分完美,但要让他们通过反例充分感受到定义中的根本点.通过追问3,既与前面复习奇函数与偶函数定义的遥相呼应,又充分地让学生感到数学的逻辑推理和数学抽象的数学美.

环节三 明确概念,辨义以晰

问题4:周期函数的定义是什么?

师生活动:学生作答,师生共同完善.

追问:$f(x)=c$,(c为常数)是周期函数吗?是否有最小正周期?

师生活动:教师点拨,师生共同完善.

学生作答:一般地,周期函数设$f(x)$的定义域为$\mathbf{D}$,如果存在一个非零常数T,使得对每一个$x \in \mathbf{D}$都有$x+T \in \mathbf{D}$,且$f(x+T)=f(x)$都成立,那么就把函数$y=f(x)$称为周期函数,非零常数T称为这个函数的周期.

事实上,任何一个常数kT($k \in \mathbf{Z}$且$k \neq 0$)都是它的周期.并且周期T是与x无关的非零常数,且是周期函数$f(x)$所有周期中存在的一个最小的正数,那么这个最小正数就称为$f(x)$的最小正周期.

设计意图:对于周期函数定义的刻画,部分学生可以阐述,但对某些关键性节点可能会有不理解.因此教师需要培养学生的纠错能力,但在学习概念的关键时刻,教师要引领学生完整且精确地理解周期函数的定义,为周期公式的推导做好铺垫.

环节四 巩固成果,以谋未来

问题5:请用五点描图法画出下列函数的示意图,观察图象并写出函数的最小正周期,并用代数法进行验证.

(1) $y = \sin x$, (2) $y = \sin \frac{1}{2}x$, (3) $y = \sin 2x$, (4) $y = \sin\left(x + \frac{\pi}{4}\right)$,

(5) $y = \sin\left(\frac{1}{2}x + \frac{\pi}{4}\right)$, (6) $y = \sin\left(2x + \frac{\pi}{4}\right)$, (7) $y = \frac{1}{2}\sin x$, (8) $y = 2\sin x$,

(9) $y = \frac{1}{2}\sin\left(x + \frac{\pi}{4}\right)$, (10) $y = 2\sin\left(2x + \frac{\pi}{4}\right)$.

追问1:根据上述函数所画的图象,请观察(1)—(3)中函数周期与x系数的关系是什么?

追问2:根据上述函数所画的图象,请观察(4)—(6)中函数周期与初相$\frac{\pi}{4}$的关系是什么?

追问3:根据函数所画的图象,请观察(7)—(8)中函数周期与振幅的关系是什么?

追问4:结合追问1、追问2和追问3,请同学们观察函数(9)—(10)的图象和周期,函数周期与哪个元素的关系最为紧密?

师生活动:学生独立完成,教师引导,师生共同完善.

设计意图:学生通过函数图象直观感知并得出函数周期,在动手画图的过程中既能感受数形结合之美,也能通过代数论证充分发展数学运算素养.教师引导学生将题目中$f(x)$的等式努力向$f(x+T)=f(x)$方向进行转化,问题设计先特殊后一般.随着x系数的变化,函数周期也发生变化,学生可通过数学运算求证.在此过程中教师适当选取部分题目进行画图示范并板书代数论证过程,总结并规范解题步骤,从而使学生在解题过程中顺利找出规律,并归纳出周期公式.

问题6:请归纳函数$y=A\sin(\omega x+\varphi)$及函数$y=A\cos(\omega x+\varphi),x\in\mathbf{R}$(其中$A,\omega,\varphi$为常数,且$A\neq0,\omega>0$)的周期公式,公式是否仅与自变量系数有关?如何用自变量的系数表示上述函数的周期公式?

师生活动:学生独立归纳,相互交流,并展示论证过程,归纳步骤.

证明:令$z=\omega x+\varphi$,

因为$x\in\mathbf{R},y\in\mathbf{R}$,

$z\in\mathbf{R}$,且函数$y=A\sin z,z\in\mathbf{R}$,及函数$y=A\cos z,z\in\mathbf{R}$,的周期都是2π.

所以$z+2\pi=(\omega x+\varphi)+2\pi=\omega(x+\frac{2\pi}{\omega})+\varphi$,

所以自变量x增加$\frac{2\pi}{\omega}$,函数值就重复出现;

且增加量小于$\frac{2\pi}{\omega}$时,函数值不会重复出现.

即$T=\frac{2\pi}{\omega}$.

且该值是使等式$A\sin[\omega(x+T)+\varphi]=A\sin(\omega x+\varphi)$,

$A\cos[\omega(x+T)+\varphi] = A\cos(\omega x + \varphi)$ 成立的最小正数.

所以函数 $y = A\sin(\omega x + \varphi), x \in \mathbf{R}$ 及函数 $y = A\cos(\omega x + \varphi)$ 的周期 $T = \dfrac{2\pi}{\omega}$.

设计意图：通过问题6，让学生观察发现函数周期与自变量x系数之间的关系，对这一关系的归纳教师要完全把主动权交给学生，让学生慢慢地总结、归纳周期公式．学生充分经历从特殊到一般的推广，感受证明过程的循序渐进，通过归纳总结，让所学知识更加系统化，培养逻辑推理运算能力，提升数学抽象核心素养．

问题7：如果函数 $y = f(x)$ 的周期是 T，那么函数 $y = f(\omega x)(\omega > 0)$ 的周期是多少？

师生活动：让学生课后独立思考，并作答．

环节五 课堂小结，明确核心

(1) 根据本节课所学，正弦型函数与余弦型函数的周期是什么？

(2) 如果函数 $y = f(x)$ 的周期是 T，那么函数 $y = f(\omega x)(\omega > 0)$ 的周期是什么？

(3) 周期与最小正周期的区别是什么？

师生活动：师生共同完成．

设计意图：完善知识架构，突出核心重点，知道在求正余弦函数周期公式时，公式法在某些时候比定义法和图象法实用高效．尤其学生在高考应战中会节约一定的时间，以提高得高分能力．

课例 4

利用单位圆的性质研究正弦函数、余弦函数的性质

一、教学内容解析

本课例的内容来自2019年人教A版教材必修一中的探究与发现,利用单位圆的性质研究正余弦函数的周期性、奇偶性、单调性、最值.

在学习本课例内容之前,学生通过研究正余弦函数的图象已经了解相关性质内容,所以从三角函数的定义出发研究函数性质属于横向延伸拓展,即对同一知识点从不同视角的探究,也为后续研究正切函数、三角恒等变换等内容埋下伏笔.

事实上,单位圆贯穿了整个三角函数的研究和学习过程.三角函数的内容以圆周运动为背景,借助单位圆这个工具建立三角函数,并根据定义得出同角三角函数的基本关系、诱导公式和函数图象,并利用图象研究相应的性质.后续对正切函数的图象与性质以及三角恒等变换的研究和学习,也要借助单位圆这一强有力的工具.所以学习如何利用单位圆的性质研究正弦函数、余弦函数的性质是十分有必要的.

本课例是一节自主探究活动课,以自主探索、动手实践、合作交流的学习方式进行,提升学生提出问题、发现问题、分析问题和解决问题的能力,让学生深刻领会数形结合这一思想方法,成为课堂真正的主人.教师借助单位圆的直观性展开教学,有利于学生直观想象、数学抽象、逻辑推理等核心素养的发展.

二、学情分析

对于学生来说,单位圆是一个抽象的数学概念,它表示半径为1的圆.学生需要理解单位圆的定义、性质以及与直角坐标系的关系.在掌握三角函数的定义,并理解

它们是如何从单位圆中得出的时,学生还需要熟悉角度和弧度之间的转换关系.三角函数通常用弧度来表示,这对部分学生来说可能是一个难点,尤其是如果他们只学习过角度制.

正弦函数和余弦函数具有周期性和对称性,这些性质可以通过单位圆直观地表示.但是,学生可能需要时间来理解和接受这些性质,并学会如何在解题中应用它们.并把单位圆上的点与正余弦函数的图象联系起来,理解如何从单位圆的角度变化中推导出函数图象的变化.另外,三角函数有许多相关的公式,如倍角公式、和差公式等.学生不但需要记忆这些公式,还要能够在适当的情境中应用它们.在教学时,教师可以使用图形工具和动画来帮助学生直观地认识理解单位圆和三角函数的关系,通过实际操作和试验来加深学生对角度和弧度转换的理解,强调三角函数的周期性和对称性,并通过例子来展示这些性质.

教师教学也可以为学生提供大量的练习题和实际应用课例,让学生在实践中学习和巩固知识.并多鼓励学生提问和探索,以帮助他们更好地理解概念.

三、教学目标设置

《普通高中数学课程标准(2017年版2020年修订)》中对三角函数概念和性质的阐释如下.

①借助单位圆理解三角函数(正弦、余弦、正切)的定义,能画出这些三角函数的图象,了解三角函数的周期性、单调性、奇偶性、最大(小)值.借助单位圆的对称性,利用定义推导出诱导公式($\alpha \pm \frac{\pi}{2}$, $\alpha \pm \pi$的正弦、余弦、正切).

②借助图象理解正余弦函数在$[0, 2\pi]$上,正切函数在$(-\frac{\pi}{2}, \frac{\pi}{2})$上的性质.

③结合具体实例,了解$y = A\sin(\omega x + \varphi)$的实际意义;能借助图象理解参数$A, \omega, \varphi$的意义,了解参数的变化对函数图象的影响.

其在教学提示中表明开展三角函数的教学时,教师应发挥单位圆的作用,引导学生结合实际情境,借助单位圆直观地探索三角函数的有关性质(其目的就是要借助单位圆对称性的几何直观性,探索三角函数的诱导公式,提升学生的直观想象和逻辑推理素养).教师在三角恒等变换的教学中,可以采用不同的方式得到三角恒等变换基本公式,也可以在向量的教学中,引导学生利用向量的数量积推导出两角差的余弦公式.

结合以上目标要求,以及对四个学段(小学、初中、高中、大学)教材的研究,本节课的教学目标设定如下.

(1)学生能够从单位圆的角度探究正弦函数、余弦函数的性质,感受数形结合思想的应用.

(2)学生能归纳总结出解决探究问题的一般步骤和方法.

(3)教师通过课堂探究活动,培养学生提出问题、分析问题、解决问题的能力,以此提升学生的数学抽象、直观想象、逻辑推理等数学核心素养.

本课例教学重难点如下.

教学重点:熟悉数学探究的基本步骤,如何利用单位圆的性质探究正弦函数、余弦函数性质.

教学难点:利用单位圆的性质探究正弦函数、余弦函数性质的方法,准确归纳出研究的一般思路.

四、教学策略解析

在知识层面上,学生已经学习了正余弦三角函数的定义,从思想方法角度看,学生有了借助正余弦三角函数的图象来研究其基本性质的经验.学生对数形结合思想有初步的认识与了解,高一的学生已具备了一定的形象思维与抽象思维能力. 这些都为本节课的顺利进行奠定了实践基础.但在教学过程中,教师还是要多点拨学生从"数"与"形"的角度辩证地思考,以此激发学生对数学的学习兴趣.

五、教学流程

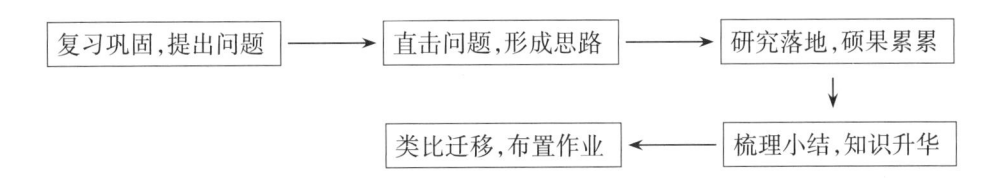

复习巩固,提出问题 → 直击问题,形成思路 → 研究落地,硕果累累 ↓
类比迁移,布置作业 ← 梳理小结,知识升华

六、教学过程

环节一 复习巩固，提出问题

问题1：请同学们回忆任意角三角函数的定义并默写，思考正弦函数与余弦函数的几何意义是什么？

师生活动：学生回忆任意角三角函数的定义并独立默写，然后自查检验（可查阅课本或课堂笔记）．教师根据学生的作答情况，进行点拨和知识细化．

我们通过正弦曲线、余弦曲线图研究正弦函数和余弦函数的性质，请同学们积极回顾，教师继续追问．

追问1：我们是怎样利用正弦曲线和余弦曲线图得到正弦函数和余弦函数的四个性质的？

师生活动：学生口答研究思路和方法，教师辅助完善．

追问2：正弦函数和余弦函数的性质列表能否独立复述？

师生活动：学生独立完成性质列表．教师根据学生回答情况提供指导与帮助．

设计意图：学生通过复习回顾正弦函数、余弦函数的定义、几何意义及其性质，为后续探究活动课的展开做好知识储备；通过回顾利用函数图象研究函数性质的方法，为后续利用单位圆的性质研究正余弦函数的性质做好方法铺垫．

环节二 直击问题，形成思路

由三角函数的定义可知，"单位圆上的点的坐标就是三角函数"，其中正弦函数为 $y = \sin\alpha$，余弦函数为 $x = \cos\alpha$．可见，单位圆的性质与三角函数的性质有天然的联系，单位圆是研究三角函数性质的好工具．例如，我们曾借助单位圆的对称性简便地推导出诱导公式，所以今天我们从"形"的角度利用单位圆，借助正余弦三角函数的定义及其几何意义来探究正弦函数、余弦函数的性质．

问题2：利用单位圆的性质研究正弦函数、余弦函数性质的思路是什么？

师生活动：教师抛出问题，让学生带着问题探究．

教师借助GGB软件，让单位圆上的点 P 绕圆心周而复始地转动，学生进行观察思考．

追问1：当角 x 的终边按照逆时针方向旋转时，哪些量在跟着变化？

师生活动：教师引导学生思考回答（点 P 的坐标发生变化）．

追问2:点P的坐标代表着什么?

师生活动:教师引导学生思考回答(对应角的三角函数值).

追问3:如图4-1所示,在角x和点P坐标的变化中,谁是自变量?

师生活动:教师引导学生思考回答(角x).

设计意图:通过问题递进,教师帮助学生建立研究思路,即角终边的变化→对应角的变化→单位圆上对应点的坐标变化→对应角的三角函数值的变化.

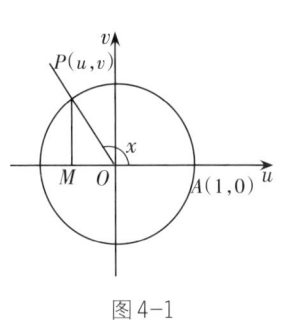

图4-1

环节三 研究落地,硕果累累

问题3:请同学们回忆研究函数的先决条件是什么?

师生活动:学生思考回答(定义域),教师点评.

追问:利用周期性能否将无限的定义域变成研究有限的一个周期?

师生活动:学生思考回答(能),教师点评.

设计意图:考查学生对函数研究思路的清晰度.

问题4:如何利用单位圆的几何性质描述正余弦函数的定义域和周期?

师生活动:教师借助GGB软件,让单位圆上的点P绕圆心周而复始地转动,学生进行观察思考.当角x终边旋转一周时,正余弦函数值会重复出现.

得出结论:由角度大小的任意性可知正弦函数与余弦函数的定义域为R.又因为终边相同的角的终边与单位圆有相同的交点,所以有$\sin(x+2k\pi)=\sin x$,$\cos(x+2k\pi)=\cos x$,即正弦函数与余弦函数的最小正周期为2π.

追问1:如何利用单位圆的几何性质描述正余弦函数的奇偶性?

师生活动:教师点拨,学生思考实践.如图4-2所示,在从单位圆中构造两个方向相反、大小相等的角(角x与角-x),角x与角-x的终边与单位圆的交点分别记为

$P(\cos x,\sin x),P'(\cos(-x),\sin(-x))$,

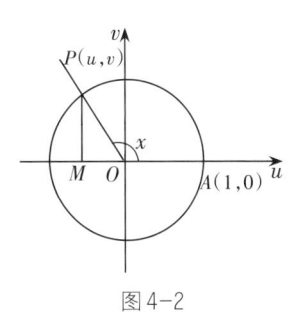

图4-2

两点关于 Ou 轴对称,所以有 $\cos(-x) = \cos x, \sin(-x) = -\sin x$,因此余弦函数为偶函数,正弦函数为奇函数.

追问 2:当两个角的终边关于 u 轴对称时,你还能有什么发现呢? 当两个角的终边关于 v 轴对称时,又有什么发现?

师生活动:教师引导学生结合正余弦曲线思考.学生发现这两个角与单位圆交点的横坐标与 $x = k\pi$ 的距离相等,且此时它们的正弦函数值相反,在正弦函数图象中这两个点关于点 $(k\pi, 0), k \in \mathbf{Z}$ 中心对称. 当两个角的终边关于 v 轴对称时,这两个角对应的点的横坐标到直线 $x = \dfrac{\pi}{2} + k\pi, k \in \mathbf{Z}$ 的距离相等,且此时它们的正弦函数值相等.在正弦函数图象中这两个点关于直线 $x = \dfrac{\pi}{2} + k\pi, k \in \mathbf{Z}$ 对称,所以得到正弦函数的图象关于点 $(k\pi, 0), k \in \mathbf{Z}$ 中心对称,关于 $x = \dfrac{\pi}{2} + k\pi, k \in \mathbf{Z}$ 轴对称. 同理可以得到余弦函数的图象关于点 $(\dfrac{\pi}{2} + k\pi, 0), k \in \mathbf{Z}$ 中心对称,关于 $x = k\pi, k \in \mathbf{Z}$ 轴对称.

追问 3:如何利用单位圆的几何性质描述正余弦函数的单调性?

师生活动:教师借助 GGB 软件,让单位圆上的点 P 分别在以下区间 $[0, \dfrac{\pi}{2}]$, $[\dfrac{\pi}{2}, \pi]$, $[\pi, \dfrac{3\pi}{2}]$, $[\dfrac{3\pi}{2}, 2\pi]$ 运动.教师引导学生相互合作、整理,然后由学生代表展示如下成果.

当角 x 从 $0 \to \dfrac{\pi}{2}$ 时,点 P 的横坐标值从 $1 \to 0$,此时 $\cos x$ 单调递减,点 P 的纵坐标值从 $0 \to 1$,此时 $\sin x$ 单调递增;

当角 x 从 $\dfrac{\pi}{2} \to \pi$ 时,点 P 的横坐标值从 $0 \to -1$,此时 $\cos x$ 单调递减,点 P 的纵坐标值从 $1 \to 0$,此时 $\sin x$ 单调递减;

当角 x 从 $\pi \to \dfrac{3\pi}{2}$ 时,点 P 的横坐标值从 $-1 \to 0$,此时 $\cos x$ 单调递增,点 P 的纵坐标值从 $0 \to -1$,此时 $\sin x$ 单调递减;

当角 x 从 $\dfrac{3\pi}{2} \to 2\pi$ 时,点 P 的横坐标值从 $0 \to 1$,此时 $\cos x$ 单调递增,点 P 的纵坐标值从 $-1 \to 0$,此时 $\sin x$ 单调递增.

因为正余弦函数是周期函数,所以角度范围应加上 $2k\pi, k \in \mathbf{Z}$,最后结果如表 4-1 所示.

表4-1

角 x	$2k\pi \to \dfrac{\pi}{2}+2k\pi$	$\dfrac{\pi}{2}+2k\pi \to \pi+2k\pi$	$\pi+2k\pi \to \dfrac{3\pi}{2}+2k\pi$	$\dfrac{3\pi}{2}+2k\pi \to 2\pi+2k\pi$
点P横坐标的变化	$1\to 0$	$0\to -1$	$-1\to 0$	$0\to 1$
$\cos x$的单调性	单调递减	单调递减	单调递增	单调递增
点P纵坐标的变化	$0\to 1$	$1\to 0$	$0\to -1$	$-1\to 0$
$\sin x$的单调性	单调递增	单调递减	单调递减	单调递增

所以,$\cos x$的单调递减区间为$[2k\pi, 2k\pi+\pi]$,$k\in \mathbf{Z}$,

单调递增区间为$[2k\pi+\pi, 2k\pi+2\pi]$,$k\in \mathbf{Z}$;

$\sin x$的单调递减区间为$[2k\pi+\dfrac{\pi}{2}, 2k\pi+\dfrac{3\pi}{2}]$,$k\in \mathbf{Z}$,

单调递增区间为$[2k\pi-\dfrac{\pi}{2}, 2k\pi+\dfrac{\pi}{2}]$,$k\in \mathbf{Z}$.

追问4:如何利用单位圆的几何性质描述正余弦函数的最大值、最小值?

师生活动:教师借助GGB软件,让单位圆上的点P分别在区间$[-\dfrac{\pi}{2}, \dfrac{\pi}{2}]$,$[\dfrac{\pi}{2}, \dfrac{3\pi}{2}]$上运动.教师引导学生相互合作观察.

当$x=0+2k\pi$,$k\in \mathbf{Z}$时,点P的横坐标1,其为$\cos x$最大值;

当$x=\pi+2k\pi$,$k\in \mathbf{Z}$时,点P的横坐标为-1,其为$\cos x$最小值;

当$x=\dfrac{\pi}{2}+2k\pi$,$k\in \mathbf{Z}$时,点P的纵坐标1,其为$\sin x$最大值;

当$x=-\dfrac{\pi}{2}+2k\pi$,$k\in \mathbf{Z}$时,点P的纵坐标-1,其为$\sin x$最小值.

设计意图:利用点在单位圆上运动时横纵坐标变化的代数规律,从几何角度抽象概括出正余弦函数的性质.但学生缺少探究经验,因此教师可以尝试让学生采用集体探究的模式,让学生初步总结利用单位圆的几何性质探究正余弦函数性质的思路,为后期的学习活动做必要的铺垫.教师在引导学生从"数学性质→几何直观→数学性质"角度进行思考时,着重关注并引导学生学会用准确的数学语言抽象概括几何直观的数学性质,提升学生的直观想象和数学抽象素养,同时也让学生深刻感受数形结合思想的美妙和类比与迁移的思想方法.

环节四 梳理小结,知识升华

问题5:通过本节课的探究学习,你有哪些收获和感想?

师生活动:教师点拨,学生独立思考、归纳总结,然后小组交流、展示.

设计意图:考查学生的数学归纳能力和对所学知识、思想方法、探究性学习活动的经验梳理能力.

环节五 类比迁移,布置作业

问题6:根据研究正余弦函数性质的经验,你认为应如何研究正切函数的图象与性质? 能否用不同的方法研究?

师生活动:学生独立完成,探究正切函数的图象与性质.对学生在探究过程中出现的问题,教师予以适当地点拨.

设计意图:作业设计的方式开放,目的在于让学生巩固本节课所学的研究方法,也可以让学生复习之前所学的根据函数图象研究函数性质的方法,这既为学有余力的学生留下了思考空间,也促进学生探求新的研究方法.

课例 5

1的 n 次方根

一、教学内容解析

1. 内容

(1) 棣莫弗定理.

(2) 1的3次方根的求法、1的3次方根的几何意义、1的3次方根的一些性质.

(3) 类比1的3次方根的研究方法,学生自己探究1的4次方根,1的5次方根……1的 n 次方根,解释它们的几何意义,并探求它们的性质.

2. 内容解析

本节课是人教A版必修二中探究与发现的内容.复数的教学,老师们一般都会觉得容易,其主要原因是高考中复数题非常简单,所以很多老师对复数教学不太细化.代数基本定理就是 n 次代数方程必有复数解,对这个问题欧拉就深度思考并探究过,但一直没有结论.后来是高斯证明出来的.他还发现复数与拓扑有关系,因此复数的学习对于学生具有深远意义.

复数是一个"二元数",这个运算对象具有明确的几何意义,所以教师教学复数内容应时刻把复数的表示、几何意义放在心上.复数的三角表示在这版教材中属于选学内容,没有考试要求,但复数的三角表示是复数的一种重要表示形式,它建立了复数与平面向量、三角函数等的联系,也是大学学习复数的指数形式、复变函数、解析数论等高等数学知识的基础.本课例在学生学习复数的三角表示、复数的乘法法则及其几何意义以后进行.本课例是通过复数的乘法推广,取一些特殊值而得出棣莫弗定理的.这个定理的学习始终围绕复数乘积的几何意义、复数相等进行.

本节课不仅在于让学生学会1的3次方根及性质,更重要的是让学生理解整个学习过程的研究方法、学习思维.同时1的 n 次方根及其有关结论在多项式理论中有重要地位,它们可以解决求某些特殊方程的解的问题与某些多项式整除的问题,还可以解决某些多项式的求根问题及求某些特殊的多项式在复数域中和实数域中的标准分解问题.

基于以上分析,确定本节课的教学重点:棣莫弗定理、1的3次方根的求解与几何意义、1的3次方根的性质.

3.教学目标

根据本节课的内容特点以及学生的认知水平,确定本节课的教学目标如下.

(1)根据复数乘法的三角表示,让学生理解棣莫弗定理,并用棣莫弗定理探求1的3次方根.

(2)教师结合具体实例,提升学生的数学抽象和逻辑推理的素养.

(3)教师在引导的过程中,培养学生数形结合能力、类比思想,提高数学学习兴趣.

二、学情分析

1.学习基础

学生已经具备的知识基础以及能力基础如下.

(1)学生已经学习了三角函数的运算;

(2)学生已经学习了复数相等、复数的几何意义;

(3)学生已经学习了复数乘法的三角表示及几何意义;

(4)学生能使用类比思想,具有一定发现问题、提出问题,进而解决问题的能力.

2.认知基础

学生达成教学目标所具备的认知基础如下.

(1)学生能够准确应用三角函数公式进行解题,能准确知道复数相等、复数的几何意义;

(2)学生能够用文字语言和数形结合思想准确表示数学对象;

(3)学生具有一些研究、探求事物的能力,具备从一般到特殊、特殊到一般的数学思维.

3.教学难点

本节课的教学难点是使用棣莫弗定理探求1的3次方根,并根据其几何意义得出1的3次方根的一些性质.

突破难点主要的策略如下.

(1)教师加强学生对复数乘法三角表示的理解,从一般到特殊得出棣莫弗定理.

(2)在整个学习过程中,学生多运算、多观察、多参与,体会1的3次方根求解过程,通过类比思想得出1的4次方根,1的5次方根……1的n次方根及其几何意义和性质.

三、教学过程

(一)创设情境、提出问题

问题:求解方程(1)$x^2 - 1 = 0$, (2)$x^3 - 1 = 0$, (3)$x^4 - 1 = 0$, (4)$x^5 - 1 = 0$, (5)$x^n - 1 = 0$.

答:$x = \pm 1$是方程(1)的解,我们也可以说1的平方根是± 1;那么方程(2)的根是什么? 如果在复数范围内求解呢?(学生计算)

说明:方程(2)可以通过因式分解后用求根公式计算,即计算出1的3次方根.

那么1的4次方根、1的5次方根……1的n次方根又如何求解?

我们知道1的3次方根出现了复数根,那么在后面求1的4次方根,1的5次方根……1的n次方根是否也会出现复数根呢? 我们又如何求解?

(二)复习知识、得出概念

教师:既然方程的解会出现复数根,开方又是乘方的逆运算,为了探求1的n次方根,我们需要先研究复数的乘方.

我们先看复数乘法运算的三角表示.

设复数$z_1 = r_1(\cos\theta_1 + i\sin\theta_1), z_2 = r_2(\cos\theta_2 + i\sin\theta_2)$,

则$z_1 z_2 = r_1 r_2[\cos(\theta_1 + \theta_2) + i\sin(\theta_1 + \theta_2)]$

用文字表述为两个复数相乘,积的模等于各复数的模的积,积的幅角等于各复数的幅角的和.

它的几何意义是什么?

两个复数 z_1, z_2 相乘时,如图 5-1,先分别画出与 z_1, z_2 对应的向量 $\overrightarrow{OZ_1}, \overrightarrow{OZ_2}$,然后把向量 $\overrightarrow{OZ_1}$ 绕点 O 按逆时针方向旋转角 θ_2(如果 $\theta_2 < 0$,就要把 $\overrightarrow{OZ_1}$ 绕点 O 按顺时针方向旋转角 $|\theta_2|$),再把它的模变为原来的 r_2 倍,得到向量 $\overrightarrow{OZ}, \overrightarrow{OZ}$ 表示的复数就是 $z_1 z_2$.

类比复数乘法的几何意义,当 $z_1 = z_2 = r(\cos\theta + \mathrm{i}\sin\theta)$ 时,$z_1 z_2$ 的几何意义是什么?即得到复数乘方的几何意义.

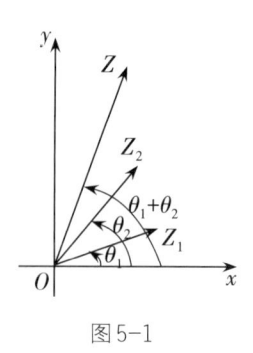

图 5-1

追问 1:由 2 个复数相乘推广到 $n(n \geqslant 2, n \in \mathbf{N})$ 个复数相乘的情况,那么 n 个复数相乘会是什么?

$z_1 = r_1(\cos\theta_1 + \mathrm{i}\sin\theta_1), z_2 = r_2(\cos\theta_2 + \mathrm{i}\sin\theta_2), \cdots, z_n = r_n(\cos\theta_n + \mathrm{i}\sin\theta_n)$,

则 $z_1 z_2 \cdots z_n = r_1 r_2 \cdots r_n [\cos(\theta_1 + \theta_2 + \cdots + \theta_n) + \mathrm{i}\sin(\theta_1 + \theta_2 + \cdots + \theta_n)]$

怎样用文字表述以上复数乘法运算的三角表示?(学生回答)

追问 2:若 $z_1 = z_2 = \cdots = z_n = r(\cos\theta + \mathrm{i}\sin\theta)$,那么 $z_1 z_2 \cdots z_n$ 相乘怎么表示?

$z_1 z_2 \cdots z_n = [r(\cos\theta + \mathrm{i}\sin\theta)]^n = r^n(\cos n\theta + \mathrm{i}\sin n\theta)$

怎样用文字表述以上复数乘法运算的三角表示?

通过学生的回答,教师总结得出棣莫弗定理:复数的 $n(n \in \mathbf{N}^*)$ 次幂的模等于这个复数模的 n 次幂,它的幅角等于这个复数幅角的 n 倍.

(三)利用新知、探求方根

教师活动:下面我们利用棣莫弗定理,探求 1 的 3 次方根.

求解方程 $x^3 - 1 = 0$ 时知道 x 的解存在复数根,不妨设 1 的一个 3 次方根为

$z = \rho(\cos\varphi + \mathrm{i}\sin\varphi)(\rho > 0)$

根据根的性质 $z^3 = 1$,

即 $z^3 = [\rho(\cos\varphi + \mathrm{i}\sin\varphi)]^3 = \rho^3(\cos 3\varphi + \mathrm{i}\sin 3\varphi) = 1 = (\cos 0 + \mathrm{i}\sin 0)$(学生书写).

因为相等复数的模相等,幅角可以相差 2π 的整数倍,

所以 $\begin{cases} \rho^3 = 1 \\ 3\varphi = 0 + 2k\pi (k \in \mathbf{Z}) \end{cases}$,即 $\begin{cases} \rho = 1 \\ \varphi = \dfrac{2k\pi}{3} (k \in \mathbf{Z}) \end{cases}$(尽量学生总结).

因此,1 的 3 次方根是 $\cos\dfrac{2k\pi}{3} + \mathrm{i}\sin\dfrac{2k\pi}{3} (k \in \mathbf{Z})$.

根据三角函数的周期性，1 的 3 次方根为 $\omega_k = \cos\dfrac{2k\pi}{3} + i\sin\dfrac{2k\pi}{3}\ (k=0,1,2)$

下面请同学们将 $k=0,1,2$ 分别代入 ω_k 中，所求得的值是否与最开始 $x^3 - 1 = 0$ 的值相同？

1 的 3 次方根为复数，根据复数的学习，下面我们还应该探求根的什么呢？

引导学生回答：下面我们还将探求根的几何意义．

如图 5-2 所示，设 $\omega_0, \omega_1, \omega_2$ 在复平面内对应点分别为 Z_0, Z_1, Z_2，请同学们在复平面内分别作出 Z_0, Z_1, Z_2 三点并作出它们分别对应的三个向量 $\overrightarrow{OZ_0}, \overrightarrow{OZ_1}, \overrightarrow{OZ_2}$，并根据它们模长、角度、复数乘法三角表示解释几何意义．

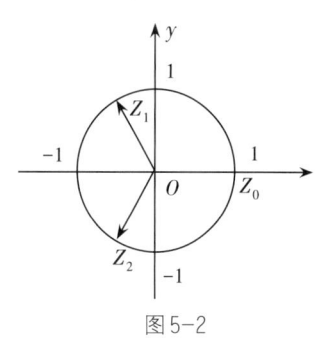

学生可以得出以下结论．

(1) $|\omega_0| = |\omega_1| = |\omega_2| = 1$.

图 5-2

(2) Z_0, Z_1, Z_2 三点在单位圆上且为圆的三等分点，$\omega_0, \omega_1, \omega_2$ 的幅角依次相差 $\dfrac{2\pi}{3}$．

(3) Z_0 的位置具有特殊性，$\overrightarrow{OZ_0}, \overrightarrow{OZ_1}, \overrightarrow{OZ_2}$ 三个向量可以通过旋转得到．

除此以外，我们还可以得到 1 的 3 次方根的其他性质．

(1) $\omega_k{}^3 = 1, |\omega_k| = 1$，其中 $k = 0, 1, 2$；

(2) ω_1 和 ω_2 互为共轭复数；

(3) $1 + \omega_k + \omega_k{}^2 = 0\ (k = 1, 2)$．

（四）类比方法、升华知识

教师活动：类比 1 的 3 次方根研究方法，请同学们自己探求 1 的 4 次方根，1 的 5 次方根……1 的 n 次方根．解释它们的几何意义并探求它们的性质．

学生探求几何意义：1 的 4 次方根在复平面上对应点为单位圆的四等分点，1 的 5 次方根在复平面上对应点为单位圆的五等分点，以此类推 1 的 n 次方根在复平面上对应点为单位圆的 n 等分点．播放视频给学生展示得出的探求，得到以下性质．

(1) $(\omega_k)^n = 1\ (k = 0, 1, \cdots, n-1)$；

(2) $\omega_k = (\omega_1)^k\ (k = 2, 3, 4, \cdots, n-1)$；

(3) $1 + \omega_1 + \omega_2 + \cdots + \omega_{n-1} = 0$；

(4) $1 + \omega_k + \omega_k{}^2 + \cdots + \omega_k{}^{n-1} = 0\ (k = 1, 2, \cdots, n-1)$．

(五)知识应用、例题欣赏

1的 n 次方根及其有关结论在多项式理论中有重要地位．利用它们可以解决某些特殊方程的解的问题，某些多项式整除的问题，某些多项式的求根问题及某些特殊的多项式在复数域中和实数域中的标准分解问题．

下面请看例题．

例1：解方程 $(x+1)^m - (x-1)^m = 0$．

解：显然1不是原方程的根，当 $x \neq 1$ 时，方程两边同时除以 $(x-1)^m$ 得

$$\frac{(x+1)^m}{(x-1)^m} - 1 = 0, 即 \left(\frac{x+1}{x-1}\right)^m - 1 = 0.$$

从而有 $\dfrac{x+1}{x-1} = \omega_k$，其中 $\omega_k = \cos\dfrac{2k\pi}{m} + \mathrm{i}\sin\dfrac{2k\pi}{m}$ $(k = 1, 2, \cdots, m-1)$，

由此 $x_k = \dfrac{\omega_k + 1}{\omega_k - 1} = \mathrm{i}\cot\dfrac{k\pi}{m}$，(其中 $k = 1, 2, \cdots, m-1$) 为原方程的根．

例2：解方程 $x^8 + x^6 + x^4 + x^2 + 1 = 0$．

解：根据多项式根的定义，方程 $x^8 + x^6 + x^4 + x^2 + 1 = 0$ 的根也是多项式 $f(x) = x^8 + x^6 + x^4 + x^2 + 1$ 的根．

令 $x^2 = y$，代入 $f(x)$ 得 $f(x) = g(y) = y^4 + y^3 + y^2 + y + 1$，

因为 $y^5 - 1 = (y-1)(y^4 + y^3 + y^2 + y + 1)$，所以 $g(y)$ 的根是所有5次虚单位根．

$$\omega_k = \cos\frac{2k\pi}{5} + \mathrm{i}\sin\frac{2k\pi}{5} \ (k = 1, 2, 3, 4)$$

再把 $\omega_k (k = 1, 2, 3, 4)$ 开平方，就得到 $f(x)$ 的全部根 $\pm\left(\cos\dfrac{k\pi}{5} + \mathrm{i}\sin\dfrac{k\pi}{5}\right)$ $(k = 1, 2, 3, 4)$，即为原方程的全部根．

例3：证明 $(x^4 + x^3 + x^2 + x + 1) | (x^{54} + x^{43} + x^{32} + x^{21} + 1)$．

证明：因为多项式 $(x^4 + x^3 + x^2 + x + 1)$ 的根是除了1以外的5次单位根，即5次原根，所以只须证明5次原根是多项式 $(x^{54} + x^{43} + x^{32} + x^{21} + 1)$ 的根即可．

设 ω 是5次原根，则有 $\omega^5 = 1, \omega^4 + \omega^3 + \omega^2 + \omega + 1 = 0$；从而 $\omega^{54} + \omega^{43} + \omega^{32} + \omega^{21} + 1 = \omega^{50}\omega^4 + \omega^{40}\omega^3 + \omega^{30}\omega^2 + \omega^{20}\omega + 1 = \omega^4 + \omega^3 + \omega^2 + \omega + 1 = 0$

即5次原根是多项式 $x^{54} + x^{43} + x^{32} + x^{21} + 1$ 的根．

例4：(2011年清华大学金秋营试题)求 $I = \sin\dfrac{\pi}{n} \cdot \sin\dfrac{2\pi}{n} \cdot \cdots \cdot \sin\dfrac{(n-1)\pi}{n}$ 的值(n 为大于1的自然数)．

解:设 $\omega = \cos\dfrac{\pi}{n} + \mathrm{i}\sin\dfrac{\pi}{n}$,则 $\omega^{2n} = 1$,

从而 $1, \omega^2, \omega^4, \cdots, \omega^{2(n-1)}$ 都为 $x^{2n} - 1 = 0$ 的根.

$$x^{2n} - 1 = (x^2 - 1)\left[x^{2(n-1)} + x^{2(n-2)} + \cdots + x^2 + 1\right]$$
$$= (x^2 - 1)(x^2 - \omega^2)(x^2 - \omega^4)\cdots(x^2 - \omega^{2(n-1)}).$$

所以 $x^{2(n-1)} + x^{2(n-2)} + \cdots + x^2 + 1 = (x^2 - \omega^2)(x^2 - \omega^4)\cdots[x^2 - \omega^{2(n-1)}]$.

令 $x = 1$ 得 $(1 - \omega^2)(1 - \omega^4)\cdots(1 - \omega^{2(n-1)}) = n$,

又因为 $\sin\dfrac{k\pi}{n} = \dfrac{\omega^k - \omega^{-k}}{2\mathrm{i}} = \dfrac{\omega^{2k} - 1}{2\mathrm{i} \cdot \omega^k}$,

$I = \sin\dfrac{\pi}{n} \cdot \sin\dfrac{2\pi}{n} \cdot \cdots \cdot \sin\dfrac{(n-1)\pi}{n} = \dfrac{(\omega^2 - 1)(\omega^4 - 1)\cdots[\omega^{2(n-1)} - 1]}{(2\mathrm{i})^{(n-1)} \cdot \omega^{\frac{1}{2}n(n-1)}}$,

所以 $(2\mathrm{i})^{(n-1)} \cdot \omega^{\frac{1}{2}n(n-1)} = (2\mathrm{i})^{(n-1)} \cdot (\omega^{\frac{1}{2}n})^{n-1} = 2^{n-1}(-1)^{n-1}$,

$I = \dfrac{(\omega^2 - 1)(\omega^4 - 1)\cdots[\omega^{2(n-1)} - 1]}{2^{n-1}(-1)^{n-1}} = \dfrac{(1 - \omega^2)(1 - \omega^4)\cdots[1 - \omega^{2(n-1)}]}{2^{n-1}} = \dfrac{n}{2^{n-1}}$,

(六)归纳小结、提升认识

(1)本堂课学习了哪些知识点.

(2)本堂课主要使用了哪些数学思想.

课例 6

祖暅原理与柱体、锥体、球体的体积

一、教学内容解析

本课例包含2019年人教A版教材必修二中探究与发现的内容,是在学生已经认识了简单几何体的基础上展开的.本节课主要通过数学试验法,利用祖暅原理来研究柱体、锥体、球体的体积计算公式.一方面让学生了解祖暅这位伟大的数学家,对祖暅原理产生浓厚的探究兴趣;另一方面通过本课例的学习,学生不仅可以掌握棱柱、棱锥的体积计算公式,还可以利用祖暅原理求一些不规则几何体的体积.在学习的过程中理解祖暅原理的含义,理解利用祖暅原理计算几何体体积的方法.在发现祖暅原理的过程中,体会从"平面"到"空间"的类比、猜想、论证的数学思想方法,体会祖暅原理中由"面积相等"推出"体积相等"的辩证法思想;在推导棱柱体积公式的过程中,理解从特殊到一般、从一般到特殊的归纳演绎数学方法.本节课进一步提高学生的空间想象能力,激发他们的探索欲和求知欲.

二、教学目标分析

结合课标要求,本节课制定如下教学目标.

(1)通过类比平面图形等积定理,得出研究祖暅原理的方法,发展学生数学抽象、直观想象等核心素养.

(2)通过应用祖暅原理,学生学会推导球的体积计算公式,提高数学建模、逻辑推理等核心素养.

(3)通过探究球的体积的过程,发展学生研究数学问题的思维体系.

三、学生学情分析

(1)认知基础:学生已具备一定的空间想象能力,综合分析、归纳总结的能力.

（2）可能存在的认知困难：对球体的研究已经超越了学生能把握的直观化对象范围，是教材中学生较难理解的内容之一．极限法怎样分割？应用祖暅原理怎样进行等价转化？

（3）解决方法：借助GGB软件和试验探究让学生对抽象的数学问题和数学模型有直观的感知，教师再逐步引导学生进行抽象概括．

（4）教学重点：利用祖暅原理推导柱体、锥体、球体的体积计算公式，并运用体积计算公式解决简单的实际问题．

（5）教学难点：如何把空间问题转化为平面问题进行解决问题，让学生学会用割补转化法求几何体的体积．

四、教学流程图

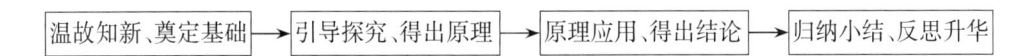

温故知新、奠定基础 → 引导探究、得出原理 → 原理应用、得出结论 → 归纳小结、反思升华

五、教学过程

(一)温故知新、奠定基础

问题：通过PPT动图让学生回顾初中知识，等底等高的平行四边形面积是否相等？

师生活动：通过PPT的展示，学生思考、回答．若夹在两条平行直线之间的两个平面图形的底和高均相等，且被任何一个平行于底的直线所截线段的长度相等，则两个多边形面积相等．我们把以上定理称为平面图形等积定理．

追问：如果把这个平面上的结论类比到空间几何体上，你能得到什么结论？

平面图形等积定理：若夹在两条平行直线之间的两个平面图形的底和高均相等，且被任何一个平行于底的直线所截得的线段长度相等，则两个多边形面积相等．

师生活动：学生讨论后回答，若回答不完整，教师可以通过后面的试验补充验证空间几何体等积定理．定理：若夹在两个平行平面间的两个空间几何体的底面积和高都相等，且被任何一个平行与底面的平面所截的截面面积相同，则两个几何体的体积相同．

设计意图：让学生体会从平面到空间、从空间到平面的转化，体会类比的学习方法．通过生活实际，学生自己总结出祖暅定理，体会结论的生成过程，增加学习数学的兴趣，发展数学抽象和直观想象的核心素养．

追问:这个结论正确吗?我们一起来探讨一下.

问题2:书桌上放着三堆书如图6-1,它们的大小厚度一样,那么体积相等吗?

追问:任意改变形状,体积还相等吗?体积相等需要哪些条件?

学生讨论后答:底面积和高相等,且任意水平截面面积相等,则两个几何体的体积相等.

教师总结空间几何体等积定理:若夹在两个平行平面间的两个空间几何体的底面积和高都相等,且被任何一个与底面平行的平面所截的截面面积相等,则两个几何体的体积相等.

图6-1

师:这个结论早在一千多年以前就被我国古代科学家祖暅提出.下面我们一起来了解一下祖暅.(视频简介)

设计意图:教师通过介绍中国古代优秀的数学家,增强学生的文化自信,激发他们勤奋好学的斗志.

(二)引导探究、得出原理

1.祖暅简介

祖暅,字景烁,祖冲之之子,范阳郡遒县人(今河北省涞源县人),南北朝时期的伟大科学家.他在实践的基础上提出了体积的计算原理,该定理被称为祖暅原理.

祖冲之父子是我们中华民族的骄傲和自豪.祖暅原理的提出要比其他国家的数学家早一千多年.欧洲约17世纪,意大利数学家卡瓦列里才提出上述结论.

2.祖暅原理

(1)祖暅原理:幂势既同,则积不容异."势"即是高,"幂"即是面积.

图6-2

（2）含义：夹在两个平行平面间的两个几何体，如果被平行于这两个平面的任意平面所截，两个截面的面积总相等，那么这两个几何体的体积一定相等.(图6-3)

师生活动：教师引导学生体会利用祖暅原理把求不规则几何体的体积转化为求规则几何体的体积，体现了数学中转化与化归的思想.下面我们利用祖暅原理来求解柱体、锥体、球体的体积.

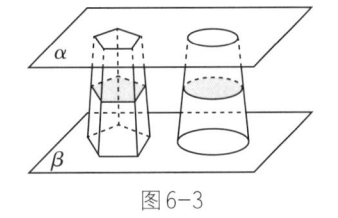

图6-3

设计意图：在教学过程中给学生渗透解题的数学思想方法.

（三）原理应用、得出结论

1.柱体的体积计算公式

问题3：如图6-4，设有底面积都等于S，高都等于h的任意一个棱柱、一个圆柱和一个长方体，它们的下底面在同一个平面内，那么，它们的体积相等吗？

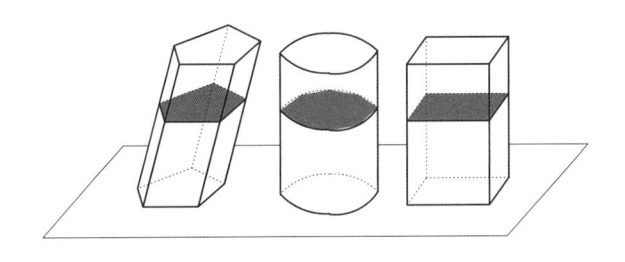

图6-4

师生活动：小组讨论后请小组代表回答.

学生回答：体积相等，因为三个几何体的高都相等，任意水平截面的截面积都等于底面积，由祖暅原理知，三个几何体的体积相等.

教师总结：（1）结论：等底面积、等高的两个柱体，体积相等.

（2）体积：如果柱体的底面积为S，高为h，则柱体的体积计算公式为$V_{柱体} = Sh$.

设计意图：通过具体的应用，不仅让学生巩固了祖暅原理的使用条件，而且还推导了柱体的体积计算公式.有利于学生更好地理解柱体的体积计算公式.将求不规则几何体的体积转化为求规则几何体的体积，让学生体会了转化与化归的数学思想.

2.锥体的体积计算公式

问题4：三个同底等高的锥体，用一平行于底面的截面去截任一锥体，观察截面面积与底面面积的关系？

师生活动:通过动画展示截面面积与底面面积,学生观察讨论后发现,截面面积与底面面积相似.

追问1:如图6-5与图6-6所示,这些截面面积与底面面积不仅相似,这三个截面的面积大小还有一定关系,你知道是什么关系吗?

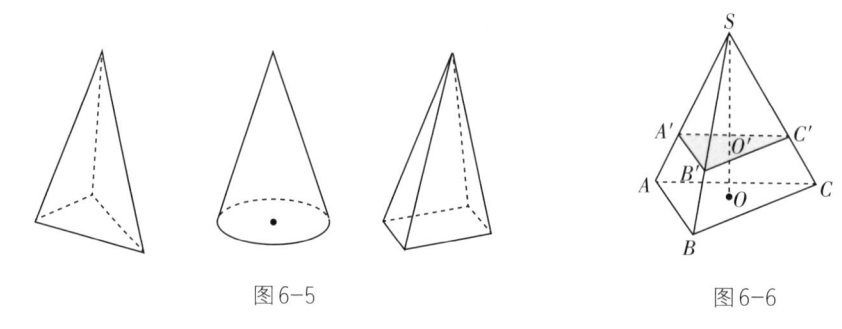

图6-5

图6-6

师生活动:学生在教师的引导下讨论并验证,结果是截面面积均相等.如图6-6,当锥体被平行于底面的平面所截时,得到的截面与底面相似,即 $\triangle A'B'C' \sim \triangle ABC$,而且相似比等于顶点到截面的距离与顶点到底面的距离之比,因此截面与底面的面积关系为 $\dfrac{S_{\text{截面}}}{S_{\text{底面}}} = \left(\dfrac{SO'}{SO}\right)^2$.

师总结:等底面积、等高的两个锥体,体积相等.

追问2:那么这三个锥体的体积大小有怎样的关系?请你用祖暅原理解释一下.

师生活动:让学生分组讨论并回答.

学生回答:三个几何体的高相等,用任一截面去截这三个几何体,得到的三个截面的截面积始终相等,由祖暅原理可知,这三个几何体的体积相等.

问题5:能用三棱柱的体积公式得到三棱锥的体积公式吗?

师生活动:我们知道在柱体中,三棱柱是最简单的柱体,而分割与补形作为求体积和的两个基本方法,三棱柱中可分割成三棱锥.

追问:如何把一个三棱柱分割成三个等体积的三棱锥?

师生活动:给足学生动手时间,让学生按小组讨论,然后请小组代表,展示成果.学生利用祖暅原理解释分割出的三个三棱锥(图6-7)体积相等,并得出以下结论.

(1)等底面积、等高的两个锥体,体积相等.

(2)如果锥体的底面积为S,高为h,则锥体的体积计算公式为 $V_{\text{锥体}} = \dfrac{1}{3}Sh$.

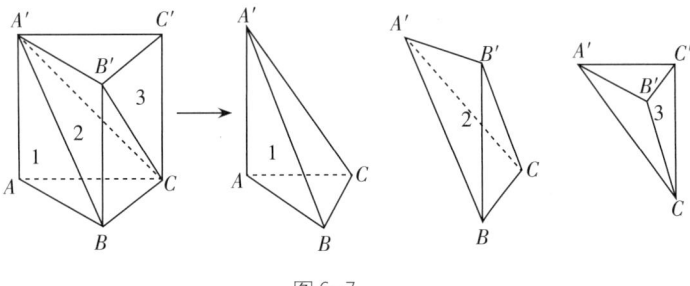

图 6-7

设计意图：让学生经历抽象过程，发展学生数学抽象、数学运算、逻辑推理的核心素养．

3．球体的体积计算公式

问题6：如何利用祖暅原理求球体体积？

追问1：球的截面都是什么图形？这些图形是否具有对称性？

设计意图：如图6-8，利用球的对称性让学生将球体一分为二，把求整个球体的体积转化为求半球的体积，渗透转化的数学思想．

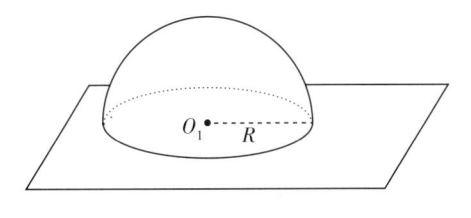

图 6-8

追问2：如图6-9所示，已知半球的半径为 R，圆柱和圆锥的底面半径为 R，高也为 R．请观察以下这三个几何体的体积有什么关系？

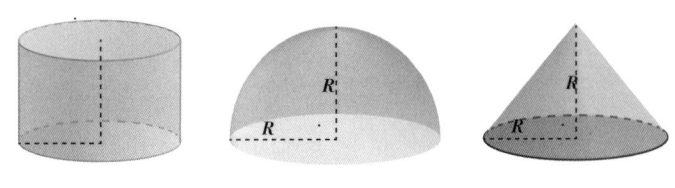

图 6-9

为了更清晰、直观地认识这三个几何体体积的数量关系，请同学们借助手中的道具，以小组合作的方式进行探究活动．

试验的结论：$V_{半球} = V_{圆柱} - V_{圆锥}$．

根据祖暅原理,可以得到

相同高度时,$V_{半球} = V_{圆柱} - V_{圆锥} \Leftrightarrow S_{半球截面} = S_{圆柱截面} - S_{圆锥截面}$.

所以,在接下来的探究中,我们只需证明它们在相同高度处的截面积的大小相等即可.

设计意图:学生通过图形直观感知得到在同底等高的几何体中圆柱体积最大,圆锥体积最小,半球的体积介于圆柱体积和圆锥体积之间的结论.利用试验可以得到更明确的关系,为接下来的理论证明打好基础,培养直观想象、逻辑推理的核心素养.

师生活动:我们用GGB软件来直观感受一下,图6-10中的阴影部分分别表示对应几何体的截面,数值是两个截面积的大小.请同学们观察,当高度h变化时,这两个截面积的大小有什么关系?根据祖暅原理,这两个几何体的体积相等.

设计意图:利用GGB动态展示图,让学生理解高度相同时,截面积相等,根据祖暅原理,就可以得到体积相等的结论.

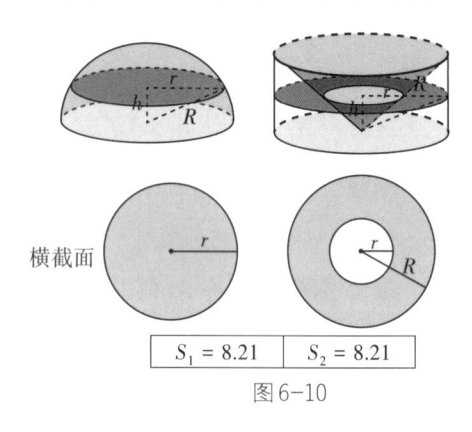

图6-10

问题7:如图6-11所示,用高为h的水平面去截两个几何体,所截得的面积分别为S_1, S_2,试用R和h表示S_1, S_2,并用祖暅原理证明试验的结论.

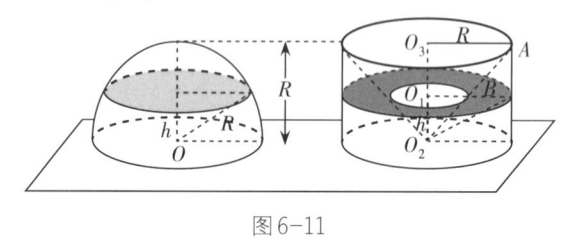

图6-11

(学生小组合作,展示证明过程)

师生活动:请同学们一起推导球体积与半径的关系,由学生代表到黑板前演示推导过程.

$\frac{1}{2}V_{球} = V_{柱} - V_{锥} = \frac{2}{3}\pi R^3$,所以$V_{球} = \frac{4}{3}\pi R^3$.

我们运用祖暅原理得到了球体积与半径之间的关系:$V_{球} = \frac{4}{3}\pi R^3$,通过球体积和表面积的关系,可以得到球表面积$S_{球} = 4\pi R^2$.

追问:还有哪些几何体的构造与球等体积的几何体的方式?同学们可以课下再

进行研究.如图6-12所示.

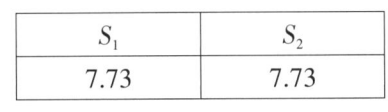

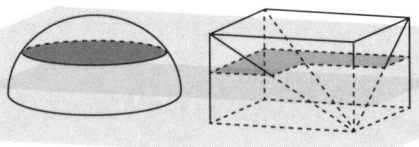

S_1	S_2
7.73	7.73

图6-12

(四)归纳小结、反思升华

问题8:(1)本节课学习了什么原理?

(2)用祖暅原理解决了什么问题?

(3)在解决问题的过程中得出什么结论?

(4)在得到结论的过程中用到了哪些数学思想方法?

(5)本节课的学习中,了解了哪几位中国古代的数学家?

结论:

(1)基础知识:

1个原理:祖暅原理.

3个几何体:锥体、柱体、球体.

(2)思想方法:数形结合、归纳类比、构造转化.

(3)核心素养:数学抽象、直观想象、数学建模、逻辑推理.

(4)数学文化:中国古代数学家——祖冲之、祖暅.

探究球的体积公式

一、教学内容解析

(一)课标分析

1. 数学文化视角

《普通高中数学课程标准(2017年出版2020年修订)》中明确指出:依据数学学科特点,关注数学逻辑体系、内容主线、知识之间的关联,重视数学实践和数学文化.还指出:数学文化是指数学的思想、精神、语言、方法、观点,以及它们的形成和发展;还包括数学在人类生活、科学技术、社会发展中的贡献和意义,以及与数学相关的人文活动.数学课是传播数学文化的重要载体,如果将数学文化融入课堂教学,让学生了解数学发展的过程、重要结果、主要人物、关键事件及其对人类文明的贡献,课堂会变得丰富多彩,学生会更好地理解数学、热爱数学.

2. 数学"四基"视角

利用实物等空间图形,学生更直观地认识柱、锥、台、球及简单组合体的结构特征,能运用这些特征描述现实生活中简单物体的结构.知道球、柱、锥、台的表面积和体积的计算公式,能用公式解决简单的实际问题.

通过直观感知、推理论证、度量计算等方式,学生经历球体积计算公式的推导过程,认识和探索空间图形的性质,并建立空间观念.通过实际情境发现问题、提出问题、分析问题、构建模型、确定参数、计算求解、检验结果、改进模型的过程,发展数学思想,提升数学核心素养.

(二)教学内容

本课例内容选自湘教版高中数学必修二,教学要求学生知道球的体积计算公式,能用公式解决简单的实际问题.在培养学生的核心素养的同时,也要注重数学文化的渗透,因此本课例设计为一节探究活动课,既是柱体、锥体、台体相关知识的承接和延续,又为后续解决与球有关的实际问题奠定基础.为了让学生能从数学文化的角度认识球体,本节课引入了牟合方盖这个几何模型,本课例具体有2个任务:一是根据祖暅原理求球的体积;二是根据祖暅原理求牟合方盖的体积.

二、教学目标设置

(一)教学目标

(1)让学生初步了解牟合方盖的故事和其中蕴含的数学知识,从实际物体中抽象出数学模型,发展数学抽象、数学建模的核心素养.

(2)让学生能利用试验探究的方法,构造出一个和半球体积相等且满足祖暅原理的几何体模型,并借助祖暅原理完成球体积计算公式的推理证明.

(3)让学生学会类比球体积公式的推导方法,推导牟合方盖的体积计算公式;学会构建几何体模型,求解几何体体积的方法;在发展数形结合、类比转化的数学思想的同时培养逻辑推理的核心素养.

(二)教学目标达成的标志

(1)学生能借助试验活动,构建出和半球体积相等的几何体模型.
(2)学生能将几何体的体积相等的问题,转化为等高处的截面积相等的问题.
(3)学生能用祖暅原理对求球的体积和牟合方盖体积的方法进行理论证明.

(三)教学重点

探究球体积计算公式的推导方法,从而掌握计算一类几何体体积的方法.

三、学生学情分析

(1)学生已经具备的认知基础:已经认识了空间几何体的形状和位置关系,以及柱体、锥体、台体的体积和表面积.学生具有一定的空间想象能力,具备将简单的生活问题抽象为数学模型的能力和逻辑推理的能力.

(2)学生达成目标需要的认知基础:①圆柱、圆锥的体积公式;②将实物抽象成数学模型的数学建模能力和逻辑推理能力.

(3)学生可能遇到的问题:能直观感受半球的体积介于同底等高的圆柱和圆锥

之间,但是不能准确得到体积间的数量关系;牟合方盖和球体相切时,无法确定切点位置,不会计算对应截面积的大小.

(4)解决方法:学生借助GGB软件和试验探究对抽象的数学问题和数学模型进行直观的感知,逐步学会抽象概括;找出牟合方盖和正方体相切的切点,再确定牟合方盖和球体相切的切点,求出对应的截面积.

(5)教学难点:①利用祖暅原理构造和半球体积相等的几何体模型.

②对牟合方盖图形的认识及其体积的推导.

四、教学策略分析

问题是数学的心脏,本节课以建构主义为理念,采用任务驱动的探究式教学方法,通过创设问题情境,让学生带着问题学习,以问题为载体掌握知识和方法.推理是数学的命脉,教师通过对球体积计算公式的证明,培养学生数学推理的核心素养.思想是数学的灵魂,学生在获得知识的过程中发展了解决问题的数学思想.根据维果斯基的"最近发展区"理论,学生在已经掌握的知识和思维特点的基础上建构新知,通过动手操作、信息技术等手段,学会把复杂问题简单化、抽象问题直观化,经历数学之旅、体会数学之美,逐渐完成从感性认识到理性思考的飞跃.

为达到理想的教学效果,在学生合作探究的过程中,教师应适时指导调节学生探究的进度和效度,引导学生对同学推理的严谨性、表达的完整性、书写的规范性进行评价.通过这种相互评价,学生积极性增加促使课堂问题高效解决.

教具:多媒体课件、半球、圆柱、圆锥道具(教师自制)、GGB软件.

五、教学过程

根据本节内容特点,本节课的教学过程分为10个环节.

环节1.触景生情——生活中的数学

看是一幅画,

听是一首歌.

牟合方盖是星座,

千秋永不落.

图7-1中的物件是利用我国古代非常著名的数学模型——牟合方盖制作而成的,什么是牟合方盖呢? 下面让我们一起来认识这个几何模型.

设计意图:教师利用一首小诗开场,突出牟合方盖在数学发展史中的重要性.同时结合食物罩和帐篷引入牟合方盖这个数学模型,将生活问题转抽象数学模型,营造轻松学习的氛围,激发学生学习数学的兴趣.

环节2.追根溯源——牟合方盖的故事

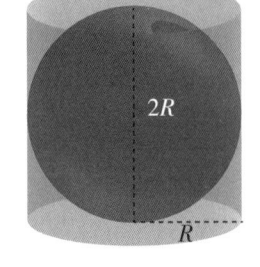

图7-1

魏晋数学家刘徽在给《九章算术》作注的时发现了"牟合方盖"这个数学模型,它是正方体中放入两个互相垂直的内切圆柱时,两圆柱的公共部分形成的几何体.该几何体像一个牟合的方形盒子,故称为牟合方盖.

设计意图:讲述牟合方盖的来源,加深学生对数学文化的了解.

环节3.剥茧抽丝——牟合方盖中的数学

在《九章算术》中"开立圆术"记载半径为R的圆与其外接正方形的面积之比为$\frac{\pi}{4}$,将球放入圆柱中,并与圆柱相切,$\frac{V_{球}}{V_{圆柱}} = \frac{\pi}{4}$.结合图形,我们知道圆柱的体积为$2\pi R^3$,所以$V_{球} = \frac{\pi}{4} V_{圆柱} = \frac{\pi}{4} 2\pi R^3$,《九章算术》中记载$\pi \approx 3$,所以球的体积$V_{球} \approx \frac{9}{2} R^3$.

但是,刘徽发现过圆柱旋转轴的截面是圆与正方形相切面,此时$\frac{S_{圆}}{S_{正方形}} = \frac{\pi}{4}$,与旋转轴平行的截面是长方形,与圆只有两边相切,此时$\frac{S_{圆}}{S_{长方形}} < \frac{\pi}{4}$,所以刘徽认为$\frac{V_{球}}{V_{圆柱}} < \frac{\pi}{4}$,$V_{球} < \frac{9}{2} R^3$.

于是刘徽想到了推算球体积的方法,他创造了一个称为"牟合方盖"的立体图形(如图7-2).在一个正方体中作两个互相垂直的内切圆柱,其相交的部分就是牟合方盖.牟合方盖恰好把正方体的内切球包含在内,并且与球相切.正方体与球相切的切点是正方体各个面的中心,它们也是牟合方盖和球相切的切点.

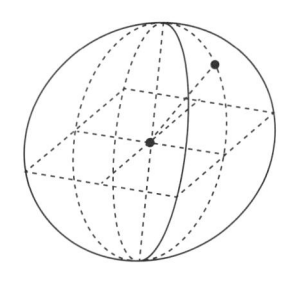

图7-2

思考：(1)水平面截牟合方盖及其内切球会得到什么图形？

(2)相同高度时，水平截面圆与其外切正方形的面积之比是多少？

(3)类比猜想：$\dfrac{V_{球}}{V_{牟合方盖}} = \dfrac{\pi}{4}$.

因此，只要知道了牟合方盖的体积就能算出球的体积，遗憾的是刘徽当时并没有求出牟合方盖的体积，他说"敢不阙疑，以俟能言者"，意思是：我解决不了的问题，等待后人解决吧！

设计意图：让学生了解牟合方盖和牟合方盖中的数学，利用动画直观地感受牟合方盖的模型、球的截面和牟合方盖截面面积的关系，类比猜想得到它们体积之间的关系．同时本课例使学生知道古代数学家治学严谨、一丝不苟、实事求是的数学精神，培养数学建模、直观想象的核心素养．

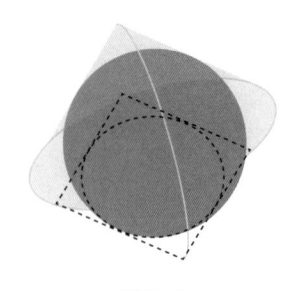

图7-3

环节4.古为今用

4.1 古为今用——祖冲之与祖暅

在刘徽提出牟合方盖的两百多年后，祖暅在其研究基础上，继承了其父祖冲之的事业，彻底解决了球的体积计算问题，发现了著名的"祖暅原理"．

设计意图：让学生了解古代数学家的伟大成就．

4.2 古为今用——祖暅原理

祖暅原理的内容：幂势既同，则积不容异．意思是两个几何体高度相同，用任一水平面截这两个几何体时，若截面积始终相等，则它们的体积也相等．

比如，桌面上的一沓书，当它倾斜或扭曲放置时，它们在相同高度处的截面积始终相等，那么它们的体积相等．这样我们就可以将不规则几何体的体积转化为求规则几何体的体积，将求未知几何体的体积转化为求已知几何体的体积．

设计意图：介绍祖暅原理，通过动画让学生理解祖暅原理的核心是相同高度时，几何体截面积相等，则体积相等．

环节5.借水行舟——球的体积

探究活动1：如何利用祖暅原理求球体的体积．

问题1：球的截面都是什么图形？这些图形是否具有对称性？

设计意图：利用球的对称性，将球体一分为二，把求整个球体的体积转化为求半球的体积,渗透转化的数学思想方法.

5.1 借水行舟——试验探究

问题2:如图7-4所示,已知半球的半径为R,圆柱和圆锥的底面半径为R,高也为R.请观察以下这三个几何体的体积有什么关系?

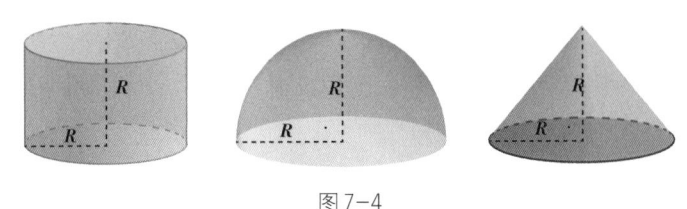

图7-4

为了更清晰、直观地得到这三个几何体体积间的数量关系,请同学们借助手中的道具,以小组合作的方式进行探究活动.

试验的结论:$V_{半球} = V_{圆柱} - V_{圆锥}$.

根据祖暅原理,可以得到相同高度时,

$$V_{半球} = V_{圆柱} - V_{圆锥} \Leftrightarrow S_{半球截面} = S_{圆柱截面} - S_{圆锥截面}.$$

所以,在接下来的探究中,我们只需证明它们在相同高度处的截面积相等即可.

设计意图:学生通过图形直观认为同底等高的圆柱体积最大,圆锥体积最小,半球的体积介于圆柱和圆锥的体积间.利用试验可以得到更明确的数量关系,为接下来的理论证明打好基础.培养直观想象、逻辑推理的核心素养.

5.2 借水行舟——构造模型

通过试验探究,我们得到$V_{半球} = V_{圆柱} - V_{圆锥}$.如图7-5所示,半球的体积等于从圆柱中挖去一个和它同底等高的圆锥后所形成的几何体的体积.我们应该如何验证这两个几何体是否满足祖暅原理?用半球底面所在的平面去截这两个几何体,截面积分别为$0,\pi R^2$,用圆柱上底面所在平面去截这两个几何体,截面积分别为$\pi R^2, 0$,它们不满足祖暅原理.那么如何调整,它们就有可能满足祖暅原理.

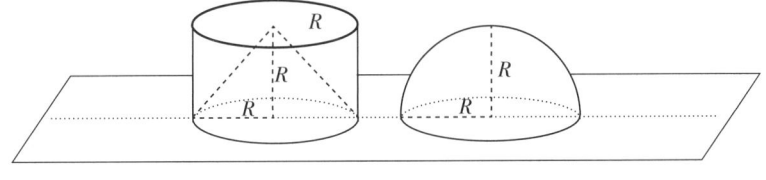

图7-5

设计意图:教师根据前面试验探究的结果,引导学生尝试构造一个和半球体积相等,且满足祖暅原理的几何体模型.培养学生直观想象、数学建模的核心素养.

5.3 借水行舟——模型释义

我们用GGB软件构建如图7-6的图形,图中的阴影部分表示对应几何体的截面,数值是两个截面积的大小.请同学们观察,当高度h变化时,这两个截面积的大小有什么关系?

根据祖暅原理,这两个几何体的体积相等.

设计意图:利用GGB动态展示图,让学生理解高度相同时,根据祖暅原理,若截面积相等就可以得到体积相等的结论.

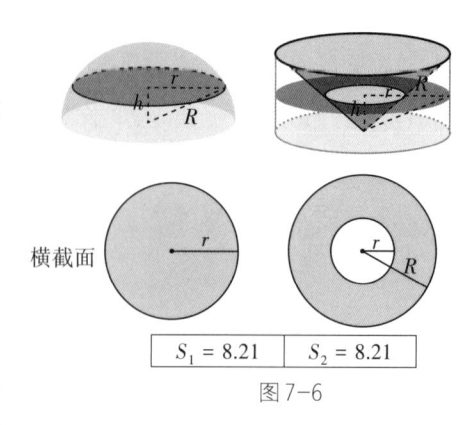

5.4 借水行舟——理论证明

数学是一门严谨的学科,推理是数学的命脉.试验探究和观察得到的结论可能会存在一定的误差,因此我们要用严谨的逻辑推理来证明所得到的结论.

问题3:如图7-7所示,用高为h的水平面去截两个几何体,所截得的面积分别为S_1,S_2,试用R和h表示S_1,S_2,并用祖暅原理证明结论.

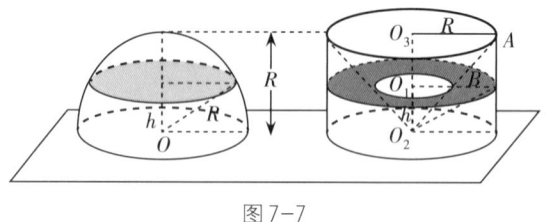

图7-7

(学生小组合作,展示证明过程)

请学生按表7-1所列内容,评价刚才的展示过程.

表7-1

	3分	2分	1分
推理的严谨性			
表达的完整性			
书写的规范性			

设计意图:学生通过对直观感知的猜想进行严谨的推理证明,学会用数学的眼光观察、用数学的思维思考、用数学的语言表达,发展数学核心素养.通过同伴间的相互评价,

学生在逻辑推理、语言表达、书写规范这几个方面互相学习、扬长避短、精益求精.

5.5 借水行舟——数学之美

观察数学模型的动态演示,我们能更直观、更清晰、更形象看到半球、圆柱、圆锥体积之间的关系,所以数学很神奇,数学很美.

设计意图:同学们在直观感受它们体积之间关系的同时,也能体会数学软件的强大作用和数学之美,培养直观想象的核心素养.

环节6.乘风破浪——牟合方盖的体积

探究活动2:如何利用祖暅原理求牟合方盖的体积?

问题4:(1)类比球的体积推导过程,可否将牟合方盖一分为二?

(2)能否找出与其同底等高的几何体,构建相关的几何体模型?(如:棱柱、棱锥等)

(3)类比半球体积的推导过程,猜想这几个几何体的体积之间有什么关系?

问题5:如图7-8所示,用高为h的水平面去截这三个几何体,所截得的面积分别为S_1,S_2,S_3,试用R和h表示S_1,S_2,S_3,证明我们的猜想.

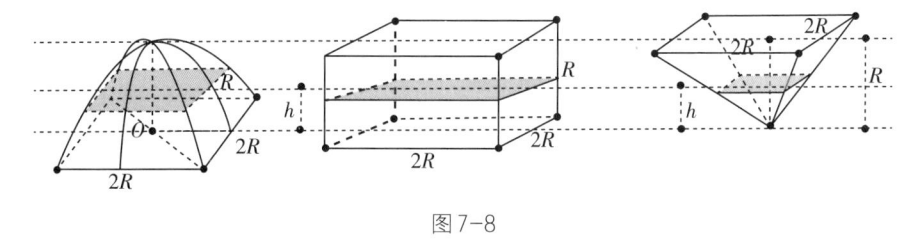

图7-8

(学生展示证明过程)

请学生按表7-2所列内容,评价刚才的展示过程.

表7-2

	3分	2分	1分
推理的严谨性			
表达的完整性			
书写的规范性			

祖暅用不同于现代计算的方法,求出了牟合方盖的体积,然后利用$\dfrac{V_{球}}{V_{牟合方盖}}=\dfrac{\pi}{4}$,得到球体的体积公式.感兴趣的同学可以查阅资料进行推理证明.

设计意图：教师通过问题链，类比球体积计算公式的推导过程，引导学生构造求牟合方盖的几何体模型，培养学生的数学建模素养.学生通过对猜想进行严谨的推理证明，构建解决同类几何体体积的数学模型，培养逻辑推理的核心素养.同伴间的相互评价，使学生养成一丝不苟的学习习惯，培养学生勇于探索、合作共赢的精神.

环节7.引以为豪——古代优秀数学家

祖暅原理的发现比意大利数学家卡瓦列里类似结论的时间早一千多年，祖暅原理是中华民族的骄傲，非常了不起！同学们要向伟大的数学家学习，珍惜时光、不负韶华，做对祖国、对人民、对社会有用的人！

设计意图：教师通过讲授中国古代数学家的伟大成就，增强学生的文化自信和民族自豪感.

环节8.回头望月——小结

问题6：(1)本节课学习了什么原理？

(2)用祖暅原理解决了什么问题？

(3)在解决问题的过程中得出什么结论？

(4)在得到结论的过程中用到了哪些数学思想方法？

(5)本节课的学习中，你了解了哪几位中国古代的数学家？

结论：

(1)基础知识：

1个原理：祖暅原理.

2个几何体：球、牟合方盖.

3个结论：$V_{球} = \dfrac{4}{3}\pi R^3$，$V_{牟合方盖} = \dfrac{16}{3}R^3$，$\dfrac{V_{球}}{V_{牟合方盖}} = \dfrac{\pi}{4}$

(2)思想方法：数形结合、归纳类比、构造转化.

(3)核心素养：数学抽象、直观想象、数学建模、逻辑推理.

(4)数学文化：中国古代数学家——刘徽、祖冲之、祖暅.

设计意图：用回答问题的形式，引导学生回顾反思，对本节课的内容进行小结，通过提炼概括，形成知识的网络体系.明确本节课的学习目标，检测学习的效果.

环节9.趁热打铁——作业设计

阅读作业：(1)阅读教材相应章节，根据本节课的讲授内容梳理球体积计算公式的发现过程.

(2)请同学们查阅资料,试着用微积分的方法推导球的体积计算公式,探究球的体积和表面积之间的关系.你还能想到别的推导方法吗?

基础作业:(1)如果一个球的表面积增加到原来的100倍,那么这个球的体积会怎样变化?

(2)用一个平面截半径为25 cm的球,截面面积是49π cm^2,求球心到截面的距离.

拓展作业:(1)如图7-9所示,扇形的半径为2,圆心角为$\dfrac{\pi}{2}$,若扇形AOB绕直线OB旋转一周,图中阴影部分旋转后所得的几何体与某不规则几何体满足"幂势既同",则该不规则几何体的体积为多少?

(2)将钢球放入一个正方体中,已知正方体的棱长为a,求钢球的最大体积.

(3)已知一个正方体所有的顶点都在一个球面上,且这个球的体积是V,求正方体的棱长.

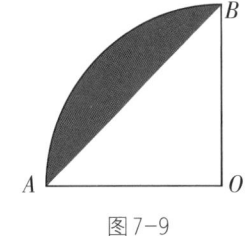

图7-9

设计意图:这几类作业的设计,实现知识的融合与综合,让不同水平的学生得到不同层次的发展.

环节10.乐在其中——结束语

最后用一小段音乐来结束本节课,意在让学生在轻松愉快的气氛中掌握数学思想方法的重要作用,以期对学生后续的学习有所帮助.

> 我想对你说
> 数学是首歌
> 问题是绿色的河
> 方法是奔腾的波
> 数学是首歌
> 同行是你和我
> 思考是春天的海
> 思想是生命的火

课例 8

双曲线渐近线的探索

一、教学设计

(一)教学内容解析

本节课是2019年人教A版教材选择性必修一"圆锥曲线的方程"中"双曲线"的延伸拓展探究,主要是让学生认知双曲线渐近线的发现与探索过程.

(二)学生学情解析

在学习圆锥曲线、双曲线的基础知识后,学生对点的轨迹进行延伸和拓展探索.事实上,教师教学时将处理直线与圆的一些基本方法和基本思想类比迁移到圆锥曲线的相关问题中,有利于学生融会贯通地处理一般距离问题.这一过程使学生在具体的情境中体会从有限到无限、从简单到复杂、从具体到抽象、从已知到未知的数学思想方法.这对提高学生学习数学的关键能力,提升学生数学抽象与直观想象的核心素养起着十分重要的作用.

根据以上分析,本节课的教学难点:体会研究问题的一般路径,形成探索精神.

(三)教学目标设置

本节课的教学目标分为以下4点.

(1)回顾温习双曲线标准方程的推理过程以及双曲线的简单性质,让学生学会利用信息技术画出抛物线方程 $\frac{x^2}{a^2} - \frac{y^2}{b^2} = 1$ 和渐近线方程 $y = \pm\frac{b}{a}x$ 的图象.

(2)通过几何观察建立代数模型,再通过代数运算推理的方法证明" $y = \pm\frac{b}{a}x$ 是双曲线 $\frac{x^2}{a^2} - \frac{y^2}{b^2} = 1$ 渐近线的方程",学生进一步理解双曲线与其渐近线的位置关系以及渐近线的含义,提升直观想象、数学抽象和逻辑推理素养.

(3)学生在证明过程中形成用坐标法解决问题的一般思路,并学会运用代数方法解决几何问题的系统化方法,培养数学抽象、数学建模素养.

(4)通过几何到代数再到几何的论证过程,学生体会了数形结合思想在解析几何中的应用,感受解析几何的威力与魅力,体会科学探究的乐趣与敢于探索的精神.

(四)教学策略解析

本次探究活动课设置了项目选定、制定计划、活动探究、成果展示4个环节,采用合作探究和研究性学习的方式,倡导学生自主探索、独立思考、动手实践、合作交流.教师强调几何直观,在教学中注重合情推理、降低证明要求,渗透类比与转化的数学思想. 具体做法如下.

1. 环节1:项目选定

本节探究活动课设定如下.

主题:双曲线渐近线形成的探索.

形式:探究式.

研究路径:利用技术探索、发现,再证明.

重点:利用坐标法探究问题,通过观察几何性质建立代数模型,再利用代数运算和推理,最后将代数结论转化为几何结论完成证明.

难点:(1)通过几何观察深入挖掘模型的几何性质,找到合适的代数进行刻画,以达到简化运算的目的.

(2)在整个证明过程中让学生形成系统的研究方法.

2. 环节2:制定计划

本次探究活动课需要两周的课外时间及两节数学课完成.

3. 环节3:活动探究

教师在课前设置详细的探究活动方案,从情境、研究对象出发设置不同的问题引导学生思考和分析.学生采用小组合作的方式对双曲线的探索,进行研究性学习.

4. 环节4:成果展示

(1)课堂展示.学生用几何画板展示双曲线以及双曲线的渐近线图象,即观察研究对象、抽象并定义研究对象、研究对象的性质、研究对象与其他对象的联系.

(2)学生按组分享成果,成为课堂真正的主人.探究式问题驱动全体学生主动参与知识建构、合作探究,同时保证了学生学习的积极性,实现高效课堂.

(3)学生从课前探究和课上展示中感知研究几何问题的基本思路,体会数学中的类比与转化思想,领悟学习核心数学知识,重点提升直观想象、数学抽象和逻辑推理素养.

5.活动评价

根据各小组展示的研究成果,教师利用课堂观察、口头评价、开放式活动反馈、课内外作业等多种评价方式,对学生暴露的研究问题及时修正.

6.拓展延伸

(1)教师将各小组的研究报告集结成册,形成研究报告册《双曲线的渐近线探究》.

(2)教师帮助学生对接专家学者,通过邮件交流的方式为学生答疑解惑.

(五)教学基本流程

课前探究 ⟶ 课中展示 ⟶ 课后总结

二、探索过程

(一)信息技术机房操作

1.组织学生用信息技术画图

组织学生去学校信息技术机房,教师带领学生画双曲线 $\dfrac{x^2}{a^2} - \dfrac{y^2}{b^2} = 1(a>0,b>0)$ 的图象,观察双曲线图象的变化规律.

2.组织学生画渐近线

学生画完双曲线的图象后,再画双曲线的渐近线 $y = \pm\dfrac{b}{a}x$,并进行延伸,当 $x \to \infty$ 时,观察双曲线和渐近线的变化趋势.

3.观察探究

在 x 取值相等的情况下,引导学生观察双曲线上的点和直线上的点的纵坐标之差,并总结随着 x 变化,两曲线纵坐标之差的变化规律.

(二)课堂展示

1.复习概念,提出问题

问题1:在"双曲线的简单几何性质"一节的学习中,我们认识了双曲线的渐近线,首先我们一起来回顾一下渐近线的定义.

师生活动:(共同复习渐近线的定义)双曲线 $\dfrac{x^2}{a^2} - \dfrac{y^2}{b^2} = 1(a>0, b>0)$ 的两支曲线向外延伸时,与两条渐近线 $y = \pm \dfrac{b}{a} x$ 逐渐接近,我们把这两条直线称为双曲线的渐近线.

(提出矛盾,引出问题)这里的定义是结合信息技术,根据函数图象的几何性质而给出的直观描述.那么 $y = \pm \dfrac{b}{a} x$ 为什么是双曲线 $\dfrac{x^2}{a^2} - \dfrac{y^2}{b^2} = 1(a>0, b>0)$ 的渐近线?在双曲线无限延伸的过程中,是否一直保持与渐近线的逐渐靠近关系?本节课我们将继续使用解析几何研究的几何方法——坐标法,给出这一问题的严谨证明,希望同学们通过这一节课能够理解双曲线、渐近线的含义,同时体会用坐标法研究几何问题的一般过程.

2.深入探究,建立模型

问题2:请同学们从几何角度观察双曲线及其渐近线的位置关系,并思考以下问题.

如何用代数刻画双曲线与其渐近线的接近程度?

师生活动:小组讨论,随后请同学们分享自己的想法.

小组1:可以用双曲线上的点到渐近线的距离来刻画双曲线与渐近线的位置关系.

教师给予肯定,回答得很好,我们可以用点与渐近线距离来刻画曲线与渐近线的位置关系,这位同学用点到直线的距离进行刻画,大家还有其他的思路吗?

小组2:在双曲线向外延伸的过程中,可直接观察到它与渐近线在竖直方向上越来越靠近,能否用竖直方向上的距离来刻画二者的接近程度?

问题3:这位同学提出了新的思路,那么竖直方向上的距离能否用来刻画双曲线与渐近线的接近程度?它和点线距比较又有何优劣之分?让我们结合函数图象的几何性质和代数运算方法对两种距离进行比较分析.

师生活动:观察几何性质,如图8-1,在坐标系中建立代数模型.

结合公式可得:$|MQ| = \dfrac{|bx-ay|}{\sqrt{a^2+b^2}}$,$|MN| = |Y-y|$.

追问:我们可以发现$|MQ|$的计算显然比$|MN|$的计算更为复杂,那么能否将垂直距离转化为竖直距离达到简化运算的目的?

师生活动:再次观察几何图形,找到二者之间的关系.

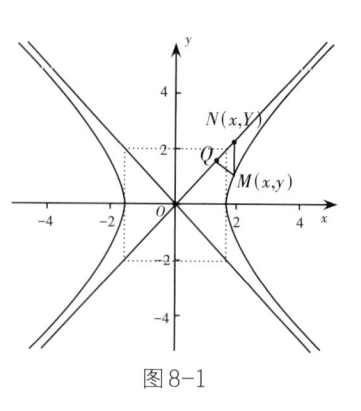

设渐近线$y = \dfrac{b}{a}x$的倾斜角为θ,则由$\begin{cases} \angle NMQ + \angle MNQ = \dfrac{\pi}{2} \\ \theta + \angle MNQ = \dfrac{\pi}{2} \end{cases}$,可得$\angle NMQ = \theta$,所以$|MQ| = |MN|\cos\theta = |MN| \cdot \dfrac{ab}{\sqrt{a^2+b^2}}$.

图8-1

由此,我们得出$|MN|$与$|MQ|$在给定的双曲线中有确定的倍数关系的结论,且二者的变化是成正比的.研究$|MN|$的变化趋势也就能研究$|MQ|$的变化趋势,所以在实际应用中,我们常用曲线到直线的竖直距离来刻画两者的接近程度,从而达到简化运算的目的.

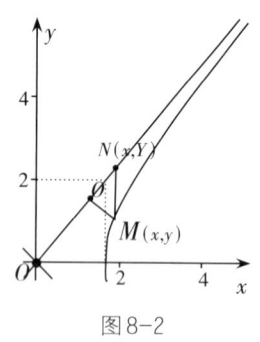

根据探讨,我们确定了证明这一问题的代数方法:在坐标系中画出如图8-2所示的图象后,验证$|MN|$随着点M横坐标x的增大而逐渐减少.其本质就是研究$|MN|$关于x的函数的单调性.

图8-2

三、代数运算,推理论证

问题4:请同学们尝试写出该结论的代数证明过程.

师生活动:学生先自主完成,再与老师共同探讨完整的证明过程.

在第一象限内,双曲线$\dfrac{x^2}{a^2} - \dfrac{y^2}{b^2} = 1 (a>0, b>0)$的方程可写为$y = \dfrac{b}{a}\sqrt{x^2-a^2}$ $(x>a)$,设$M(x, y)$是图象上的点,$N(x, Y)$是直线$y = \dfrac{b}{a}x$上的点,且与$M(x, y)$有相同的横坐

标,则 $Y = \dfrac{b}{a}x$.

因为 $y = \dfrac{b}{a}\sqrt{x^2 - a^2} = \dfrac{b}{a}x\sqrt{1-\left(\dfrac{a}{x}\right)^2} < \dfrac{b}{a}x = Y$,

所以 $|MN| = Y - y = \dfrac{b}{a}\left(x - \sqrt{x^2 - a^2}\right)$.

追问1:我们得到了$|MN|$是关于x的函数,由于$\dfrac{b}{a}$是一个定值,那么这一函数的单调性就取决于括号内的部分.x是单调递增的,当点处于第一象限即$x>0$时,而$\sqrt{x^2-a^2}$也是单调递增的,两个单调递增的函数相减的单调性无法确定,那么怎么解决这个问题?

师生活动:根据单调性的性质,增函数加上增函数还是增函数,如果把减号转化为加号,问题就会简单很多.仔细观察式子的结构可以发现,x与$\sqrt{x^2-a^2}$两个部分的平方差为定值a^2,利用这一结构特征,我们可以对其进行分子有理化变形,将分子分母同时乘以$x+\sqrt{x^2-a^2}$,得到$|MN| = \dfrac{ab}{x+\sqrt{x^2-a^2}}$.结合函数单调性的性质可知,随着$x$的增大,分母$x+\sqrt{x^2-a^2}$逐渐增大,而分子是一大于0的定值,所以,该分式逐渐减小.也就是说,随着x的增大,$|MN|$逐渐减小,而x无限增大时,$|MN|$将无限趋近于0,结合$|MQ|$与$|MN|$的关系可知,$|MQ|$也无限趋近于0.

追问2:前面的论证是取第一象限的特殊情况进行证明的,那么其他象限是否有相同的结论?我们是否还需要一一证明?

学生活动:结合双曲线的几何性质,尝试找到第一象限图象与其他象限图象的联系,给出结论.由于双曲线和它的渐近线图形都是中心对称图形,所以结合对称性,可以得到在其他象限单调性相同的结论.

老师补充:同学们利用几何性质得出其他象限的结论,实际上,类比第一象限的证明过程,我们也容易对其他象限进行代数证明.

追问3:刚刚我们是利用距离这一代数进行论证的,那么除了距离,同学们还能用其他代数刻画双曲线与其渐近线的接近程度吗?

师生活动:结合信息技术,给出双曲线向外延伸的动态变化过程,引导学生找到其他的代数.

我们将动点M与原点O相连,可以看到,随着M在双曲线上向外延伸,射线OM

与渐近线逐渐靠近,这样我们就把双曲线与渐近线的接近程度转化成了两条直线的接近程度.从几何变化角度可解释为,射线 OM 在逐渐靠近渐近线的过程中,其所在直线的倾斜度逐渐接近渐近线的倾斜度,代数上可以斜率的变化来刻画.

问题5:请同学们结合几何图形,尝试从斜率的角度给出代数证明.

师生活动:学生先自主完成,与老师讨论后给出完整的证明过程.

证明:如图 8-3 所示,在第一象限内,双曲线的方程 $\dfrac{x^2}{a^2} - \dfrac{y^2}{b^2} = 1(a>0, b>0)$ 的方程可写为 $y = \dfrac{b}{a}\sqrt{x^2 - a^2}\ (x>a)$,设 $M(x, y)$ 是其图象上的点,则有 $k_{OM} = \dfrac{y}{x} = \dfrac{\dfrac{b}{a}\sqrt{x^2-a^2}}{x} = \dfrac{b}{a}\sqrt{1-\left(\dfrac{a}{x}\right)^2} < \dfrac{b}{a}$.

可知随着 x 的增大,$\left(\dfrac{a}{x}\right)^2$ 逐渐减小,k_{OM} 逐渐接近 $\dfrac{b}{a}$.

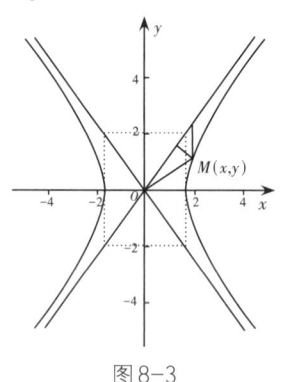

图 8-3

四、代数结论几何化

问题6:同学们,根据前面的代数推导,我们得到了哪些结论?你能将他翻译为几何结论吗?请说明 $y = \dfrac{b}{a}x$ 是双曲线 $\dfrac{x^2}{a^2} - \dfrac{y^2}{b^2} = 1(a>0, b>0)$ 的渐近线的原因.

师生活动:梳理代数结论,并翻译为对应的几何结论.

代数结论:

(1)在第一象限内,$y > Y, k_{OM} < \dfrac{b}{a}$.

(2)当 x 逐渐增大时,$|MQ|$ 逐渐减小,x 无限增大时,$|MQ|$ 无限接近于 0;

(3)当 x 逐渐增大时,k_{OM} 逐渐接近 $\dfrac{b}{a}$.

几何结论:

(1)双曲线在第一象限内向右上方延伸时,是从射线 ON(O 为原点)的下方逐渐接近于射线 ON,但与射线 ON 永远不相交.

(2)结合双曲线的对称性,可以在其他象限内得到类似的结论.

所以,双曲线 $\dfrac{x^2}{a^2} - \dfrac{y^2}{b^2} = 1(a>0, b>0)$ 在向外延伸的过程中,与两条直线 $y = \pm\dfrac{b}{a}x$ 逐渐靠近且永不相交.

由此可以说 $y = \pm \dfrac{b}{a} x$ 是双曲线 $\dfrac{x^2}{a^2} - \dfrac{y^2}{b^2} = 1 (a > 0, b > 0)$ 的渐近线.

五、自评检测,巩固知识

教师:请同学们根据以下几个问题对自己在本节课的学习进行一个简单的自评,了解自己对本节课知识和方法的掌握情况.

学生活动:完成自评问题.

(1)本节课我们使用了哪些数量来刻画双曲线与其渐近线的接近程度?
(2)你能独立完成本节课的代数证明吗?
(3)通过本节课的学习,你能理解渐近线了吗?
(4)你能总结出使用代数方法证明几何问题的一般步骤吗?
(5)在本节课的学习中,你感受到哪些数学方法和数学思想?

六、反思总结,提高认知

根据几何观察的猜想,我们使用了距离和斜率两种数量来刻画双曲线及其渐近线的位置关系.在距离的推证中,我们采用竖直距离代替垂直距离的方法减少了运算量,斜率的推证使证明过程更为简洁.曲线与直线的位置关系转化为两条直线的位置关系,体现了以直代曲的数学方法.

在代数运算和推理过程中,我们多次进行了代数式的化简和变形,这对整个运算过程起着很重要的作用,同时也需要大家有较强的逻辑推理、数学运算等能力.

使用代数方法解决几何问题,不但有利于我们发现和证明图形的性质,而且这种解决问题的方式基本上是程序化的,这也是解析几何的优势,是体现数形结合思想方法威力的典范,希望同学们能在学习过程中认真体会,感受解析几何的魅力.

为什么二次函数 $y = ax^2 + bx + c$ 的图象是抛物线

一、教学内容解析

1. 内容

探究二次函数 $y = ax^2 + bx + c$ 的图象为什么是抛物线?

2. 内容解析

本节课是2019年人教A版教材选择性必修一"圆锥曲线的方程"抛物线的探究与发现内容.按照中小学数学教材知识呈现的顺序,学生在初中已学习了二次函数图象及性质,通过列表、建系、描点、连线后,可以看到二次函数 $y = ax^2 + bx + c$ 的图象是一条曲线.它的形状类似于大家投篮或掷铅球时球在空中所经过的路线,因此这条曲线被称为抛物线.这样的说法非常形象,也符合初中生的生活经验和直观感知.学生理解起来也不困难.但仍有部分学生在学习时也存在疑问,具体表现:若二次函数的图象开口向下,学生能接受它的图象是抛物线,因为投篮或掷铅球时球从投出去到落下来的过程中球在空中经过的路线确实像开口向下的二次函数图象.但其开口向上时,不管投篮还是掷铅球,都模拟不出来这种形状.很多数学老师给出了解释:为了方便称呼,对二次函数 $y = ax^2 + bx + c$ 的图象,不管是开口向上还是开口向下,都把它称为抛物线,但学生并不能真正理解其中的原因.

在学习圆锥曲线后,我们知道在平面内,到一个定点和一条定直线(直线不经过定点)的距离相等的点的轨迹是抛物线,这既是抛物线的定义也是抛物线的几何特征.二次函数 $y = ax^2 + bx + c$ 的图象为什么是抛物线,可以通过把函数 $y = ax^2 + bx + c$ 变形为 $y_1 = ax_1^2$ 并和 $x^2 = \pm 2py(p > 0)$ 进行比较,认识二次函数的解析式与抛物线方程的联系,由此解决本节课的问题.为了加深学生对这个结论的理解,我们还可以引导学生找出二次函数的焦点坐标、准线方程.

基于以上分析,确定本节课的教学重点:二次函数 $y = ax^2 + bx + c$ 的变形与抛物线方程 $x^2 = \pm 2py(p > 0)$ 的比较.

3. 确定教学目标

根据本节课的内容特点以及学生的认知水平,确定本节课的教学目标如下.

(1)学生学会运用配方法变形二次函数 $y = ax^2 + bx + c$,通过平移得出 $x^2 = \pm 2py$ $(p > 0)$ 的形式.

(2)学生通过类比思想,提升数学抽象和逻辑推理的素养,得出二次函数的焦点坐标和准线方程.

(3)学生在推导过程中,培养数学建模能力、类比思想,提高数学学习兴趣.

二、学情分析

(1)学生已经具备的知识基础以及能力基础如下.

①学生在初中已经学习了二次函数,能通过描点法画出二次函数图象.

②学生能从二次函数图象直观感受二次函数图象为抛物线.

③学生在圆锥曲线中学习了抛物线及其标准方程,有一定的数学建模能力.

④学生能使用类比思想,有了一定发现问题、提出问题,进而解决问题的能力.

(2)学生达成教学目标所需要具备的认知基础.

①学生能够准确变形二次函数的表达式,并与抛物线的标准方程比较.

②学生能够清楚知道函数平移的相关知识.

③学生有一些研究、探求事物的能力,有一定类比能力.

(3)本节课的教学难点是如何找到二次函数的焦点坐标、准线方程,并能用定义进行证明.

可采取以下主要策略突破难点:

①加强学生对函数平移知识的理解.

②在整个学习过程中让学生多思考、多运算、多画图,让学生体会数学建模的思想.

三、教学过程

(一)创设情境,提出问题

在初中我们认识了二次函数 $y = ax^2 + bx + c$ 方程式及图象,通过列表、建系、描点、连线后,直观感知二次函数图象为抛物线.那么直观感受是否可靠,如果不可靠可否从数学理论上加以说明?

设计意图:数学的很多学习都是从直观感受到理论学习开始的,教师通过设问使学生认识直观感受不一定完全可靠,那么就要通过严谨的数学思维进行证明推导.

(二)利用旧知,得出结论

问题1:在圆锥曲线学习中,抛物线是怎么定义的,我们如何求出抛物线的标准方程?

学生答:抛物线是平面内到定点 F 和定直线 $l(l$ 不经过 F 点$)$ 的距离相等的点的轨迹.

既然同学们知道了抛物线的定义,那么我们只要能说明二次函数的图象符合抛物线的几何特征,就解决了为什么二次函数 $y = ax^2 + bx + c$ 的图象是抛物线问题.

设计意图:通过复习抛物线的定义、标准方程的求解过程,复习回顾求曲线方程的一般步骤,为后面从形式上和定义上验证二次函数图象为抛物线做准备.

问题2:对称轴为 y 轴的抛物线方程为 $x^2 = \pm 2py(p > 0)$,那么 $y = ax^2 + bx + c$ 的方程能否转化成这样的形式? 如果可以请同学们独立完成.

学生化简过程为 $y = ax^2 + bx + c$,

$$y = a(x + \frac{b}{2a})^2 + \frac{4ac - b^2}{4a},$$

$$y - \frac{4ac - b^2}{4a} = a(x + \frac{b}{2a})^2,$$

我们将令 $y - \frac{4ac - b^2}{4a} = y_1, (x + \frac{b}{2a})^2 = x_1^2$,即:$y_1 = ax_1^2$,也可以写为 $x_1^2 = \frac{1}{a}y_1$,这与 $x^2 = \pm 2py(p > 0)$ 的形式完全一致,因此二次函数图象为抛物线.

设计意图:让学生自主推导公式变形并与抛物线方程进行比较,从而得出二次函数图象为抛物线的结论,然后求出焦点坐标、准线方程.

问题3:既然二次函数 $y = ax^2 + bx + c$ 图象为抛物线,那么它的焦点坐标、准线方程分别是什么?

追问1：二次函数化简后得 $y - \dfrac{4ac-b^2}{4a} = a(x+\dfrac{b}{2a})^2$ 与 $y_1 = ax_1^2$ 函数的所对应图象形状有无区别？

学生答：两个函数图象的形状完全一样，只是在平面直角坐标系中对应的位置不一样．

追问2：既然它们只是对应位置不一样，那么是否可以通过某种变换得到抛物线 $y_1 = ax_1^2 (x_1^2 = \dfrac{1}{a} y_1)$ 的焦点坐标、准线方程？

通过观察，学生能够知道二次函数 $y = ax^2 + bx + c$ 的图象通过平移变换，得到 $y_1 = ax_1^2$ 的图象，$y_1 = ax_1^2$ 的焦点为 $(0, \dfrac{1}{4a})$，准线方程为 $y = -\dfrac{1}{4a}$．

通过函数图象平移的性质可以知道，如图9-1所示，$y = a(x+\dfrac{b}{2a})^2 + \dfrac{4ac-b^2}{4a}$ 图象沿向量 $\vec{m} = (\dfrac{b}{2a}, -\dfrac{4ac-b^2}{4a})$ 平移后可以得到 $y_1 = ax_1^2$ 图象．

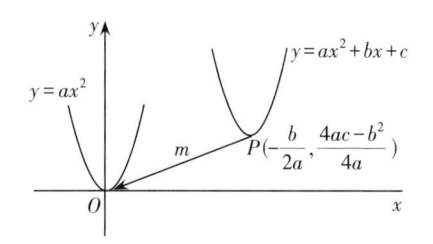

除了位置以外，函数图象不发生任何变化．上述平移我们也可以说 $y_1 = ax_1^2$ 图象沿向量 $\vec{n} = (-\dfrac{b}{2a}, \dfrac{4ac-b^2}{4a})$ 平移后可以得到 $y = a(x+\dfrac{b}{2a})^2 + \dfrac{4ac-b^2}{4a}$．同样，除在坐标系中的位置改变外函数图象不发生任何变化，即得到二次函数 $y = ax^2 + bx + c$ 的焦点坐标为 $F(-\dfrac{b}{2a}, \dfrac{1+4ac-b^2}{4a})$，准线方程为 $y = -\dfrac{b^2-4ac+1}{4a}$．

图9-1

问题4：你能用抛物线的定义证明此结论吗？

部分学生看到用在定义证明过程中代数式为纯字母，会产生一定的畏惧心理，此时教师可以引导学生先复习求曲线方程的基本步骤，再让学生证明．

证明：设点 $M(x, y)$，且点 M 不在直线 l 上，点 M 到准线 l 的距离为 d，根据抛物线的定义可知，抛物线是点的集合 $P = \{M | |MF| = d\}$．

因为 $|MF| = \sqrt{(x+\dfrac{b}{2a})^2 + (y - \dfrac{4ac-b^2+1}{4a})^2}$，$d = \left| y - \dfrac{4ac-b^2-1}{4a} \right|$，

所以 $\sqrt{(x+\dfrac{b}{2a})^2+(y-\dfrac{4ac-b^2+1}{4a})^2}=\left|y-\dfrac{4ac-b^2-1}{4a}\right|$,

$x^2+\dfrac{b}{a}x+\dfrac{c}{a}=\dfrac{1}{a}y$,即 $y=ax^2+bx+c$,

所以 $y=ax^2+bx+c$ 的图象为抛物线.

设计意图:如果每次都要通过化简平移后才可推导二次函数的焦点坐标、准线方程,那么学习推导过程比较复杂.所以二次函数解析式给定以后,我们可以通过抛物线的标准方程直接求出焦点坐标、准线方程.

(三)归纳小结,提升认识

(1)本课使用了怎样的方法证明了二次函数图象是抛物线?

(2)本课主要使用了哪些数学思想?

牛顿法——用导数方法求方程的近似解

一、教学内容解析

在高中数学课程体系中,求高次方程近似解的方法有两种——二分法和牛顿法.以2019年人教A版教材为例,二分法相关内容安排在必修一,牛顿法相关内容安排在选择性必修二.

本节课引用2019年人教A版教材选择性必修二中"导数的运算"中的"探究与发现"内容,属于知识拓展类课例.这节课在学生会用二分法求方程近似解的基础上,通过探究与发现的内容,使学生能借助导数研究函数.利用切线逼近函数的原理,进而使学生理解迭代法的含义和用法,培养学生逼近、以直代曲的思想,同时强化算法思想.在教学中,教师借助图形计算器的探究内容,以问题引导的方式培养学生分析问题、探究问题和合作解决问题的能力,借助二分法的内容培养学生类比的思想,同时让学生体会知识的联系和应用.本课例可以培养学生对数学的热爱以及强烈的求知欲望,让学生学习古代数学家的毅力以及认识到数学在实际生活中的巨大作用.学习本课例后,学生更加努力钻研,并对数学产生巨大兴趣.

牛顿法的核心是切线的零点近似代替曲线的零点,其借助图象能直观体现,没有图象的帮助不能体现其思想;此外,学生要领会牛顿法就必须要理解牛顿法的运算思路,掌握运算法则.所以本课例充分渗透和发展高中生的两大数学核心素养:直观想象、数学运算.

二、学生学情分析

1. 知识与技能

学生通过探索、猜想、发现并推导"牛顿法的公式",通过对公式的简单应用,初步理解公式的结构及功能.在高二阶段,学生已经理解函数的零点和方程的根的关系,会用二分法求方程的近似解,也会利用导数求曲线的切线方程,理解计算机程序运行的一些基础原理,会读算法程序框图,部分学生还能进行简单算法程序的编写.

2.过程与方法

通过牛顿法的探究过程,学生体会了近似代替精确的思想,培养分析问题、解决问题、合作交流的能力.

3.情感态度

教师通过课题的设计,增强学生探究与应用意识,使学生了解更多数学文化,激发了学习新知识的积极性.教师应采用多元的教学方式,如借用生活中存在的数学问题、借用计算机技术清晰展示教学问题等手段提高教学的趣味性.

4.存在的困难

一是学生对近似解的接受态度.长时间的学习积累,学生已经习惯求解精确答案.二是学生要理解牛顿法就要体验该法的运算过程,但牛顿法运算烦琐,部分学生难以接受,如果运算全交给计算机,学生的学习感受就单薄,不容易留下深刻的记忆.

三、教学目标设置

根据以上分析,本节课的教学目标如下.

(1)借助生活中的数学问题,让学生明白求方程近似解的必要性,了解数学问题源于生活,数学问题的产生是自然的.

(2)利用方程的根与函数的零点关系,教师可借助信息技术手段,运用数形结合思想,详细讲解牛顿法的基本内涵,挖掘牛顿法中蕴含的思想方法,提升学生的直观想象核心素养.

(3)让学生了解用牛顿法求方程近似解的运算过程,掌握牛顿法公式,会用牛顿法求方程的近似解,发展数学运算核心素养.

(4)教师结合具体实例讲述牛顿法的优缺点,借助计算机运算弥补牛顿法的缺点,通过与二分法的对比突出牛顿法不可替代的作用,揭示本节课的学习意义.

本节课的教学重点如下.

①让学生体会用导数方法求方程近似解的过程.

②让学生推导牛顿法公式,掌握牛顿法运算步骤.

③让学生体会研究问题的科学方法、过程及计算机技术在科学研究中的巨大作用.

本节课的教学难点如下.

①切线的引入,即引入"以直代曲"思想、逼近思想以及求精确度公式的解释.

②牛顿法中对初始值取值合理性的认识.

四、教学策略分析

本节课主要采用启发式、观察式、探究合作式的教学方法,让学生领悟牛顿法内涵的基本思想,提升学生的数学核心素养.

学生学习的过程是一个由浅入深的过程,需要经历从直观到抽象、从感性到理性的过程.符合学生认知规律的教学才是有效的.依据前面对教学内容、学生学情的分析,为了更好地展现本节课知识的起因、发展、蕴含的思想方法,采用以下办法突破教学重点、难点.

(1)通过解决生活中的实际问题,教师从数学发展的角度出发,自然地引出求方程近似解的必要性,让学生感知数学源于生活、用于生活,激发学生的求知兴趣.

(2)牛顿法一词中有"牛顿"二字,教师可通过简单介绍牛顿的一些伟大成绩,引出牛顿在微积分中的重大成就,然后过渡到牛顿法.联系微积分中的重大成就,是因为牛顿法中的"切线"与牛顿在微积分中求导数的几何意义有非常紧密的联系.这一个过程渗透"以直代曲"思想,让学生经历猜想、试验、逻辑论证的过程,从情感上顺利接受用牛顿法求方程的近似解,同时体会研究问题的一般方法、过程.

(3)GGB软件在作图上有着独特的优势,是数形结合的有力工具.教师借助GGB软件,让学生亲历"作切线"的过程和知道反复"作切线"的原因,深刻领会切线与x轴的交点逐步逼近函数零点的过程.

(4)在课堂小结环节中,教师放手让学生讨论,既是对学生最大的信任与肯定,也是帮助学生梳理所学内容的过程.小结真实再现了学生在本节课中所思所悟的过程,对教师今后对本节内容的教学都具有重要意义.

五、教学流程图

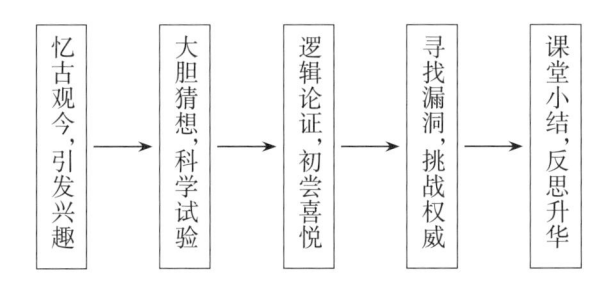

忆古观今,引发兴趣 → 大胆猜想,科学试验 → 逻辑论证,初尝喜悦 → 寻找漏洞,挑战权威 → 课堂小结,反思升华

六、教学过程

(一)忆古观今,引发兴趣

教师:在现实生活、生产及科学应用中,我们经常需要求方程的解,在初中我们已经学习过求一元一次方程、一元二次方程的解,那么对于三次及高次方程的解如何求?下面我们来看问题.

问题1:求方程 $x^3 - 1 = 0$ 的解.

问题2:求方程 $x^3 + 2x^2 + 10x + 20 = 0$ 的解.

问题3:求方程 $x^3 + 2x^2 + 10x - 20 = 0$ 的解.

问题4:求方程 $x^3 + 2x^2 + 10x - 20 = 0$ 的近似解,精确度为0.001.

设计意图:4个问题层层递进,对于高次方程解的问题,学生一般采用试根法.问题1比较容易解决,而问题2、问题3,学生需要一定时间尝试解答,他们可以通过因式分解得到问题2的解.但是问题3,学生目前还没有能力求其精确解,所以退而求其次,引出问题4,求方程的近似解.

具体教学过程如下.

(1)对于问题1,方程的解一眼就可以看出来;对于问题2,这个方程通过因式分解也可以把方程的根求出来.

(2)对于问题3,我们知道方程 $x^3 + 2x^2 + 10x - 20 = 0$ 解就是对应函数 $f(x) = x^3 + 2x^2 + 10x - 20$ 的零点,可以利用几何画板进行作图.如图10-1,发现函数 $f(x)$ 的零点 r 存在,所以 $x^3 + 2x^2 + 10x - 20 = 0$ 的解存在,只是以学生能力暂时求不出精确解.

(3)对于问题4,学生可主动回答求近似解曾经学过的方法——二分法,根据"零点存在定理",且 $f(x)$ 在 **R** 上是单调递增函数,确定 $f(x)$ 存在唯一零点 $r \in (1, 2)$.

(4)师生互动,用PPT展示二分法求方程近似解的过程,如表10-1所示.

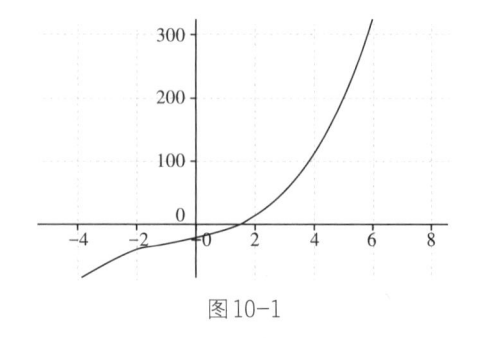

图10-1

表 10-1

迭代次数	区间	中点的值	中点函数近似值	当前精确度
0	(1,2)	1.5	2.875	1
1	(1,1.5)	1.25	2.421 9	0.5
2	(1.25,1.5)	1.375	0.130 9	0.25
3	(1.25,1.375)	1.312 5	1.168 8	0.125
4	(1.312 5,1.375)	1.343 75	0.524 8	0.062 5
5	(1.343 75,1.375)	1.359 375	0.198 5	0.031 25
6	(1.359 375,1.375)	1.367 187 5	0.034 2	0.015 625
7	(1.367 187 5,1.375)	1.371 093 75	0.048 3	0.007 812 5
8	(1.367 187 5,1.371 093 75)	1.369 146 25	1.007 1	0.003 906 25
9	(1.367 187 5,1.369 146 25)	1.368 166 875	0.013 5	0.001 953 13
10	(1.368 166 875,1.369 146 25)	1.368 656 563	0.003 2	0.000 976 56

由于 $\varepsilon = 0.001$,所以方程的近似解可取为 1.368 166 875.

通过 10 次迭代后我们可以在精确度的范围内求出近似解,为后面学习牛顿法和二分法的优缺点埋下伏笔.

(二)大胆猜想,科学试验

"牛顿法"肯定与牛顿有关,牛顿有一个非常有名的故事,所以教师可用这个故事引出牛顿.

教师:求方程的近似解还有其他方法吗? 请大家来看一幅图(如图 10-2),大家想到了谁?

学生:牛顿.

教师:牛顿不仅是一位伟大的物理学家,也

图 10-2

是一位伟大的数学家.他发现了很多的定理和定律,在微积分中有着巨大的贡献.在研究导数的几何意义时,将点 A 处的曲线不断地放大,可以发现点 A 处的曲线越来越接近一条直线,那么就可以用点 A 处的切线 AT 近似代替点 A 附近的曲线 $y = f(x)$(如

图10-3).

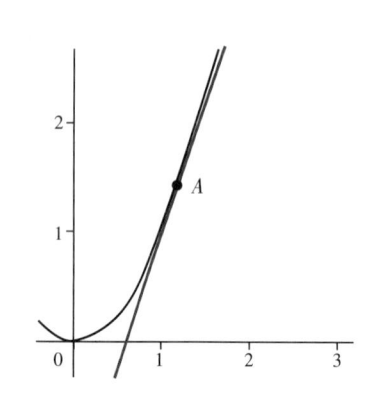

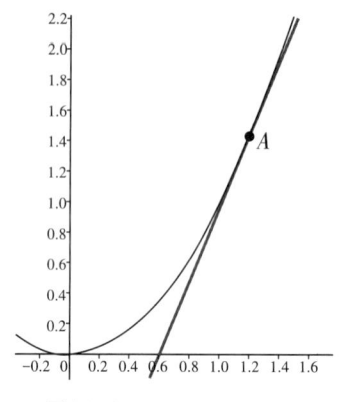

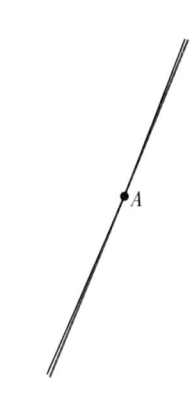

图10-3

这就是微积分中的一个重要思想——以直代曲.既然我们算不出问题4中函数与 x 轴的交点,可否利用微积分中的以直代曲思想,将曲线近似看成一条直线,把直线与 x 轴的交点当成是曲线与 x 轴的交点.

设计意图:用图片直接引出科学家牛顿,进而引出牛顿在微积分中求导数的几何意义时用到的切线,目的是提出"以直代曲"思想.

教师:(几何画板展示)点 A 是曲线上任意一点,设过点 A 的切线与 x 轴的交点横坐标为 x_1,点 A 的横坐标为 x_0.利用牛顿以直代曲的思想,我们可以将点 A 处的切线与 x 轴的交点 x_1 近似代替曲线与 x 轴的交点(如图10-4).

问题5:你能根据 A 点的横坐标 x_0 求出 x_1 吗?(给学生一定时间,让学生独立思考完成)用 $f(x),f(x_0)$ 表示.

学生活动:完成问题5.

写出函数 $f(x)$ 在点 A 处切线的点斜式方程并求出 x_1 的值.

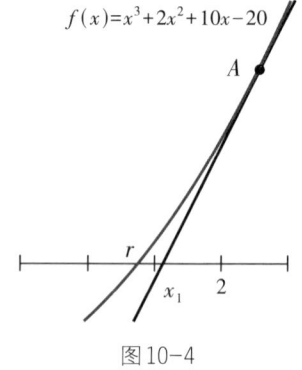

图10-4

最后学生展示结果,点 A 处切线的点斜式方程为 $y - y_1 = f'(x_0)(x - x_0)$,令 $y_1 = 0$,得 $x_1 = x_0 - \dfrac{f(x_0)}{f'(x_0)}$.

教师:(1)在动态几何画板上回顾求出 x_1 的过程.

(2)使点 A 在零点 r 的两侧运动,让学生观察 x_1 在 r 附近的变化.

追问:是否可以把 x_1 作为零点 r 的近似解?为什么?(展示动态几何画板,不断改变A点的位置,得到不同的切线,所以x_1会不断改变,学生观察.)

学生合作:(1)讨论把x_1作为零点r的近似解的可行性,请小组代表发言.

(2)把x_1作为r的近似解存在的问题?如何解决?

设计意图:虽然函数$f(x)$的零点r难求,但x_1却比较容易求出,即使x_1与r不同,但存在一定关系.这样可以达到化难为易的目的,从而让学生发现求近似解的另一种办法,培养学生观察能力、分析问题能力.

学生小组合作后,可能会产生以下结论.

(1)学生通过观察动态几何画板,发现了把x_1作为方程近似解存在的问题:x_1与r的可能误差太大,不满足要求.

(2)如果精确度要求很高,x_1的值都不能保证准确性.

(3)利用几何画板,引导学生合理使用第一条切线得到的x_1,作出函数$f(x)$在$(x_1,f(x_1))$处的切线,得到切线与x轴的交点x_2,通过图象比较可以看出x_2比x_1更逼近准确值,并在黑板上展示x_2的求解过程,目的在于发现x_2与x_1的关系.

(4)虽然x_2比x_1更接近零点,但还是不满足精确度的要求,那么可以多重复几次,得到一列数:$x_0,x_1,x_2,x_3,\cdots,x_n$.

(三)逻辑论证,初尝喜悦

问题6:x_n与x_{n-1}之间是否有关系?

学生:通过计算x_2,x_3得到结果$x_n = x_{n-1} - \dfrac{f(x_{n-1})}{f'(x_{n-1})}$ $(f'(x_{n-1}) \neq 0)$.

追问:$f'(x_{n-1}) \neq 0$是为了保证存在x_n,若$f(x_{n-1}) = 0$呢?

设计意图:暗示学生牛顿法公式也有可能求出准确解.

教师:我们在求x_n的过程中借用了什么数学工具?

学生:导数.

教师总结:这种利用导数求方程近似解的方法就称为牛顿法,并在黑板上板书完整的标题.

设计意图:通过探究,发现牛顿法中横坐标之间的递推关系,用数学语言表达牛顿法的基本原理.

教师:刚才的研究我们发现x_n可以有无数多个,那什么时候才能停止计算?

问题7:x_n满足什么要求才可以作为r的近似解?

设计意图:通过联想二分法精确度的要求,学生可以很快想到用牛顿法求方程近似解也需要定义一个精确度.精确度的定义要合理,合理的依据又是什么?

具体教学过程如下.

首先简单回顾二分法中精确度的定义,为了停止计算,那么牛顿法的计算中也需要定义一个精确度,需要思考"x_n作为近似解需要满足什么要求?"学生如果给出以下两种答案:①当$|f(x_n)|$的值小于事先给定的一个精确度时,x_n可以作为近似解;②当$|x_n - x_{n-1}|$小于事先给定的一个精确度时,x_n可以作为近似解.我们认为这两种答案都合理,肯定学生积极思考的表现,但是教材也给出了精确度的一个定义,即$\left|\dfrac{x_n - x_{n-1}}{x_{n-1}}\right|$.(可以用对比的方法解释为什么教材中精确度的定义相对于前两个精确度的定义更优化)

(四)寻找漏洞,挑战权威

教师:现在我们用所学的牛顿法再一次求高次方程$x^3 + 2x^2 + 10x - 20 = 0$的近似解.

解:令$f(x) = x^3 + 2x^2 + 10x - 20$,则$f'(x) = 3x^2 + 4x + 10$.

取$x_0 = ?$,

$$x_n = x_{n-1} - \dfrac{f(x_{n-1})}{f'(x_{n-1})} = x_{n-1} - \dfrac{(x_{n-1})^3 + 2(x_{n-1})^2 + 10x_{n-1} - 20}{3(x_{n-1})^2 + 4x_{n-1} + 10},$$

所以第一步:$x_1 = ?$,$z_1 = \left|\dfrac{x_1 - x_0}{x_0}\right| = ?$;

第二步:?

第三步:?

学生在求解时会发现每个人会选的初始值不一样,规定一部分人选初始值为2,另一部分人选初始值为4.求解过程中的取值如表10-2,表10-3所示.

表10-2

计算次数	x_k	$f(x_k)$	$f'(x_k)$	精确度≤ 0.01
0	2			
1				
2				
3				

表10-3

计算次数	x_k	$f(x_k)$	$f'(x_k)$	精确度≤0.01
0	4			
1				
2				
3				

教师:当取初始值为$x_0 = 2$时,达到精确度共用几步?若初始值为$x_0 = 4$呢?

问题7:不同的初始值对求方程的近似解有影响吗?如果有,影响在什么地方?

学生回答教师总结:影响重复次数,初始值越接近零点越好,所以在利用牛顿法求方程的近似解时要事先对零点进行估计.

追问1:不同的初始值对求方程的近似解还有其他影响吗?

教师:在对应几何画板中选择新的函数(如拉动$f(x) = x^2 - 2$的图象,展现不同位置的情况.

学生回答:(1)如果近似解不唯一,不同的初始值可能得到的解也不同.

(2)某些初始值的选取无法用牛顿法迭代求近似解.

追问2:大家在用牛顿法求解的过程中有没有感觉到运算方面的不舒服?

学生:运算烦琐.

教师:既然运算烦琐,现在计算机技术又如此先进,完全可以把计算交给计算机解决.

设计意图:未定初始值x_0是因为学生可以自主随机地选取.教师提供了解答模板,学生只要填空写出剩余部分.通过实例训练,厘清牛顿法的基本步骤,加深对牛顿法的认识,感受运算的烦琐和重复性,为找出与二分法的区别和联系埋下伏笔.

教师:因为牛顿法的运算比较烦琐,所以我们就把运算问题交给计算机解决,刚才使用的程序是怎么编出来的?我们先把牛顿法的算法提炼出来.

具体操作:在教师的引导下,提炼牛顿法的算法并展示框图.(用PPT展示)

(1)牛顿法求方程近似解的基本步骤:

①给定初始值x_0和精确度z_0.

②$x_1 = x_0 - \dfrac{f(x_0)}{f'(x_0)}$ $(f'(x_0) \neq 0, n \geq 2)$.

③若精确度 $z = \left| \dfrac{x_1 - x_0}{x_0} \right| \leqslant z_0$,则 x_1 即为所求,否则令 $x_0 = x_1$,回到②.

(2)厘清步骤后展示框图.

设计意图:让学生感悟牛顿法蕴含的算法思想,达到化繁为简、深入浅出的目的.

(六)课堂小结,反思升华

教师:请同学们思考今天学习的两种方法异同点,完成表格表10-4.

表10-4

	二分法	牛顿法
相同之处		
蕴含思想		
不足之处		
优点		

PPT展示参考答案如表10-5.

表10-5

	二分法	牛顿法
相同之处	求方程的近似解,需要给定初始值、精确度,需要迭代	
蕴含思想	算法思想、逼近思想、以直代曲(牛顿法)	
不足之处	迭代次数多	运算较烦琐
优点	便于操作	算法简洁、迭代次数少

设计意图:答案没有统一标准,通过"比较"教学,教师鼓励学生大胆思考,让学生了解两种方法的区别和联系,培养学生合作探究能力、表达能力、观察能力、归纳能力.

课堂小结:

(1)通过这节课的学习,你有哪些收获?

(2)重温牛顿法的步骤.

课例 11

子集的个数有多少

一、教学内容解析

1. 内容

探究 n 元集合的子集数量及其证明方法.

2. 内容解析

本节课是 2019 年人教 A 版教材选择性必修三的"计数原理"中分类加法计数原理与分步乘法计数原理后面的探究与发现内容."分类加法计数原理与分步乘法计数原理"的学习,旨在让学生通过计数原理来解决 n 元集合的子集个数问题.本课例除了让学生获得"n 元集合的子集有 2^n 个"这一结论外,还想让学生学习研究问题的方法,从具体事例的分析中得到规律性的猜想,再通过严格的数学推理获得一般结论.

学生已学习了子集的相关概念,能写出一个集合的子集,对"一个 n 元集合的子集有多少个?"这个问题,学生可以通过归纳推理猜想结论,但不能进行严格的证明.在学习两个计数原理之后,学生就可以利用分步乘法计数原理来加以证明.在运用分步乘法计数原理来解决这个问题的过程中,学生在如何把确定子集的过程与分步乘法计数原理相结合的方面,会存在一些理解上的困难,这就需要教师加以引导.除了利用上述方法证明这个结论外,二进制数、数学归纳法、组合数等相关知识也可以证明该结论,考虑到学生的认知水平及知识结构,这些证明有一定难度,教师可以让学生在学习完分步乘法计数原理以后自行探究.

基于以上分析,确定本节课的教学重点:利用分步乘法计数原理来证明"n 元集合的子集有 2^n 个"这一结论.

3. 教学目标

根据本节课的内容特点以及学生的认知结构、心理特征,确定本节课的教学目标如下:

(1) 通过计数原理的有关知识来解决 n 元集合的子集个数问题.

（2）在结论的推导过程中，学会"从具体事例的分析中得到规律性的猜想，再通过严格的数学推理获得一般结论"这一研究问题的方法．

二、学情分析

（1）学生已经具备的知识基础以及能力基础如下．

①学生已经学习了子集的概念，会用列举法写出集合的所有子集；

②学生已经学习了分类加法计数原理和分步乘法计数原理；

③学生有一定的猜想能力，有从具体事例的分析中得到规律，再通过严格的数学推理获得一般结论的基础．

（2）学生达成教学目标所需要具备的认知基础如下．

①学生能够准确写出集合的子集，并具有一定的归纳总结能力；

②学生能够用文字语言和数学语言准确表示数学对象；

③学生具有一些研究、探求事物的能力，具有从特殊到一般、一般到特殊、部分到整体、个别到一般的数学思维．

（3）本节课的教学难点如下．

用分步乘法计数原理来解决在探究过程中如何把确定子集的过程与分步乘法计数原理相结合的问题，引导学生利用二进制数、数学归纳法、组合数等相关知识证明"n元集合的子集有2^n个"．

突破难点的主要策略．

①加强学生对分步乘法计数原理的理解，从特殊到一般猜测出结论．

②在整个学习过程中让学生多列举、多观察、大胆猜测．

③让学生在学习过程中学会查阅资料，用分步乘法后面的组合数解决问题，或用数列递推公式原理、数学归纳法解决问题．

三、教学过程

（一）创设情境，提出问题

问题1：集合$A_1=\{a_1\}$的子集有多少个，你能列举出来吗？

学生答：集合$A_1=\{a_1\}$的子集有2个，分别是$\varnothing,\{a_1\}$．

问题2:集合$A_2 = \{a_1, a_2\}$的子集有多少个,你能列举出来吗?

学生答:集合$A_2 = \{a_1, a_2\}$的子集有4个,分别是$\varnothing, \{a_1\}, \{a_2\}, \{a_1, a_2\}$.

问题3:集合$A_3 = \{a_1, a_2, a_3\}$的子集有多少个,你能列举出来吗?

学生答:集合$A_3 = \{a_1, a_2, a_3\}$的子集有8个,分别是$\varnothing, \{a_1\}, \{a_2\}, \{a_3\}, \{a_1, a_2\}, \{a_1, a_3\}, \{a_2, a_3\}, \{a_1, a_2, a_3\}$.

请你用相同的方式列举一下4元集合$\{a_1, a_2, a_3, a_4\}$,5元集合$\{a_1, a_2, a_3, a_4, a_5\}$的子集,并找出$n$元集合的子集个数与$n$的关系?

学生能够列举出4元集合,5元集合的子集,但学生较难发现n元集合的子集个数与n的关系.

(二)利用旧知,探求关系

为了发现规律,教师需要引导学生利用所学的分类加法计数原理和分步乘法计数原理探究上述问题.

元素与集合的关系只有两种情况,属于或者不属于,那么元素$a_i(i = 1, 2, \cdots, n)$与各子集的关系只有两种,a_i属于子集或者a_i不属于子集.那么我们可以考虑用考查A中的每一个元素属于还是不属于某一个子集的方法来得到一个子集.

如集合$A_1 = \{a_1\}$可以分为1步完成.

考查a_1是否在A_1中,有2种可能($a_1 \in A_1, a_1 \notin A_1$),

因此子集个数为2个.

如集合$A_2 = \{a_1, a_2\}$可以分为2步完成.

第①步:考查a_1是否在A_2中,有2种可能($a_1 \in A_2, a_1 \notin A_2$);

第②步:考查a_2是否在A_2中,有2种可能($a_2 \in A_2, a_2 \notin A_2$);

根据分步乘法计数原理,子集个数为$2 \times 2 = 4$个.

问题4:你能用类比的思想求出3元集合$A_3 = \{a_1, a_2, a_3\}$的子集个数吗?

集合$A_3 = \{a_1, a_2, a_3\}$可以分为3步完成.

第1步:考查a_1是否在A_3中,有2种可能($a_1 \in A_3, a_1 \notin A_3$);

第2步:考查a_2是否在A_3中,有2种可能($a_2 \in A_3, a_2 \notin A_3$);

第3步:考查a_3是否在A_3中,有2种可能($a_3 \in A_3, a_3 \notin A_3$);

根据分步乘法计数原理,子集个数为$2 \times 2 \times 2 = 2^3 = 8$个.

问题5：你能用类比的思想求出n元集合$A_n = \{a_1, a_2, \cdots, a_n\}$的子集个数吗？

集合$A_n = \{a_1, a_2, \cdots, a_n\}$可以分为$n$步完成．

第①步：考查a_1是否在A_n中，有2种可能$(a_1 \in A_n, a_1 \notin A_n)$；

第②步：考查a_2是否在A_n中，有2种可能$(a_2 \in A_n, a_2 \notin A_n)$；

……

第k步：考查a_k是否在A_n中，有2种可能$(a_k \in A_n, a_k \notin A_n)$；

……

第n步：考查a_n是否在A_n中，有2种可能$(a_n \in A_n, a_n \notin A_n)$；

根据分步乘法计数原理，子集个数为$\underbrace{2 \times 2 \times \cdots \times 2}_{n \uparrow 2} = 2^n$个．

因此，n元集合的子集个数为2^n个．

（三）探求新方法，拓展数学思维

问题6：除了使用分步乘法计数原理，你还能用其他的方法证明这个结论吗？

初学者要想直接用其他解题思路会比较困难，教师首先引导学生查阅资料，得出可以使用乘法原理、组合数、递推法、数学归纳法等方法完成证明，让学生分组完成，具体过程如下．

乘法原理：

我们假设有n个空位，如$\underbrace{—\ —\ \cdots\ —\ —}_{n \uparrow}$．

现在用n元集合$\{a_1, a_2, \cdots, a_n\}$中的$n$个元素$a_1, a_2, \cdots, a_n$去填空，每一个元素都有"填"或者"不填"两种情况，不同的填法对应着不同的子集．由分步乘法计数原理可知，不同的填法有$\underbrace{2 \times 2 \times \cdots \times 2}_{n \uparrow 2} = 2^n$种，即为子集的个数．

组合数法：

将n元集合$\{a_1, a_2, \cdots, a_n\}$的子集按元素个数进行分类．

0元子集：$\varnothing$，有C_n^0个；

1元子集：$\{a_1\}, \{a_2\}, \cdots, \{a_n\}$，有$C_n^1$个；

2元子集：$\{a_1, a_2\}, \{a_1, a_2\}, \cdots, \{a_{n-1}, a_n\}$，有$C_n^2$个；

……

n元子集：$\{a_1, a_2, \cdots, a_n\}$，有$C_n^n$个；

因此，子集的个数为 $C_n^0 + C_n^1 + C_n^2 + \cdots + C_n^n = 2^n$ 个.

递推法：

记 n 元有限集合的子集个数为 $f(n)$，则

$f(0) = 1, f(1) = 2, \cdots, f(n) = 2f(n-1)$；

由递推可得

$f(n) = 2f(n-1) = 2^2 f(n-2) = \cdots = 2^{n-1} f(1) = 2^n$.

数学归纳法：

(1)当 $n = 0$ 时，结论显然成立；

(2)假设当 $n = k(k \in \mathbf{N})$ 时结论成立，即 k 元有限集合的子集个数为 2^k.

当 $n = k + 1$ 时，即集合中多了1个元素，在原有的每个子集中加入这个新元素，将对应得到一个新的子集，这样子集个数变为 $2^k + 2^k = 2^{k+1}$，此时结论也成立.

综上所述，对所有 $n \in \mathbf{N}$，n 元集合的子集有 2^n 个.

(四)归纳小结，提升认识

(1)本堂课学习了哪些知识点？

(2)本堂课主要使用了哪些数学思想？

课例 12

组合数的两个性质

一、教学内容解析

本节课来自 2019 年人教 A 版教材选择性必修三"计数原理"中组合数的两个性质的探究活动,安排在学生完成"计数原理"中两个计数原理和排列与组合的学习,并基本形成初步的章节知识框架之后进行.

"组合数的性质"是在学生学习函数的图象与性质、数列以及组合数公式等知识的基础上提出来的,它与函数、数列、数学归纳法等知识有内在联系,是学习二项式定理的基础,并且可以解决比较"接地气"的实际问题.本课例不仅能使学生系统掌握组合数的有关知识,而且能使学生感受渗透于知识中的数形结合思想、特殊与一般的思想以及观察、猜想、证明的思想方法.本课例有利于培养学生观察、比较、分析、综合、抽象和概括的能力,让学生合乎逻辑地、准确地阐述自己的思想和观点,还对开发智力、培养数学应用及科学研究的意识和能力有重要作用.学生在探究过程中发现数学美,激发勇敢地追求美、主动地创造美,从而陶冶情操,培养创新精神.

二、学生学情解析

学生在学习组合数的性质之前,已经掌握了排列组合的基本概念、组合数公式的计算.对基础较好、对排列组合概念理解透彻的学生来说,他们在接触组合数性质时,能够更快地从已有的知识体系中找到关联点,也可以利用组合数公式证明.但从实际意义出发,如从 n 个元素中选 m 个元素的组合数与从 n 个元素中选 $n-m$ 个元素的组合数相等,也可以类比为"选与不选"的关系来理解组合数 $C_n^m = C_n^{n-m}$ 这一性质.从"从 $n+1$ 个元素中选 m 个元素"的情况,其可分为包含某一特定元素和不包含该元素两类的角度来理解 $C_{n+1}^m = C_n^m + C_n^{m-1}$,有利于加深学生对组合数的理解,同时让学生能够深刻记忆晦涩的性质.

虽然抽象思维能力好的学生能够脱离具体实例,从一般化的数学关系角度理解性质,并且能在不同情境下灵活运用.但组合数性质的推导、理解和应用有一定难度,部分学生容易产生畏难情绪,这种情绪会阻碍他们进一步思考和学习.当遇到较复杂的组合数计算或证明问题,需要运用性质来解决时,畏难情绪严重的学生可能会选择放弃尝试,而不是努力克服困难去解题.但对数学有浓厚兴趣的学生,在学习组合数性质时会表现出更高的积极性和主动性,愿意花费时间去深入探究性质内涵、拓展应用等.他们会主动寻找组合数性质在生活中的实际应用场景,如彩票中奖组合问题、比赛分组问题等,从而更好地理解和掌握组合数的性质.因此利用探究活动课提升学生对组合数性质的兴趣是本课例的一个重要作用.

三、教学目标设置

《普通高中数学课程标准(2017年版2020年修订)》对计数原理的学习要求是用分类加法计数原理和分步乘法计数原理解决计数问题,这两个原理被称为基本计数原理.本课例的学习可以帮助学生理解两个基本计数原理及相关性质,并运用计数原理探索排列、组合、二项式定理等问题.

主要内容包括两个基本计数原理、排列与组合、二项式定理.

(一)两个基本计数原理

学生通过实例,了解分类加法计数原理、分步乘法计数原理及其意义.

(二)排列与组合

学生通过实例理解排列、组合的概念,能利用计数原理推导排列数公式、组合数公式.

(三)二项式定理

学生能用多项式运算法则和计数原理证明二项式定理,会用二项式定理解决与二项展开式有关的简单问题.

结合以上目标要求,本节课的教学目标如下.

(1)让学生理解组合数性质的推导过程,掌握组合数的两个性质,并会用其解决简单的问题.

(2)让学生在自主探究过程中,感悟特殊组合问题背后的一般规律,体会构建组合模型证明组合恒等式的方法.

(3)让学生在交流分享成果的活动中,树立有序思考、充分表达的理性精神,在证明组合数性质中发展逻辑推理素养.

四、教学策略解析

鉴于组合数的两个性质比较抽象,如果对组合数意义的理解不透彻,部分学生常常会把组合数性质2中的上下标搞混淆.因此,教师通过创设活动,让学生充分体验运用组合数的意义探究其性质的过程——发现性质、提炼性质、论证性质、运用性质;充分运用生生评价、师生评价策略,让学生在课堂对话中碰撞出思维的火花,深化理解,凸显有序思考、有理表达的科学精神.在证明过程中教师应强调理由充足、证明充分,彰显学科育人价值,发展学生的数学逻辑推理素养.

"没有任何力量能够阻挡中国人民实现梦想的步伐""要幸福就要奋斗"这都离不开强健的体魄,特别是青年学生.因此,本课例在情境中创设强身健体背景材料,意在激发同学强健体魄报效祖国的情怀.

通过创设"探究活动1、2"环节破解本节课的难点,在探究活动中自主构建组合性质知识,让学生感悟补齐思想、分类思想在计数中的作用,在构建组合模型的过程中发展学生数学建模素养与创新精神.

学生在掌握两个组合性质以及构建组合模型证明组合恒等式的方法后,通过"能力提升"环节,利用例题和变式练习,达到巩固知识和提高运用组合性质解决问题能力的目的.

课堂小结环节,教师选择了在杨辉三角中找组合性质的方式梳理本节课的知识,在看似分散、孤立的性质之间建立了联系,突出知识间的关联性,凸显单元教学设计整体大于部分和的整体设计效应.

五、教学基本流程

（一）创设问题情境

探究活动1：学校运动会中设有两个特定项目：趣味投羽毛球、3 000 m长跑，某班级32位同学必须参加其中一个项目且仅参加一个项目（每一位同学可以在两个项目中任选一个，要求17人参加3 000 m长跑，其余人参加投羽毛球项目），假设你是班级体育委员，你能算出所有可能的报名情况吗？

追问1：报名趣味投羽毛球项目的所有可能情况有多少种？

追问2：报名3 000 m长跑的所有可能情况有多少种？

提炼观点：体育委员在统计报名的所有可能情况时，用到了什么数学知识？

请各位同学利用计算器计算 C_{32}^{15} 与 C_{32}^{17} 的值.

所有可能的结果是 $C_{32}^{15} = C_{32}^{17}$.

设计意图：通过计算学校运动会中趣味投羽毛球和3 000 m长跑项目所有报名的结果，学生将实际问题转化为数学问题，从而引出组合数这一知识点．学生在熟悉的情境中感受到数学与生活紧密联系，激发了学习兴趣，同时为引出组合数的性质 1 做铺垫．

探究活动2：为了倡导"每天锻炼一小时，幸福生活一辈子"阳光体育运动习惯，学校秋季运动会决定采用师生同乐、同场竞技的形式，鼓励师生养成坚持运动的良好习惯．作以下规定：凡8位同学与1位老师均可组队报名参加"计团体分"的项目比赛．现有计团体分的跳绳比赛，团队可任选派4位选手参加1.5 min的计时跳绳，4位选手跳绳总数累计为团体成绩．

选派4人参赛共有多少种不同方案？

追问1：参赛方案中老师不参加的参赛方案有多少种？

追问2：老师参加的参赛方案有多少种？

上述问题的结论是否存在联系？ 你能否对此联系作出解释？

探究分享：从9位队员中选派4人参赛，共有 $C_9^4 = 126$ 种参赛方案；4位参赛选手均来自学生的方案有 $C_8^4 = 70$；老师是其中一名参赛队员的方案有 $C_8^3 = 56$ 种参赛方案．

$$C_9^4 = C_8^4 + C_8^3$$

没有老师参加的参赛方案数与有老师参加的参赛方案数之和恰好等于选派4人的参赛方案数．

思考:这个结论是巧合,还是恒成立?

追问3:这是我们前面学习的哪一种计数原理的应用?

答:分类加法计数原理,将选派参赛方案根据是否有老师参加进行分类,两类的总和即为选派4人的参赛方案总数.

设计意图:以学校秋季运动会跳绳比赛组队的参赛方案为背景,创设了一个复杂的计数情境.通过计算师生组队和不同人员构成的参赛方案数,学生在解决实际问题的过程中深入理解组合数的应用,进一步感受数学在实际生活中的广泛应用,提高运用数学知识解决实际问题的能力.

教师通过追问将复杂问题分解为简单情况进行处理,引导学生运用分类加法计数原理进行分析,培养学生的分类讨论思想和逻辑思维能力,使学生学会从不同角度思考问题.

得出并思考上述结果是巧合还是恒成立可激发学生的探究欲望,教师可继续引导学生从具体实例中归纳出一般性结论,为推导组合数性质2奠定基础,同时让学生体会从特殊到一般的数学思维方法.

(二)新知探究

问题1:我们能否把探究活动1中的问题推广到一般情形呢?

追问1:说说你构建的模型

一般地,从 n 个不同元素中取出 m 个元素后,必然剩下 $(n-m)$ 个元素,因此从 n 个不同的元素中取出 m 个元素的组合,与剩下的 $(n-m)$ 个元素的组合一一对应.这样,从 n 个不同元素中取出 m 个元素的组合数,等于从这 n 个不同元素中取出 $(n-m)$ 个元素的组合数.

追问2:请用数学符号表示上述模型.

组合数性质1: $C_n^m = C_n^{n-m}$.

设计意图:引导学生将探究活动1中的问题推广到一般情形,培养学生的归纳概括能力和抽象思维能力,使学生能够从具体的例子中发现一般性规律,建立数学模型,深入理解性质1.即从 n 个不同元素中取 m 个元素的组合数与取 $n-m$ 个元素的组合数相等的内在逻辑关系.

教师要求学生构建模型并用数学符号表示,强化学生对组合数性质1的理解,让学生学会用数学语言准确描述数学规律,培养学生的数学符号意识和逻辑推理能力.

问题2:我们能否把在探究活动2中的问题推广到一般情形呢?

追问1:说说你构建的模型.

一般地,从$(n+1)$个不同元素中取出m个元素的组合数,等于在这$(n+1)$个不同元素中确定一个特殊元素后,按分类加法计数原理分成取出的m个元素包含和不包含特殊元素的组合数.

追问2:请用数学符号表示上述模型.

组合数性质2:$C_{n+1}^m = C_n^m + C_n^{m-1}$.

追问3:如果是在n位队员中任意选派$m+1$位参赛选手呢?

$$C_n^{m+1} = C_{n-1}^{m+1} + C_{n-1}^m$$

追问4:如果是在$n+1$位队员中任意选派$m+1$位参赛选手呢?

$$C_{n+1}^{m+1} = C_n^{m+1} + C_n^m$$

通过连续的应用,学生明白死记硬背公式是很容易混淆公式与概念的,理解公式的意义对准确掌握性质与公式很重要.

设计意图:引导学生将探究活动2中的问题推广到一般情形,帮助学生理解组合数性质2的形成过程,培养学生类比推理和归纳总结的能力.这样学生能够在已有经验的基础上,进一步拓展思维、发现新的数学规律,深入理解组合数性质2所体现的分类加法计数原理在组合数计算中的应用.

通过连续追问不同情况下的组合数关系,如在n位队员中选派$m+1$位参赛选手和在$n+1$位队员中选派$m+1$位参赛选手的情况,让学生在变化的情境中加深对组合数性质2的理解.为防止学生死记硬背公式,教师在课堂中强调理解公式意义的重要性,培养学生灵活运用知识的能力和思维的严谨性.

(三)延伸拓展,发展能力

例题:化简$C_8^4 = 2C_8^3 + C_8^2$.

解:原式 $= C_8^4 + C_8^3 + C_8^3 + C_8^2$

$\qquad = C_9^4 + C_9^3$

$\qquad = C_{10}^4$

思考1：你能通过构造组合模型证明 $C_8^4 = 2C_8^3 + C_8^2$ 吗？

答：该模型可以视为8位同学、2位老师组队报名参赛，在参加跳绳团体赛时任意选派4位选手参赛.如果4位选手中没有老师的选派方案有 C_8^4 种，如果有1位老师的选派方案有 $C_2^1 C_8^3$ 种，如果有2位老师的选派方案有 $C_2^2 C_8^2$ 种，故总选派方案为 $C_8^4 = 2C_8^3 + C_8^2$.

设计意图：通过构造组合模型证明等式，学生培养了数学建模能力和创新思维能力，从实际意义出发理解组合数性质.学生体会到数学知识之间的内在联系，增强运用数学思想方法解决问题的意识.

上述结论，我们还可以用数表阵列的形式来梳理：第一行是10位队员选派4位选手的参赛方案数，第二行是1位老师9位同学选派4位选手的参赛方案数，第三行是2位老师8位同学选派4位选手的参赛方案数，第四行是3位老师7位同学选派4位选手的参赛方案数.

从组合意义可以知道这些方案的所有不同种数是相等的，组合性质正好诠释了它们之间的内在联系.

$$
\begin{array}{c}
C_{10}^4 \\
C_9^3 \quad C_9^4 \\
C_8^2 \quad 2C_8^3 \quad C_8^4 \\
C_7^2 \quad C_7^2 \quad 2C_7^2 \quad 2C_7^3 \quad C_7^3 \quad C_7^4 \\
C_7^1 \quad 3C_7^2 \quad 3C_7^3 \quad C_7^4
\end{array}
$$

思考2：同学们，能否把这个结论推广到更一般的情况吗？若能，则等式是什么样的？

答：$g(N) = g(N-1)$.

思考3：如果我们换一个分拆的方式：

$$
\begin{array}{c}
C_{10}^4 \\
C_9^3 \quad C_9^4 \\
C_8^3 \quad C_8^4 \\
C_7^3 \quad C_7^4
\end{array}
$$

大家还可以拆成哪些形式？

$$\begin{aligned}
C_{10}^4 &= C_9^3 + C_9^4 \\
&= C_9^3 + C_8^3 + C_8^4 \\
&= C_9^3 + C_8^3 + C_7^3 + C_7^4 \\
&\cdots\cdots \\
&= C_9^3 + C_8^3 + C_7^3 + C_6^3 + C_5^3 + C_4^3 + C_4^4 \\
&= C_9^3 + C_8^3 + C_7^3 + C_6^3 + C_5^3 + C_4^3 + C_3^3
\end{aligned}$$

可以依据组合意义构造如下模型,可以从组合意义的角度来构造组合模型说明上述组合等式恒成立.

1到10号队员中选4位选手参赛,将参赛方案进行如下分类:

(1)有1号队员的方案;

(2)没有1号队员,含有2号队员的方案;

(3)没有1号、2号队员,含有3号队员的方案;

(4)没有1号、2号、3号队员,含有4号队员的方案;

(5)没有1号至4号队员,含有5号队员的方案;

(6)没有1号至5号队员,含有6号队员的方案;

(7)没有1号至6号队员,含有7号队员的方案.

设计意图:引导学生将结论推广到更一般的情况,培养学生的归纳推理和类比推理能力,激发学生的探索精神,让学生在探究过程中发现更广泛的数学规律,拓宽数学视野,提高数学素养.

教师利用思考3进一步加深学生对组合数性质的理解和运用,培养学生的逻辑思维能力和创新能力,使学生能够从不同角度思考和解决问题,体会数学的灵活性和多样性.

(四)课堂小结与课后延伸

1.课堂小结

课堂小结环节,教师提醒学生结合下列问题对本节课进行一个小结.

(1)本节课我们从哪些方面研究了组合数的两个性质?

(2)在研究过程中用到了哪些数学思想和方法?

(3)本次探究活动课对你有何启示?

2.课后延伸

探究:如果我们把刚才的拆分数表阵列倒置,你能根据规律把它补充完整吗?(做

成白字黑底色的图片投影到黑板上请同学试着填写)

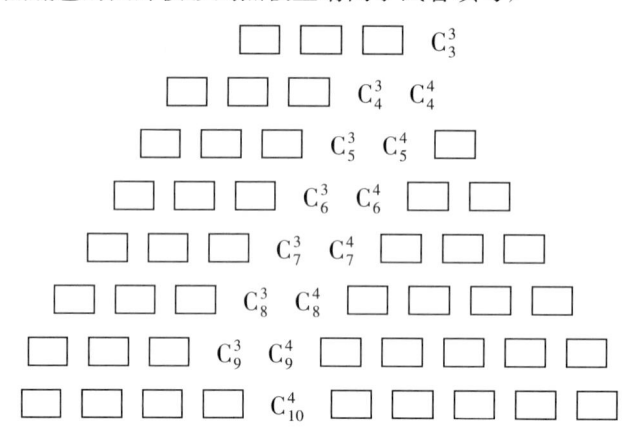

$$
\begin{array}{c}
\square\ \square\ \square\ C_3^3 \\
\square\ \square\ \square\ C_4^3\ C_4^4 \\
\square\ \square\ \square\ C_5^3\ C_5^4 \\
\square\ \square\ \square\ C_6^3\ C_6^4 \\
\square\ \square\ \square\ C_7^3\ C_7^4 \\
\square\ \square\ \square\ C_8^3\ C_8^4\ \square\ \square\ \square \\
\square\ \square\ \square\ C_9^3\ C_9^4\ \square\ \square\ \square\ \square \\
\square\ \square\ \square\ \square\ C_{10}^4\ \square\ \square\ \square\ \square
\end{array}
$$

拓展:你可以在上阵列表中找到本节课中所学习的组合数性质和恒等式吗？

组合数性质 1 反映了杨辉三角的对称性；

组合数性质 2 反映了杨辉三角中的递推关系；

组合恒等式 $C_n^m = C_{n-1}^{m-1} + C_{n-2}^{m-1} + \cdots + C_m^{m-1} + C_{m-1}^{m-1}$；

组合恒等式 $C_{n+m}^r = C_m^0 C_n^r + C_m^1 C_n^{r-1} + \cdots + C_m^r C_n^0 (n \geq r, m \geq r, m, n, r$ 均为正整数)的系数.(做一个圆木切牙签的示意图)

课例 13

二项分布的性质

一、教学内容解析

"二项分布的性质"属于"概率"大板块,选自2019年人教A版教材选择性必修三中"二项分布与超几何分布"的探究与发现.概率是大数据时代用于描绘随机现象,揭示内在规律,进行预测推断的重要手段.概率帮助我们从不确定中寻找确定性,广泛应用于各行各业,因此让学生进一步了解、利用概率模型及其性质是必要的.同时,二项分布作为n重伯努利试验结果的概率模型,在理论上是其他复杂概率模型的基础,在现实上是用随机思想解决实际问题的重要体现,所以学生了解学习二项分布性质既可以加深对二项分布的理解又可以为研究其他模型性质做好铺垫.

二、问题诊断分析

学生可能容易关注二项分布概率的具体数值,而忽视对二项分布性质的本质和一般性规律的理解、归纳,且在涉及组合数复杂计算方面容易出错.由此确定本课例重点为二项分布的性质,教学难点为二项分布性质的生成及证明.为了突出重点、突破难点,本课例拟采用数学试验探究法帮助学生抽象归纳二项分布的性质,将随机现象抽象为数学问题,用概率的语言表示随机现象,提升学生的数学抽象、数据分析等素养.

三、教学目标设置

本课例以新课程标准为基础,结合教材确定教学目标为让学生通过高尔顿板试验感知二项分布的形态,利用数学软件GGB了解二项分布性质.

学生经历观察、猜想、验证、证明一般探索过程,培养从特殊到一般、从实际到理

论、运用概率解决实际问题的能力;

学生通过实际体验、动手感知、理论证明进一步提升数学抽象、逻辑推理、数据分析等素养.

四、教学策略分析

本课例采用试验探究辅助教学.首先利用二项分布实物模型高尔顿板让学生感知二项分布的形态以及最值点的大致位置.其次利用数学软件GGB模拟二项分布,得到多个二项分布图象,让学生对二项分布形态和最值点提出猜想,最后让学生分组进行验证,利用函数思想对猜想进行推导证明.

五、教学过程设计

引导语:同学们,通过前面的学习,我们已经知道了分布列可以被看作是特殊的函数,用来描绘生活中的随机现象.而二项分布和超几何分布就是对生活随机现象有放回和不放回抽样的归纳总结,是两个特殊的概率模型.本课例的主要内容就是类比函数研究二项分布的图象和性质.

环节一 实物模型引入,提出问题

问题1:首先我们来研究二项分布的图象.我们知道高尔顿板的试验结果理论上服从二项分布,可以借助它来初步认识二项分布的图象.请同学们观察,将小球从顶端放入,在钉子的干扰下,小球等可能向左或向右落下,最终在格子中呈现出的形态大致就是成功概率为0.5的二项分布图象.你观察到了什么?

师生活动:学生通过查阅教材、动手试验,了解二项分布大致分布形态,得出二项分布图象先增后减.二项分布有最大值的结论.

设计意图:试验教学的第一个环节是学生初步感知二项分布的图象.教师合理利用教材提到的二项分布实物模型高尔顿板(图13-1),让学生克服对抽象问题的恐惧并得到了实物模型数据,提升探索兴趣,促进教学目标的有效达成,同时教学生用数学的眼光观察世界.

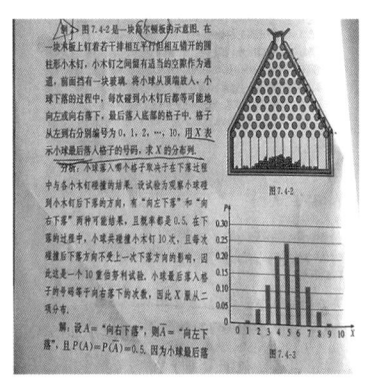

图13-1

环节二　GGB模拟,提出猜想

问题2:大家观察得很敏锐,我们可以利用数学软件GGB进一步模拟试验得到多个数据.请大家分组合作,进一步验证刚才的猜想.5个小组分别取成功概率为0.3,0.4,0.5,0.6,0.7进行验证,最后请小组代表上台演示说明.

师生活动:学生通过分组合作,得到多个二项分布数据,通过对数据的分析得到二项分布形态的相关结论.当$p=0.5$时,图象对称;当$p<0.5$时,图象左偏;当$p>0.5$时,图象右偏.

设计意图:学生通过取不同n和p的值,得到多个二项分布图象.根据这些图象,(如图13-2)从特殊到一般归纳二项分布的特征,培养自主探索的学习能力和观察归纳能力.在探究过程中,学生提高自主探索的学习能力和数据分析素养,并学会用数学语言表达世界.

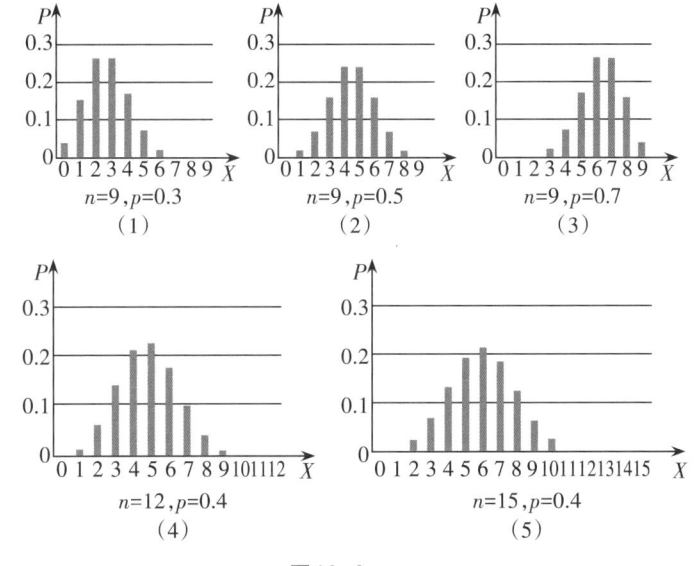

图13-2

环节三　分组合作,提出猜想(最大值点)

问题3:通过刚才的合作探究,我们已经认识二项分布的图象.那么二项分布的最大值点在哪里,还值得我们进一步探究,请同学们利用高尔顿板和数学软件GGB进一步探究,提出猜想.

师生活动:学生通过举例、观察、猜想、归纳,不断试错,不断修正,接近猜想,得出结论.

①试验猜想1:最大值点只有1个,在期望处取得.

②试验猜想2:最大值点只有1个,取值为离期望最近的整数.

③试验猜想3:最大值点有1个或2个,取值与期望有关.

④试验猜想4:最大值点有1个或2个,取值与$(n+1)p$有关.

设计意图:学生通过合作探究经历了观察、猜想、验证、改进的一般探索过程,不断试错积累经验,激发创新意识,加强了心理韧性.同时本课例有利于培养学生数据直觉,提高数据分析能力,让学生学会用数学思维思考世界.

环节四　跳出直观,严谨证明

问题4:对于上述试验探究中的猜想,我们如何证明?

师生活动:学生通过讨论提出了以下方法.

①将分布列通项看成函数,对函数进行求导,找到最值点.

②将分布列通项看成特殊的数列,利用数列方法求出最值点.由于求导涉及组合数,困难较大,学生选择了数列方法证明.

学生令$f(k) = P(X = k) = C_n^k p^k (1-p)^{n-k}(k = 0, 1, \cdots, n)$,

$$\frac{f(k)}{f(k-1)} = \frac{C_n^k p^k (1-p)^{n-k}}{C_n^{k-1} p^{k-1} (1-p)^{n-k+1}} = \frac{k(1-p) + (n+1)p - k}{k(1-p)} = 1 + \frac{(n+1)p - k}{k(1-p)},$$

当$k < (n+1)p$时,$f(k) > f(k-1)$,$f(k)$此时单调递增,

当$k > (n+1)p$时,$f(k) < f(k-1)$,$f(k)$此时单调递减.

计算$(n+1)p$,若$(n+1)p$为整数,令$k = (n+1)p$,则$P(X = k) = P(X = k - 1)$,这两项均为最大值.

若$(n+1)p$非整数,则取其整数部分k,$P(X = k)$为唯一最大值.

设计意图:本环节是引导学生对随机现象的猜想进行推导证明,使学生经历完整的数学探究过程,培养学生严谨的逻辑思维.同时学生也体会从特殊到一般的数学

思想,认识到探索数学规律的重要性,培养数学运算、逻辑推理素养.

环节五　总结归纳,提炼升华

问题5:如果我们需要研究其他概率模型的性质和结论,又该怎么去探究?

师生活动:仍然可以按照从实际到理论、从特殊到一般、先猜后证的方法去探究与总结.

设计意图:虽然本课例只对二项分布的性质进行了探究总结,但是学生在探究过程中学会的思想方法可以进一步延伸,这是本课例最想教会学生的内容.

六、成果展示

（一）二项分布图象

当$p=0.5$时,图象对称;当$p<0.5$时,图象左偏;$p>0.5$时,图象右偏.

（二）二项分布三类概率最大值问题

教材中固定n,p的值借助了函数的思想,研究$f(k)=P(X=k)$的单调性和最值.但是通过分析二项分布的通项公式$P(X=k)=C_n^k p^k(1-p)^{n-k}(k=0,1,\cdots,n)$可知,通项公式本身含3个参数$n,p,k$,若固定其中两个参数的值,则另外一个参数的取值对应的二项分布概率的最值可分为三类情况.

1. 固定n,p

令$f(k)=P(X=k)=C_n^k p^k(1-p)^{n-k}(k=0,1,\cdots,n)$

$$\frac{f(k)}{f(k-1)}=\frac{C_n^k p^k(1-p)^{n-k}}{C_n^{k-1}p^{k-1}(1-p)^{n-k+1}}=\frac{k(1-p)+(n+1)p-k}{k(1-p)}=1+\frac{(n+1)p-k}{k(1-p)},$$

当$k<(n+1)p$时,$f(k)>f(k-1)$,$f(k)$此时单调递增,

当$k>(n+1)p$时,$f(k)<f(k-1)$,$f(k)$此时单调递减.

计算$(n+1)p$,若$(n+1)p$为整数,令$k=(n+1)p$,则$P(X=k)=P(X=k-1)$,这两项均为最大值.

若$(n+1)p$非整数,则取其整数部分k,$P(X=k)$为唯一最大值.

2. 固定n,k

此时$P(X=k)=C_n^k p^k(1-p)^{n-k}(k=0,1,\cdots,n)$中,$p$是变量且$p\in(0,1)$,这是一个函数最值问题,可以求导求解.

$$f(p) = P(X=k) = C_n^k p^k (1-p)^{n-k},$$
$$f'(p) = C_n^k [kp^{k-1}(1-p)^{n-k} - (n-k)p^k(1-p)^{n-k-1}]$$
$$= C_n^k p^{k-1}(1-p)^{n-k-1}[k(1-p) - (n-k)p]$$
$$= C_n^k p^{k-1}(1-p)^{n-k-1}(k-np)$$

所以,当 $p < \dfrac{k}{n}$ 时,$f'(p) > 0$,$f(p)$ 单调递增,所以当 $p > \dfrac{k}{n}$ 时,$f'(p) < 0$,$f(p)$ 单调递减;当 $p = \dfrac{k}{n}$ 时,$f(p)$ 取得最大值,即 $f(p)_{\max} = f(\dfrac{k}{n})$;当 $p \to 0$ 时,$f(p) \to 1$,当 $p \to 1$ 时,$f(p) \to 0$,所以 $f(p)$ 无最小值.

3. 固定 k,p

当 k,p 固定时,$f(n) = P(X=k) = C_n^k p^k (1-p)^{n-k}$ ($k = 0, 1, \cdots, n$) 是一个数列最值问题.

$$\frac{f(n+1)}{f(n)} = \frac{C_{n+1}^k p^k (1-p)^{n+1-k}}{C_n^k p^k (1-p)^{n-k}} = \frac{(n+1)(1-p)}{n+1-k} = 1 + \frac{k-(n+1)p}{n+1-k},$$

当 $n < \dfrac{k}{p} - 1$ 时,$f(n+1) > f(n)$,$f(n)$ 此时单调递增,

当 $n > \dfrac{k}{p} - 1$ 时,$f(n+1) < f(n)$,$f(n)$ 此时单调递减,

所以当 $n = [\dfrac{k}{p}]$ 时,$f(n)$ 取得最大值.

(三)超几何分布最值

实例(2023 四川省联考):一个池塘里的鱼的数目记为 N,从池塘里捞出 200 尾鱼,并给鱼记标记,然后把鱼放回池塘里,过一段时间后再从池塘里捞出 500 尾鱼,X 表示捞出的 500 尾鱼中有标记的鱼的数目.

(1)若 $N = 5\,000$,求 X 的数学期望;

(2)已知捞出的 500 尾鱼中 15 尾有标识,试给出 N 的估计值(以使得 $P(X=15)$ 最大的 N 的值作为 N 的估计值).

【答案】(1)20; (2)6 666.

【分析】(1)首先求出被标记的鱼占总体的比例,再分析出其是否符合超几何分布,根据超几何分布期望的计算公式即可得到答案.

(2)首先计算出当 $N < 685$ 时,$P(X=15) = 0$,当 $N \geqslant 685$ 时,$P(X=15)$

$= \dfrac{C_{200}^{15} C_{N-200}^{485}}{C_N^{500}}$,记 $a(N) = \dfrac{C_{200}^{15} C_{N-200}^{485}}{C_N^{500}}$,计算 $\dfrac{a(N+1)}{a(N)}$,从而得到 $a(N)$ 的单调性,最后得到最大值.

【详解】(1)依题意 X 服从超几何分布,且 $N=5000, M=200, n=500$,

故 $E(X) = n \times \dfrac{M}{N} = 500 \times \dfrac{200}{5000} = 20$.

(2)当 $N < 685$ 时,$P(X=15) = 0$,当 $N \geq 685$ 时,$P(X=15) = \dfrac{C_{200}^{15} C_{N-200}^{485}}{C_N^{500}}$,

记 $a(N) = \dfrac{C_{200}^{15} C_{N-200}^{485}}{C_N^{500}}$,

则 $\dfrac{a(N+1)}{a(N)} = \dfrac{C_{N+1-200}^{485} C_N^{500}}{C_{N+1}^{500} C_{N-200}^{485}} = \dfrac{(N+1-500)(N+1-200)}{(N+1)(N+1-200-485)}$

$= \dfrac{(N-499)(N-199)}{(N+1)(N-684)} = \dfrac{N^2 - 698N + 499 \times 199}{N^2 - 683N - 684}$.

由 $N^2 - 698N + 499 \times 199 > N^2 - 683N - 684$ 可知,当且仅当 $N < \dfrac{499 \times 199 + 684}{15} \approx 6665.7$ 该式成立.

则可知当 $685 \leq N \leq 6665$ 时,$a(N+1) > a(N)$;当 $N \geq 6666$ 时,$a(N+1) < a(N)$,故 $N = 6666$ 时,$a(N)$ 最大,所以 N 的估计值为 6666.

该实例以二项分布最值的探究思路和方法为基础,探究超几何分布的最值.对于二项分布,分别采用作商法和导数法,很容易解决概率函数和似然函数的最大值问题,并且发现概率函数最大值点有一个或有两个.超几何分布与二项分布关系密切,那么对于超几何分布,它的概率函数和最大值又如何求解,是否有类似的结论?

若 $X \sim H(N, n, M)$,则

$P(X=k) = \dfrac{C_M^k C_{N-M}^{n-k}}{C_N^n}$ $(k = m, m+1, \cdots, r)$,$m = \max\{0, n-N+M\}$,$r = \min\{n, M\}$

1. 若 k 为变量

令 $g(k) = P(X=k) = \dfrac{C_M^k C_{N-M}^{n-k}}{C_N^n}$,

则 $\dfrac{g(k)}{g(k-1)} = \dfrac{C_M^k C_{N-M}^{n-k}}{C_N^n} \cdot \dfrac{C_N^n}{C_M^{k-1} C_{N-M}^{n-k+1}} = \dfrac{(M-k+1)(n-k+1)}{k(N-M-n+k)}$,

当 $k < \dfrac{(M+1)(n+1)}{N+2}$,$g(k) > g(k-1)$,$g(k)$ 单调递增,

当 $k > \dfrac{(M+1)(n+1)}{N+2}$,$g(k) < g(k-1)$,$g(k)$ 单调递减.

若 $\dfrac{(M+1)(n+1)}{N+2}$ 为整数,当 $k = \dfrac{(M+1)(n+1)}{N+2}$ 时,$g(k) = g(k-1)$ 均为最大值,最大值有两项.

若 $\dfrac{(M+1)(n+1)}{N+2}$ 不是整数,当 $k = [\dfrac{(M+1)(n+1)}{N+2}]$ 时,$g(k)$ 为最大值,最大值只有一项.

2. 若 N 为变量

令 $g(N) = P(X = k) = \dfrac{C_M^k C_{N-M}^{n-k}}{C_N^n}$,

则 $\dfrac{g(N)}{g(N-1)} = \dfrac{C_M^k C_{N-M}^{n-k}}{C_N^n} \cdot \dfrac{C_{N-1}^n}{C_M^{k-1} C_{N-1-M}^{n-k}} = \dfrac{N^2 - MN - nN + Mn}{N^2 - MN - nN + kn}$,

当 $N < \dfrac{Mn}{k}$ 时,$g(N) > g(N-1)$,$g(N)$ 单调递增,

当 $N > \dfrac{Mn}{k}$ 时,$g(N) < g(N-1)$,$g(N)$ 单调递减,

若 $\dfrac{Mn}{k}$ 为整数,$N = \dfrac{Mn}{k}$ 时,$g(N) = g(N-1)$,最大值有两项,

若 $\dfrac{Mn}{k}$ 不是整数,$N = [\dfrac{Mn}{k}]$ 时,$g(N)$ 取得最大值,最大值只有一项.

课例 14

斐波那契数列

一、评价理论基础

本课例中评价学生斐波那契知识水平的理论基础是CPFS结构(概念域、概念系、命题域、命题系形成的结构)理论,教师在课前和课后利用CPFS结构理论对学生掌握斐波那契数列的知识水平进行评价,可以了解学生通过本次数学探究活动课对斐波那契数列知识的掌握情况.

知识的认知结构是衡量学生知识内化的一个重要因素,不同的学者对知识的认知结构的研究各有不同.皮亚杰学习者心理活动的框架或者组织结构是用图式的.而数学是一门逻辑性、结构性很强的学科,数学知识的认知结构有着独特性,因此研究出一种独有的、适用于数学学科的认知结构是非常重要的,也是各位学者研究的重心之一.所以CPFS结构理论应运而生.

数学认知结构就是学生把自己头脑中的数学知识按照自己理解,再加上记忆、联想、思维、直觉、感知等认知特点,构成的一个整体结构[1].喻平教授结合数学学科的特征,在数学知识分类、数学知识表征的基础上,提出了CPFS结构理论.这个认知结构是数学特有的一个认知结构,其更深入地刻画了希伯特描述的知识网络,体现了认知结构的可辨认性和稳定性.这一结构理论更准确地刻画了数学知识在个体头脑中的组织形式,它从本质上反映了数学理解的本质.随着时间的推移,越来越多的专家和学者都在深入研究CPFS结构理论.CPFS结构理论也因其独特性和适用性被许多专家和学者认同,也被广泛应用于数学教师的实战教学中.

CPFS结构是由概念域、概念系、命题域、命题系形成的结构,CPFS是由概念(concept)、命题(proposition)、域(field)、系(system)四个英文单词的首字母构成的[2].

---

[1] 谭和平,李其维.略论思维的可训练性[J].华东师范大学学报(教育科学版),1998(4):46-57.
[2] 喻平,单墫.数学学习心理的CPFS结构理论[J].数学教育学报,2003,12(1):12-16.

1.概念域

数学概念是人脑对现实对象的数量关系和空间形式的本质特征的一种反映形式,从静态的角度去分析,它具有简明化、逻辑化、抽象化和形式化的特征.[①]数学概念的内涵有以下三个特征:第一个是对于同一个数学概念,我们可以从多个角度去刻画;第二个是数学概念具有发展性,不同的背景可以赋予概念新的含义;第三个是数学概念不是孤立的,定义一个新的概念,通常会用到旧的概念.如等差数列可以从以下几个角度刻画.

①从第二项起,后一项与前一项的差是都是同一个常数的数列.

②通项公式形如 $a_n = An + B(A \in \mathbf{R}, B \in \mathbf{R})$ 结构的数列.

③前 n 项和公式形如 $S_n = An^2 + Bn(A \in \mathbf{R}, B \in \mathbf{R})$ 结构的数列

……

一个概念 C 的所有等价定义的图式称为概念 C 的概念域.

2.概念系

概念系是指个体头脑中形成的概念网络,这个网络中各概念之间存在一些特定的数学关系.[②]这里的数学关系可以通过三种抽象关系来刻画,即强抽象、弱抽象和广义抽象(如表14-1).

表14-1 概念系的抽象关系

强抽象	通过新的特征来强化原来的结构 A,从而获得新的理论或者概念 B.则称 A 到 B 的抽象为强抽象.	数列→递增数列→斐波那契数列
弱抽象	对数学结构 A 的某一特征加以抽象,获得比原结构 A 更广的新结构 B.结构 A 是结构 B 的一个特例,则称 A 到 B 的抽象为弱抽象.	欧式空间→内积数列→拓扑空间
广义抽象	定义概念 B 的时候用到了概念 A,则称 B 是 A 的广义抽象.	实数→虚数

[①] 刘师妤.高中数学协商式主题教学研究[D].武汉:华中师范大学,2021.
[②] 喻平.数学单元结构教学的四种模式[J].数学通报,2020,59(5):1-8,15.

3.命题域

命题域是概念域的推广.如果A命题成立,则B命题成立;如果B命题成立,则A命题成立.我们就把B命题称为A命题的等价命题,记作A ⇔ B.A的所有等价命题组成的命题集合称为A的等价命题类,记作{A},则称A为典型命题.典型命题A与A的等价命题类的互推关系所组成的结构称为等价命题网络.这个等价命题网络的图式称为典型命题A的命题域.

比如"两个三角形全等"的命题是以下一些等价命题的图式：

①两个三角形的两边及其夹角对应相等⇔两个三角形全等；

②两个三角形的两角及其一边对应相等⇔两个三角形全等；

③两个三角形的三条边对应相等⇔两个三角形全等.

4.命题系

命题系是命题域的推广,有些命题间没有直接的推出关系但存在某些潜在的关系,把存在某些潜在关系的命题网络的图式称为命题系.[①]

概念域、概念系、命题域、命题系形成的结构称为CPFS结构,CPFS结构的含义是如下.

(1)在个体头脑中内化的数学知识网络中,各知识点(概念、命题)在这个网络中有一定的位置,知识点间具有等值抽象关系、强抽象关系、弱抽象关系.[②]

(2)由于网络中知识点间具有某种抽象关系,且这些抽象关系本身就蕴含着思维方法,因此网络中各知识点间的联结包含着数学方法,即"连线集",其是一个方法系统.

二、学情分析

在思维能力方面,多数学生具备初级逻辑思维,但斐波那契数列涉及深度归纳推理与数学抽象思维,且对学生的数学水平要求较高.部分学生在发现数列规律,将实际问题转化为斐波那契数列模型时会遭遇困难.例如在斐波那契数列与兔子繁殖结合的问题中,学生需精准理解并构建两者联系,但不少学生因难以理解其中逻辑关系而无法准确建模.

斐波那契数列在自然界与生活中有广泛、神奇的应用,如植物花瓣排列、松果鳞

[①] 喻平,徐斌艳.中国数学教育的当代研究[J].数学教育学报,2011,20(6):1-7.
[②] 喻平.核心素养指向的数学教学内容组织[J].数学通报,2022,61(4):5-10.

片分布等,这些自然现象能有效激发学生们的好奇心与探索欲.但对一些基础薄弱、对数学兴趣不高的学生,复杂的数列计算与抽象概念易使他们产生畏难情绪,进而降低学习积极性.

针对上述学情,教师在教学中应强化基础知识的回顾与衔接,助力学生顺利进入斐波那契数列学习.应着重培养学生归纳推理与抽象思维能力,利用实例引导学生逐步掌握将实际问题数学化的技巧.设计分层教学活动,兼顾不同兴趣与能力水平的学生.如设置基础巩固练习、拓展应用探究以及趣味实践项目等,让每个学生均能在学习中有所收获、有所进步,从而提升整体教学效果与学生数学素养.

三、教学目标

(1)学生能通过兔子繁殖问题建立斐波那契数列的数学模型,提升数学建模素养.

(2)学生能通过代数运算猜想斐波那契数列的一些性质,通过数学抽象获得一个数学对象,体验数学运算的研究过程和方法.

(3)学生了解斐波那契数列与黄金分割的关联,体会斐波那契数列蕴含的数学文化和美学价值.

(4)学生学会归纳总结数列的基本研究路径:事实—概念—性质—应用.

(5)学生能明确数列研究的一般观念:在代数运算中发现规律,用代数式来表达规律.

四、教学重难点

(1)教学重点:建立兔子繁殖问题的数学模型,猜想斐波那契数列的一些性质,了解斐波那契数列与黄金分割的关联.

(2)教学难点:探究斐波那契数列的性质,了解斐波那契数列与黄金分割的关联.

五、教学过程设计

环节一 前后联系,导入新课

我们知道数列的研究源于现实生产、生活的需要,我们经常需要根据问题和对数据按特定顺序排列的方法来刻画研究对象.古埃及、古巴比伦、中国和古印度的文献中都包含有大量的数列问题,中外许多著名的数学家都曾对某类数列问题进行过深入研究.其中约1202年意大利数学家斐波那契就在他的著作《算盘全书》中收录了一个关于兔子繁殖的问题,从此开启了人们对斐波那契数列的研究之路.

我们知道数列是一种特殊的函数,因此我们可以借鉴函数的研究路径来探究数列,即事实—概念—性质—应用的过程(如图14-1).

事实 ➡ 概念 ➡ 性质 ➡ 应用

图14-1

下面就让我们通过斐波那契提出的兔子繁殖问题,认识一个有趣的数列,揭开它的神秘面纱.

设计意图:教师利用数学史引入课题,可以吸引学生的注意力,调动他们的求知欲.结合旧知点明数列与函数的关系,给出学习一类特殊数列的研究路径,为学生学习本节课的内容指明方向,也为学生以后自主学习研究其他的特殊函数提供指导.

环节二　创设情境,建构概念

问题:假设1对兔子每月能生1对小兔子(一雄一雌),而每1对小兔子在它出生后的第3个月起,又能生1对小兔子,设定在不发生死亡的情况下,从1对初生的小兔子开始,50个月后会有多少对兔子?

师生活动:这个问题讨论的是每个月的兔子总对数,我们不妨先一个月一个月地推算.第1个月时,只有1对小兔子;第2个月时,小兔子长大了,只有1对大兔子;第3个月时,大兔子生下1对小兔子,此时有1对小兔子和1对大兔子共2对兔子;第4个月时,大兔子又生下1对小兔子,而之前的小兔子长成大兔子,此时有1对小兔子和2对大兔子共3对兔子;以此类推,我们可以将结果记录成表格,如图14-2所示.

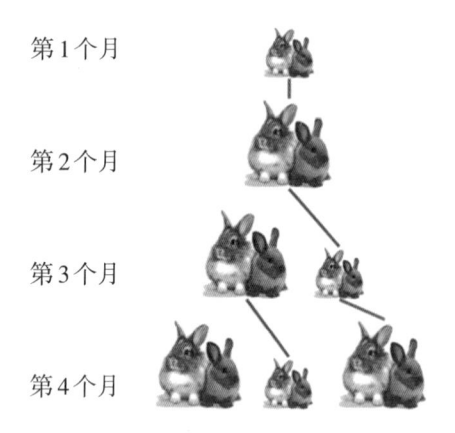

时间/月	初生兔子/对	成熟兔子/对	兔子总数/对
1	1	0	1
2	0	1	1
3	1	1	2
4	1	2	3
5			
6			
…			

图 14-2

在推算过程中,我们注意到每1对大兔子每月都会生下1对小兔子,所以每月的小兔子对数就等于上一月的大兔子对数.每月的小兔子到下一月都会长成大兔子,所以每月的大兔子对数就等于上一月的兔子总对数.而每月的小兔子对数加上大兔子对数就等于该月的兔子总对数.按照此规律,我们可以得到第5个月、第6个月的数据,并且每月的兔子总对数就等于前2个月的兔子总对数之和.

那么从第1个月开始,把每月末的兔子总对数按时间顺序列出,就得到一个数列:

$$1,1,2,3,5,8,13,21,34,55,89,144,\cdots.$$

这个数列就是斐波那契数列.

若是用 F_n 表示第 n 个月的兔子的总对数,则有 $F_1=1, F_2=1$,并且 $F_n=F_{n-1}+F_{n-2}(n>2)$,这就是斐波那契数列的递推公式.

设计意图:从单纯地"数"兔子对数,到通过具体数据寻找相邻两个月兔子总对数的关系,再到归纳总结连续几个月的兔子总对数间的关系,并借助图表这一直观工具,教师一步一步引导学生总结出斐波那契数列的递推性质,并用数学符号语言表示.这一过程有助于学生形成递推意识,提高运用符号进行表征的能力,培养学生的数学抽象素养.

环节三 类比迁移,探究性质

其实继斐波那契提出兔子繁殖问题后,直到1634年吉拉德才发现斐波那契数列的递推公式.18世纪初棣美佛给出它的通项公式,1834年比内证明了通项公式.由于斐波那契数列的广泛应用性,美国成立了斐波那契协会,并于1963年出版《斐波那契季刊》,直到今天对斐波那契数列的研究还在继续.由此可见,我们的数学活动也需要不断实践和不断思考.

接下来,请同学们分小组采用代数运算的方式尝试探究斐波那契数列的一些取值规律.

师生活动:斐波那契数列的递推公式呈现的是相邻两项和或差的取值规律,大家不妨类比探究相邻两项的积或商,探究它们的取值规律.除了探究斐波那契数列相邻两项取值的数量关系,我们还可以探究它的前 n 项和以及平方和的取值规律.当然我们也可以沿着前人的研究足迹,尝试求解斐波那契数列的通项公式.

(学生小组探究)

在探究的过程中,同学们都很有想法,每个小组也都取得了不小的收获,接下来老师就选择三个有代表性的探究成果与大家分享.

1. 通项公式

斐波那契数列的递推公式 $F_n = F_{n-1} + F_{n-2}(n > 2)$ 是一个包含三项的线性递推公式,所以我们考虑将中间项 F_{n-1} 放到等号的左边,构造成式14.1形式.

$$F_n - \alpha F_{n-1} = \beta(F_{n-1} - \alpha F_{n-2})(n > 2), \quad \text{(式14.1)}$$

其中 α, β 为常数,且满足 $\alpha + \beta = 1, \alpha\beta = -1$.

由韦达定理知,α, β 是方程 $x^2 - x - 1 = 0$ 的两根,由判别式 $\Delta = 5 > 0$ 知该方程有两个不相等的实数根,所以 α, β 是存在的.

将式14.1式变形可得

$$\frac{F_n - \alpha F_{n-1}}{F_{n-1} - \alpha F_{n-2}} = \beta (n > 2),$$

所以

$$F_n - \alpha F_{n-1} = \frac{F_n - \alpha F_{n-1}}{F_{n-1} - \alpha F_{n-2}} \cdot \frac{F_{n-1} - \alpha F_{n-2}}{F_{n-2} - \alpha F_{n-3}} \cdots \frac{F_3 - \alpha F_2}{F_2 - \alpha F_1} \cdot (F_2 - \alpha F_1) = \beta^{n-2}(1-\alpha) = \beta^{n-1}(n>2).$$

又因为 $F_2 - \alpha F_1 = 1 - \alpha = \beta = \beta^{2-1}$,所以

$$F_n - \alpha F_{n-1} = \beta^{n-1} (n \geq 2). \quad \text{(式14.2)}$$

因为 α, β 的取值具有轮换对称性,同理可得

$$F_n - \beta F_{n-1} = \alpha^{n-1} (n \geq 2). \quad \text{(式14.3)}$$

式14.2与式14.3变换可得 $(\beta - \alpha)F_n = \beta^n - \alpha^n (n \geq 2)$,所以

$$F_n = \frac{\beta^n - \alpha^n}{\beta - \alpha} (n \geq 2).$$

因为 $F_1 = \dfrac{\beta^1 - \alpha^1}{\beta - \alpha} = 1$,所以

$$F_n = \dfrac{\beta^n - \alpha^n}{\beta - \alpha} \ (n \in \mathbf{N}^*).$$

解方程 $x^2 - x - 1 = 0$ 得 $\alpha = \dfrac{1 - \sqrt{5}}{2}, \beta = \dfrac{1 + \sqrt{5}}{2}$,所以

$$F_n = \dfrac{(\dfrac{1 + \sqrt{5}}{2})^n - (\dfrac{1 - \sqrt{5}}{2})^n}{\sqrt{5}} \ (n \in \mathbf{N}^*).$$

得出斐波那契数列的通项公式,我们就可以回答问题1中的问题,即50个月后兔子的总对数为

$$F_{50} = \dfrac{(\dfrac{1 + \sqrt{5}}{2})^{50} - (\dfrac{1 - \sqrt{5}}{2})^{50}}{\sqrt{5}} = 12\,586\,269\,025.$$

其实斐波那契数列通项公式的推导方法不止这一种,同学们课后可回去查阅相关资料,了解斐波那契数列通项公式的其他推导方法,形成一份学习报告.

设计意图:学习一种新的数列,学生首先想到要解决的就是找出这个数列的通项公式以及前 n 项和公式的推式,因为这是每个数列都会存在的性质.另外推导斐波那契数列的通项公式并不简单,需先将三阶的递推公式降到二阶递推公式再推导通项公式,每一次都有较大的运算量,所以教师可引导学生采用设而不求的方法,鼓励学生通过查阅资料了解斐波那契数列通项公式的其他推导方法.这有助于拓宽学生的知识面,培养学生的自主学习能力.推出斐波那契数列的通项公式后,由累加法可得其前 n 项和公式与通项公式的关系 $S_n = F_{n+2} - 1$,将通项公式代入即可得斐波那契数列的前 n 项和公式.

2.相邻两项之比

我们从第一项起,计算每一项与其后一项的比值,可以得到

$\dfrac{F_1}{F_2} = 1.000\,0, \dfrac{F_2}{F_3} = 0.500\,0, \dfrac{F_3}{F_4} \approx 0.666\,7, \dfrac{F_4}{F_5} = 0.600\,0, \dfrac{F_5}{F_6} = 0.625\,0, \dfrac{F_6}{F_7} \approx 0.615\,4,$

$\dfrac{F_7}{F_8} \approx 0.619\,0, \quad \dfrac{F_8}{F_9} \approx 0.617\,6, \quad \dfrac{F_9}{F_{10}} \approx 0.618\,2, \quad \dfrac{F_{10}}{F_{11}} \approx 0.618\,0, \quad \dfrac{F_{11}}{F_{12}} \approx 0.618\,1,$

$\dfrac{F_{12}}{F_{13}} \approx 0.618\,0, \cdots$

可以注意到,随着 n 的增大,这个比值越来越接近0.618,教师可用Excel软件继续计算,并作出比值的散点图,从图象中也可以直观看到比值趋近于某一确定的数.

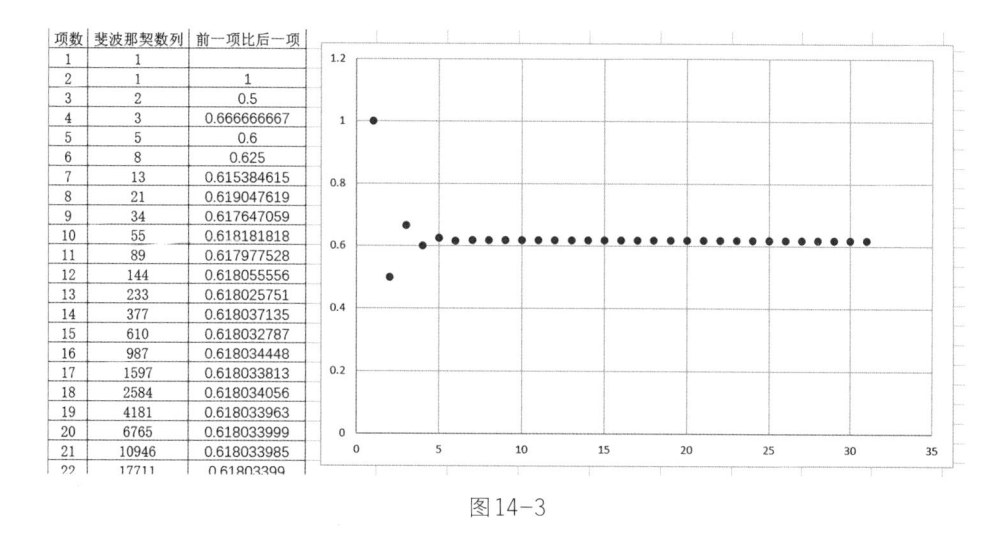

项数	斐波那契数列	前一项比后一项
1	1	
2	1	1
3	2	0.5
4	3	0.666666667
5	5	0.6
6	8	0.625
7	13	0.615384615
8	21	0.619047619
9	34	0.617647059
10	55	0.618181818
11	89	0.617977528
12	144	0.618055556
13	233	0.618025751
14	377	0.618037135
15	610	0.618032787
16	987	0.618034448
17	1597	0.618033813
18	2584	0.618034056
19	4181	0.618033963
20	6765	0.618033999
21	10946	0.618033985
22	17711	0.61803399

图 14-3

我们可以大胆猜想,当 n 的取值无限大时,斐波那契数列的每一项与后一项的比值约等于 0.618. 本节课后请同学们结合斐波那契数列的通项公式,尝试证明这一猜想.

设计意图:学生通过计算发现斐波那契数列每一项与后一项的比值逐渐趋近于 0.618 的规律,但要想严格证明这一结论并非易事. 证明过程需要借助斐波那契数列的通项公式,运用极限相关的知识,但极限在高中数学中并不做要求. 因此教师可借助 Excel 软件,用技术手段将这一结论较为直观地呈现给学生,而将这一结论的证明可作为课后作业让学生自学完成.

3. 前 n 项的平方和

有同学尝试计算斐波那契数列的前 n 项的平方和,结果发现其也蕴含着一定的取值规律,我们一起来看.

$F_1^2 = 1^2 = 1 \times 1 = F_1 F_2,$

$F_1^2 + F_2^2 = 1^2 + 1^2 = 1 \times 2 = F_2 F_3,$

$F_1^2 + F_2^2 + F_3^2 = 1^2 + 1^2 + 2^2 = 2 \times 3 = F_3 F_4,$

$F_1^2 + F_2^2 + F_3^2 + F_4^2 = 1^2 + 1^2 + 2^2 + 3^2 = 3 \times 5 = F_4 F_5,$

$F_1^2 + F_2^2 + F_3^2 + F_4^2 + F_5^2 = 1^2 + 1^2 + 2^2 + 3^2 + 5^2 = 5 \times 8 = F_5 F_6,$

$F_1^2 + F_2^2 + F_3^2 + F_4^2 + F_5^2 + F_6^2 = 1^2 + 1^2 + 2^2 + 3^2 + 5^2 + 8^2 = 8 \times 13 = F_6 F_7,$

……

根据上述 6 个等式的规律,我们可以大胆作出以下猜想:

$F_1^2 + F_2^2 + \cdots + F_n^2 = F_n F_{n+1}.$

有关这个等式的证明同样留给同学们课后去完成.

其实这个等式可以用图形直观地表示:一个数的平方容易使我们联想到正方形的面积(如图14-4),所以可以用边长分别为斐波那契数$F_1,F_2,F_3,\cdots$的正方形的面积表示$F_1^2,F_2^2,F_3^2,\cdots$.

当$n=1$时,用边长为F_1的正方形的面积表示F_1^2,其也可看成宽为F_1,长为F_2的矩形,则面积为F_1F_2;

当$n=2$时,在$n=1$的基础上加入边长为F_2的正方形,得到宽为F_2,长为(F_1+F_2)即F_3的矩形,则面积为F_2F_3;

当$n=3$时,在$n=2$的基础上加入边长为F_3的正方形,得到宽为F_3,长为(F_2+F_3)即F_4的矩形,则面积为F_3F_4;

……

以此类推,当矩形由n个以斐波那契数为边长的正方形拼成时,它的宽为F_n,长为$(F_{n-1}+F_n)=F_{n+1}$,则面积为F_nF_{n+1}.

由此我们就用图形直观地表示出了等式$F_1^2+F_2^2+\cdots+F_n^2=F_nF_{n+1}$.

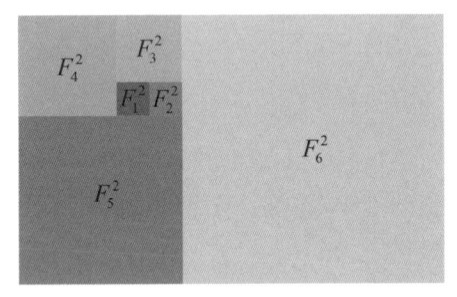

图14-4

设计意图:学生通过动手计算初始式子,归纳猜想出一般性的结论,并根据计算结果联想其几何表示形式,利用图形给出该等式的直观"证明".

其实在数学中,有一个图形与图14-4中的矩形非常相似,那就是黄金矩形(如图14-5).黄金矩形的宽长比为黄金分割率0.618,它具有自我衍生性,即裁去一个最大的正方形之后,留下的小矩形也是黄金矩形,经过如此不断地衍生,就得到一个与图14-4的矩形形似的图形.

我们自外而内地依次连接正方形的四分之一圆弧,就会得到"黄金比例螺旋".同样地,若我们自内而外地依次连接以斐波那契数为半径的四分之一圆弧,就会得到"斐波那契螺旋".结合上述斐波那契数列的每一项与后一项的比值趋近于黄金分割率0.618的结论,如果我们在图14-4中不断增加边长是斐波那契数的正方形,那么"斐波那契螺旋"也将不断向外延伸,而且它的形状将越来越接近"黄金比例螺旋".(如图14-6)

图14-5

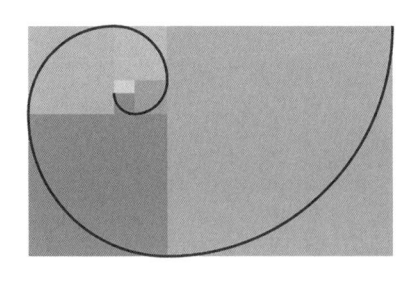

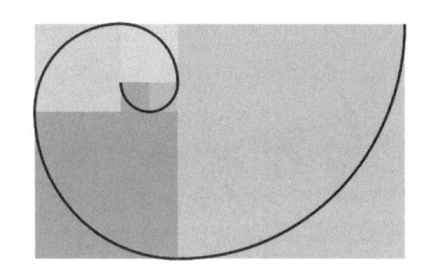

图 14-6

斐波那契数列还有很多有趣的性质,同学们课后可以通过互联网浏览或查阅相关书籍搜集资料进行下一步研究.

设计意图:先根据图形联想斐波那契数列与黄金分割的联系,再结合性质说明"斐波那契螺旋"与"黄金比例螺旋"的无限接近性,为后面用黄金分割解释斐波那契数列在自然界中的应用做铺垫.

环节四 联想激活,拓展应用

通过上述探究,我们发现一个事实,即斐波那契数列与黄金分割有着千丝万缕的联系,而黄金分割一直都是美的代名词.于是我们不免好奇美的事物中是否也蕴含着斐波那契数列呢?答案是肯定的.

如图 14-7 这些美丽的花朵,细心观察的同学可能会发现,它们的花瓣数量都是斐波那契数:2,3,5,8,13.

图 14-7

如图14-8中松塔的鳞片排列成两组交错的螺旋状,从内往外看,顺时针方向的螺旋有13条,逆时针方向的有8条,8和13恰为斐波那契数列的相邻两项.

图14-8

同样的还有图14-9中向日葵的管状小花的排列数,顺时针方向的螺旋有55条,逆时针方向的有34条,34和55也为斐波那契数列的相邻两项.

那究竟为什么会有这种现象呢?原来植物器官原件的生长会以黄金角137.5°的角度旋转它的生长方向,这可以使得植物的种子堆积率最大,是长期自然选择的结果.

在自然界中,还有很多斐波那契数列存在的身影,让我们用发现美的眼睛去寻找它们吧.

图14-9

设计意图:在一些美的事物中寻找斐波那契数列,再用黄金分割去解释这些现象.这种感官上的美所蕴含的深度与内涵就是美的至高体验,这些体验能呼唤着学生去发现、去探寻数学之路上属于自己的独特风景.

环节五　归纳路径,小结提升

本节课我们从兔子繁殖问题入手,建立相应数学模型并得到斐波那契数列和它的递推公式.再通过代数运算的方式探究获得斐波那契数列的一些性质,如通项公式、相邻两项之比以及前 n 项的平方和公式等.其中把前 n 项的平方和公式用图形直观表示,可得到一条"斐波那契螺旋",并从中揭示了斐波那契数列与黄金分割的紧密联系.最后我们探寻身边美的事物,感受斐波那契数列的广泛应用.由事实到概念,由概念到性质,由性质到应用是我们研究数列的一个基本路径.

斐波那契从他的兔子问题出发,猜中了大自然的奥秘,而黄金分割则解释了这一现象背后的数学本质.在遥隔两千多年的时空里,斐波那契数列与黄金分割相遇后会产生如此奇妙的关联,美得让人沉醉,但这就是数学!

设计意图:老师引导学生以一个数学对象的基本研究路径为依据进行归纳总结,从而构建完整的认知结构,培养学生提炼、总结、概括的能力.

六、课堂评价与反思

表14-2为课前与课后测试卷成绩的相关数字特征,图14-10、图14-11与图14-12可以体现出课前与课后学生CPFS层次的差别.

表14-2

时间	个案数	平均值	中位数	众数	最小值	最大值
课前	128	75.47	75.5	81	50	97
课后	138	84.86	86.0	86	51	98

时间	极差	标准偏差	方差	峰度	偏度	—
课前	47	10.836	117.416	-0.688	-0.056	—
课后	47	8.069	65.103	2.280	-1.213	—

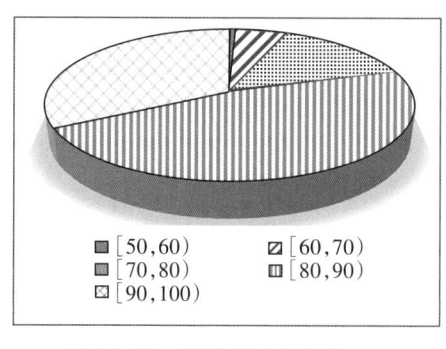

图14-10 课前成绩分布图

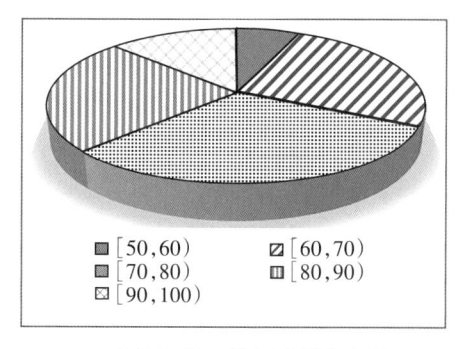

图14-11 课后成绩分布图

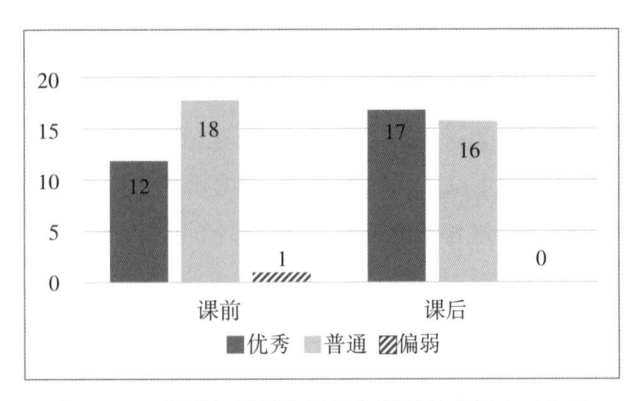

图14-12　课前与课后向量概念CPFS结构层次对比图

　　课前平均数和中位数都在75左右,众数为81,说明课前测试卷1的成绩集中在75分附近,课后平均数、中位数和众数都在85分左右,说明课后的成绩集中在85分左右.最大值和最小值课前和课后差距不大.从标准差和方差的角度来分析,课前的标准差和方差均大于课后,说明课后成绩比较集中,而课前的成绩比较分散.偏度都为负数,成绩的概率密度函数左侧尾部比右侧长.这些数字特征表明,课后的CPFS结构整体优于课前.

课例 15

用信息技术探究点的轨迹——椭圆

一、教学内容解析

本节课选自2019年人教A版教材选择性必修一的阅读材料,是一节活动探究课.本节课前学生已经学习了直线与圆的方程,椭圆的定义、方程及简单几何性质,后续章节要学习双曲线、抛物线,由于教材是从两点距离之和、之差的角度给出椭圆和双曲线(圆锥曲线)的定义的,这与抛物线的定义——平面内到定点的距离与到定直线的距离相等有些脱钩,所以学生的知识构建不连贯.因此本课例借助信息技术探究椭圆的其他定义形式,不仅让学生认识椭圆多种定义间的辩证统一关系,而且从定义的层面将三种曲线进行了统一.

《普通高中数学课程标准(2017年版2020年修订)》将"数学建模活动与数学探究活动"作为单独的主题,与"函数""几何与代数""概率与统计"共同组成贯穿高中数学课程的主线内容.可见数学探究活动课在数学教育中的重要地位.数学探究活动课在学生经历数学概念、得出原理与获得知识、应用知识解决问题的过程中起到不可或缺的作用.同时在"几何与代数"板块,针对平面解析几何的教学明确指出:应充分发挥信息技术的作用,通过计算机软件向学生演示方程中参数的变化对方程所表示的曲线的影响,使学生进一步理解曲线与方程的关系.

圆锥曲线的原始定义是平面截圆锥而得到的三种截线,这个定义可以让学生容易地区分截线的类型,但每一种截线的几何特征却不明显.而且由此出发推导圆锥曲线的方程,需要较多的几何知识且推理过程比较复杂,对大多数学生而言难度太大.但其他定义实际上都是从这个原始定义推出的性质,"平面内与两个定点的距离的和等于常数的点的轨迹称为椭圆"定义中的几何特征非常明确,可以与圆的定义衔接(当两个定点的位置逐渐接近时,椭圆的形状就逐渐接近圆).学生根据该定义容易作图,也易于直观想象其基本几何性质(对称性),且方便合理地建立直角坐标系求椭圆的方程."距离的和等于常数"联想到"距离的差等于常数"也是非常自然的,因此教材对椭圆、双曲线进行上述定义.

不过,这样的定义与抛物线的定义无法直接衔接,为了解决这个问题,教材在椭圆内容设置中做了一定的铺垫,也就是本节探究活动课的内容.

本次关于圆锥曲线(如椭圆)的点的轨迹的探究活动课借助具体情境引导学生提出猜想,引出课题,再借助GGB软件验证猜想,引导学生从特殊到一般猜想出椭圆另一种形式的定义,为得到椭圆的第二定义做好铺垫.学生自己动手试验、观察,使猜想更加精准,化抽象为具体,增强对"动点轨迹"的感性认识.在探究活动课中积累发现和提出问题、分析和解决问题的经验,养成独立思考与合作交流的习惯. 认知心理学认为,"先行组织者"有助于学生形成有意义学习的心向,能为学生提供一个学习的整体架构,避免学习的盲目性,同时也能为新旧知识搭建联系通道.解析几何具有"方法论"的学科特征,在解决具体问题之前明确其结构、方向和主要过程正是"先行组织者"的"强项".所以在展开教学过程中,特别是在教材章节的开篇,内容之间的衔接与过渡等地方,我们赋予"先行组织者"重要地位,特别注重用坐标法解决问题基本思路的引入.实际上,这既是解析几何思想的教学,又是一种思维策略的教学.这使学生获得数学基本思想、积累基本活动经验,增加发现和提出问题的可能性,以及对培养理性思维等起到非常重要的作用.

椭圆第一定义的教学是通过试验引入概念的,但要从一次试验发现离心率e对椭圆形状的影响十分困难.而利用计算机上的"几何画板"展示这一试验,保持椭圆的长轴不变,在焦距逐渐缩小的过程中,学生能够直观地感知离心率e对椭圆形状的影响.例如,当离心率e逐渐增大时,椭圆会变得更加扁平;当离心率e逐渐减小时,椭圆会变得更加接近圆形.通过这种直观的呈现方式,学生能够更加深入地理解椭圆的性质,突破了传统教学中的难点.

二、学生学情解析

本次探究活动课的参与对象为本校理科班的学生,学生基础较好、思维较活跃,通过直线、圆、椭圆的学习,已基本掌握了椭圆的第一定义、简单几何性质,以及用坐标法研究平面几何图形的基本方法.大部分学生能够理解椭圆定义,即平面内到两个定点的距离之和等于常数(常数大于两定点间距离)的点的轨迹.通过课堂提问和简单练习,多数学生能准确复述定义内容,但定义中"常数大于两定点间距离"这一限制条件的理解深度有所不同.部分学生仅停留在记忆层面,在解决一些需要深入分析条件的问题时容易出错.在学习椭圆定义的过程中,演示试验(如用绳子和图钉画椭圆)和多媒体动画展示让许多学生能够观察椭圆形成的过程,并尝试从中归纳出椭圆的特征和定义.尽管信息技术能够有效地提升教学效率和加强学习效果,使得学习过程变得直观,让大部分学生都能够接受和运用.但有限的工具和教学时间以及畏难的学生让信息技术的利用对一线教师来说还是"心有余而力不足",部分学生在观察过程中不够仔细,不能准确捕捉关键信息,不能完全理解定义.

三、教学目标设置

(一)教学目标

(1)教师利用GGB软件动态追踪的优势,充分发挥信息技术的作用,使学生理解并掌握用GGB软件探究点的轨迹的方法;

(2)教师通过对椭圆第二定义的猜想、试验、论证等探究过程,提高学生发现问题和提出问题、分析问题和解决问题的能力,提升学生的数学抽象、数学运算、逻辑推理等数学核心素养;

(3)教师通过对双曲线、抛物线的拓展探究,培养学生敢于猜想、勇于探索的精神;通过小组合作交流,培养学生的团队合作意识.

(二)教学重点

借助GGB软件探究椭圆的第二定义以及证明平面截圆锥法得椭圆的原理.

(三)教学难点

探究椭圆第一、定义第二定义间的辩证统一关系.

四、教学策略解析

椭圆是一种较为抽象的几何图形,其轨迹的形成仅通过传统的黑板讲解和静态图形难以让学生充分理解.信息技术可以将椭圆轨迹的形成过程动态地展示出来,使学生能够直观地看到动点在满足特定条件下的运动路径,帮助学生突破理解抽象概念的障碍.在利用信息技术探究椭圆轨迹的过程中,学生可以体验在GGB等软件中操作、观察和分析椭圆的形成过程,基于自己的理解构建椭圆的概念和相关知识,而不是被动地接受教师传授的信息.

本节课通过教材例题创设情境引入探究活动,然后利用GGB软件让学生自主进行3个探究活动:从动态的图象初步认识椭圆的第二定义,再通过严格的代数论证由探究得到的猜想,并且在这个过程中借用GGB软件的计算功能简化计算.虽然学生充分体会信息技术的便利和优势,但由于这样也容易让学生忽略证明过程中的一些计算技巧和几何意义,以及第一定义与第二定义之间的联系,因此教师通过设置问题链帮助学生抓住重点.

五、教学基本流程

创设情境 → 探究发现 → 理论推证 → 抽象概括 → 拓展探究 → 归纳小结

六、教学流程

(一)创设情境

(教材例题)动点 $M(x,y)$ 到定点 $F(4,0)$ 的距离与到定直线 $l:x=\dfrac{25}{4}$ 的距离的比是常数 $\dfrac{4}{5}$,求动点 M 的轨迹.

解:因为 $\dfrac{\sqrt{(x-4)^2+y^2}}{|x-\dfrac{25}{4}|}=\dfrac{4}{5}$

所以 $x^2-8x+16+y^2=\dfrac{16}{25}(x^2-\dfrac{25}{2}x+\dfrac{25^2}{16})$

所以 $x^2-8x+16+y^2=\dfrac{16}{25}x^2-8x+25$

所以 $\dfrac{9}{25}x^2+y^2=9$

所以 $\dfrac{x^2}{25}+\dfrac{y^2}{9}=1$

教师深度剖析教材,活用教材,从学生已学的例题引出课题,在学生的认知水平的最近发展区创设情境.

(二)探究发现

问题1:类比椭圆的定义,你能否根据上述例题猜想椭圆新定义的形式?应如何表述？

学生初步猜想出椭圆定义：平面内到定点 F 的距离与到定直线 l 的距离之比为常数 e 的点的轨迹是椭圆.

探究活动1：改变定点 F 和定直线 l 的相对位置，点的轨迹会发生变化吗？

追问：大家觉得我们需要查看定点 F 和定直线 l 的几种相对位置（如图15-1和图15-2所示）？这个时候常数 e 变化吗？

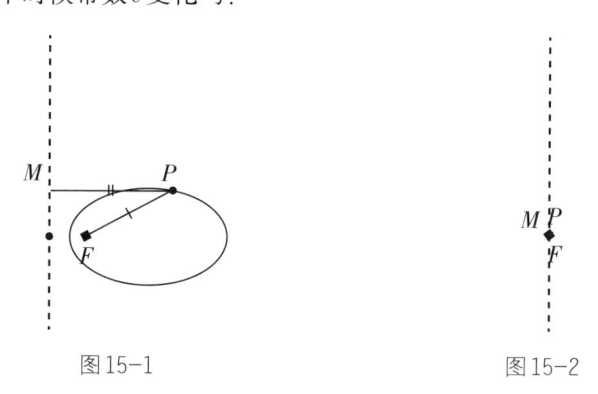

图 15-1

图 15-2

学生在GGB软件上演示，通过试验观察发现：$F \notin l$.

探究活动2：改变常数的大小，点 M 的轨迹会发生变化吗？

如图15-3所示，平面内到定点 F 的距离与到定直线 $l(F \notin l)$ 的距离之比为常数（$e: 0 < e < 1$）的点的轨迹是椭圆.

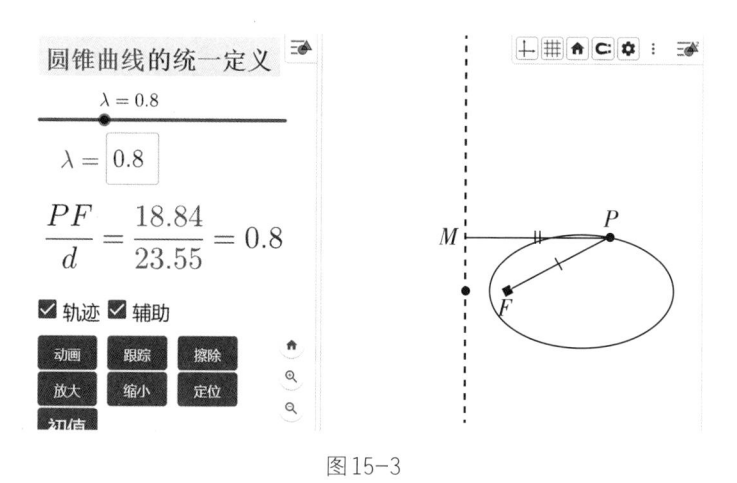

图 15-3

探究活动3：继续观察例题，在得到的椭圆标准方程中 a, b, c 分别是多少？猜想

a,b,c 与题干中 $F(4,0),l:x=\dfrac{25}{4}$,常数 $\dfrac{4}{5}$ 有什么关系?

(三)理论推证

证明:平面内动点 $M(x,y)$ 到定点 $F(c,0)$ 的距离和到定直线 $l:x=\dfrac{a^2}{c}$ 的距离之比为常数 $\dfrac{c}{a}\left(0<\dfrac{c}{a}<1\right)$ 的点的轨迹是椭圆.

教师给出另一种代数变形形式,引导学生找到第一定义与第二定义之间的关系.

PPT 展示椭圆第一定义标准方程的推导过程,引导学生把 $a^2-cx=a\sqrt{(x-c)^2+y^2}$ 变形为 $\dfrac{\sqrt{(x-c)^2+y^2}}{\dfrac{a^2}{c}-x}=\dfrac{c}{a}$.

并让学生回答问题给出式子 $2a\dfrac{\sqrt{(x-c)^2+y^2}}{\dfrac{a^2}{c}-x}=\dfrac{c}{a}$ 的几何解释.

由椭圆对称性可得,平面内动点 $M(x,y)$ 到定点 $F(-c,0)$ 的距离和到定直线 $l:x=-\dfrac{a^2}{c}$ 的距离之比为常数 $\dfrac{c}{a}\left(0<\dfrac{c}{a}<1\right)$ 的点的轨迹是椭圆.

问题2:你能根据椭圆标准方程的推导过程给出证明吗?

由 $\sqrt{(x-c)^2+y^2}=2a-\sqrt{(x+c)^2+y^2}$ 得 $a^2+cx=a\sqrt{(x+c)^2+y^2}$ 并变形为 $\dfrac{\sqrt{(x+c)^2+y^2}}{\dfrac{a^2}{c}+x}=\dfrac{c}{a}$.

(四)抽象概括

结论:平面内动点 $M(x,y)$ 到定点 $F(c,0)$(或 $F'(-c,0)$)的距离和到定直线 $l:x=\dfrac{a^2}{c}$(或 $l':x=-\dfrac{a^2}{c}$)的距离之比为常数 $\dfrac{c}{a}(0<\dfrac{c}{a}<1)$ 的点的轨迹是椭圆.

椭圆的第二定义:平面内到定点 F 的距离和到定直线 $l(F\notin l)$ 的距离之比为常数 $e(0<e<1)$ 的点的轨迹是椭圆.

定点 F 称为椭圆的焦点,定直线 l 称为椭圆的准线,常数 e 称为椭圆的离心率.

(五)拓展探究

学生利用GGB软件改变平面与圆锥的角度(改变 β 值),动态观察圆锥曲线的产生过程.

探究:当平面只与圆锥的侧面相交且不与底面平行时,截面曲线为椭圆,如图15-4,图15-5,图15-6所示.

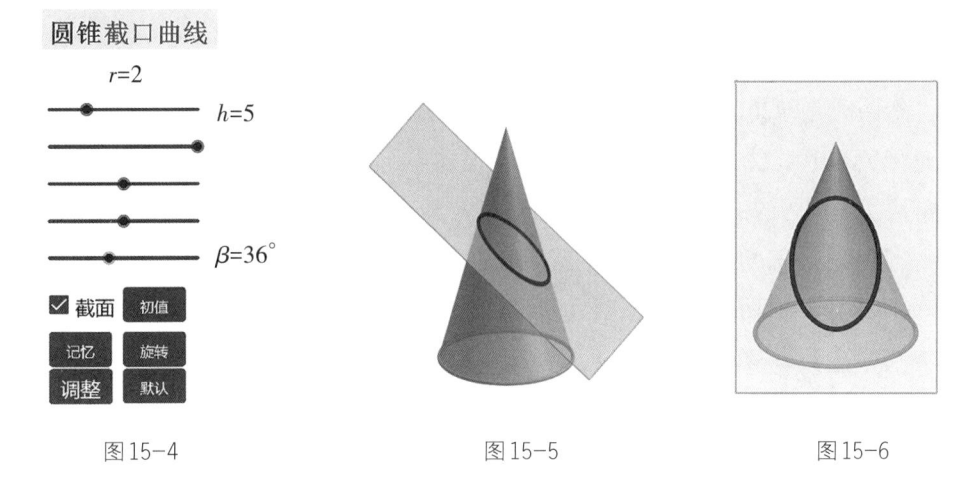

图15-4 图15-5 图15-6

(六)归纳小结

(1)通过本节课的学习,你学到了哪些知识?

椭圆的第二定义:平面内到定点 F 的距离和到定直线 $l(F \notin l)$ 的距离之比为常数 $e(0 < e < 1)$ 的点的轨迹是椭圆.

(2)你感悟到了哪些数学思想方法?

①坐标法;

②数形结合;

③从具体到一般;

④类比.

课例 16

函数 $y = A\sin(\omega x + \varphi)$ 的图象

一、教学内容解析

本课例选自 2019 年人教 A 版教材必修四的内容：函数 $y = A\sin(\omega x + \varphi)$ 的图象. 三角函数是中学数学的重要内容之一，是描述周期变化现象的重要数学模型. 它既是解决实际问题的工具，又是学习高等数学及其他学科的基础.

本课例是三角函数的一个重要内容，通过揭示参数 ϕ, ω, A 的变化对函数 $y = A\sin(\omega x + \varphi)$ 图象的影响，进一步深化学生对函数图象变换的理解和认识，有利于发展学生数学核心素养，是提升学生的理性思维、创新意识和实践能力的重要载体.

本课例通过探究函数 $y = A\sin(\omega x + \varphi)(A > 0, \omega > 0)$ 图象的变化，让学生了解参数的变化对函数图象的影响. 教师通过五点作图法及 GGB 软件作图，直观分析函数图象之间的关系. 图象是由点构成的，图象变换的本质是图象上点的位置变化，而点的位置变化对应着点的坐标变化，因此，欲研究参数对函数图象的影响，需研究图象上每个点的坐标的变化规律，建立形与数的联系. 教师引导学生自主探究，经历从特殊到一般、从简单到复杂的研究过程，感悟化归、类比归纳、数形结合等数学思想方法.

基于以上分析，结合学生实际情况，本节课的重点内容：把参数 φ, ω, A 对函数 $y = A\sin(\omega x + \varphi)$ 图象影响的问题进行分解，从而学习如何把一个复杂问题分解为若干简单问题的方法.

二、学生学情解析

本课例前，学生已经学习了函数图象的平移变换，以及三角函数的概念、图象和性质，具备了学习本节课所需的知识. 在学习三角函数的图象与性质时，学生经历了探索、发现、猜想、验证等活动过程,已有探索函数图象与性质的经验,有一定的几何直观能力、推理论证能力. 因此本节课学生面临以下学习困难:

(1)学生对实际问题中的数学模型理解不深刻,从具有周期变化规律的实际问题中抽象出三角函数比较困难;

(2)多个参数同时变化时,函数图象的变换比较复杂,学生难以准确快速地找到将一个复杂问题分解为若干简单问题的方法;

(3)学生难以正确将已学习的函数图象变换知识用于本节课的探究;

(4)在探究参数 φ, ω, A 对函数 $y = A\sin(\omega x + \varphi)$ 图象的影响时,从点的坐标的变化来分析图象的变换,不同学生对数形结合的感悟程度不一样;

(5)参数 ω 变化时,函数图象进行横向伸缩变换,学生之前很少接触横向伸缩变换的图象,不容易总结其变化规律,并且容易忽视 $0 < \omega < 1, \omega > 1$ 这两种情况.

因此本节课的难点:参数 φ, ω, A 对函数 $y = A\sin(\omega x + \varphi)$ 图象的影响规律.

三、教学目标设置

《课标》中对本节课相关内容的要求如下.

结合具体实例,了解 $y = A\sin(\omega x + \varphi)$ 的实际意义;能借助图象理解参数 φ, ω, A 的意义,了解参数的变化对函数图象的影响.

从认知角度分解课标如图 19-1 所示.

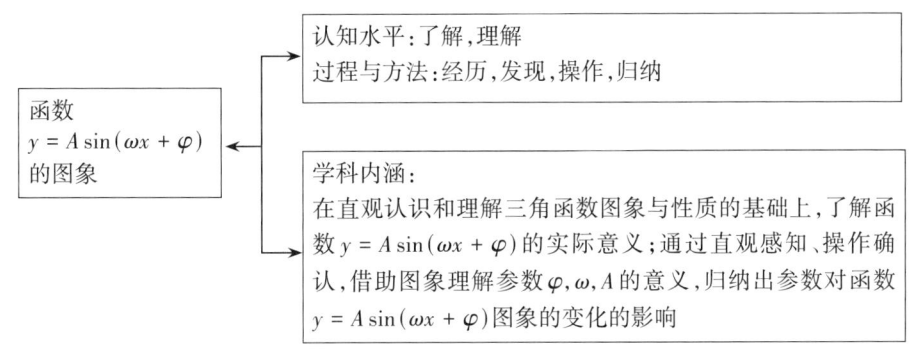

```
函数                    认知水平:了解,理解
y = A sin(ωx + φ)  →    过程与方法:经历,发现,操作,归纳
的图象
                        学科内涵:
                        在直观认识和理解三角函数图象与性质的基础上,了解函
                        数 y = A sin(ωx + φ) 的实际意义;通过直观感知、操作确
                        认,借助图象理解参数 φ, ω, A 的意义,归纳出参数对函数
                        y = A sin(ωx + φ) 图象的变化的影响
```

图 19-1

从能力层次分解课标如图19-2所示.

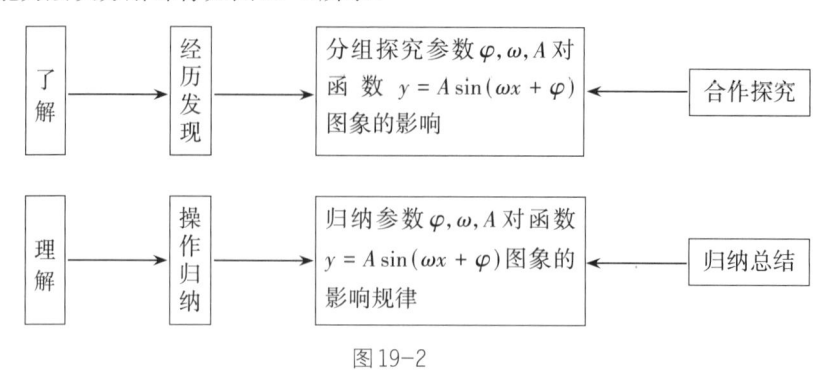

```
┌──────┐    ┌──────┐    ┌─────────────────────────┐
│      │    │      │    │ 分组探究参数 φ,ω,A 对    │    ┌──────────┐
│ 了解 │ →  │ 经历 │ →  │ 函数 y = A sin(ωx + φ)   │ ←  │ 合作探究 │
│      │    │ 发现 │    │ 图象的影响               │    └──────────┘
└──────┘    └──────┘    └─────────────────────────┘

┌──────┐    ┌──────┐    ┌─────────────────────────┐
│      │    │ 操作 │    │ 归纳参数 φ,ω,A 对函数    │    ┌──────────┐
│ 理解 │ →  │ 归纳 │ →  │ y = A sin(ωx + φ) 图象的 │ ←  │ 归纳总结 │
│      │    │      │    │ 影响规律                 │    └──────────┘
└──────┘    └──────┘    └─────────────────────────┘
```

图 19-2

因此确定本节课的学习目标如下.

(1)让学生通过小组合作,借助五点作图法和GGB软件画出相应的函数图象,探究归纳参数 φ, ω, A 分别对函数 $y = A\sin(\omega x + \varphi)$ 图象的影响;

(2)让学生运用数形结合、类比归纳的数学思想方法,经历从特殊到一般的探究过程,发展数学抽象与直观想象素养;

(3)结合具体实例,用自己的语言描述函数 $y = A\sin(\omega x + \varphi)$ 的实际意义.

另外,通过小组合作、发现、探究、验证、总结参数 φ, ω, A 分别对函数 $y = A\sin(\omega x + \varphi)$ 图象的影响,学生经历从特殊到一般、从简单到复杂的探究过程,感悟化归、类比归纳、数形结合等数学思想方法,提高发现问题、提出问题、分析问题、解决问题的能力. 本课例帮助学生提高构建数学模型及分析数学模型的能力,发展数学核心素养;通过自主探究、合作交流,发展勇于探索、善于发现、不畏艰难的思维品质和个人素养.

四、教学策略解析

《课标》中明确指出数学核心素养在学生与情境、问题的有效互动中得到提升. 在教学活动中,应结合教学任务及其蕴含的数学核心素养设计合适的情境和问题,引导学生用数学的眼光观察现象、发现问题,使用恰当的数学语言描述问题,用数学的思想方法解决问题.通过创设情境、发现问题,引导学生在自主探究中理解三角函数模型.学生以小组合作的探究方式,对三角函数图象的变换进行数学试验,从而类比归纳总结参数对函数图象的影响. 信息技术是学生学习和教师教学的重要辅助手段,在探究活动中,学生使用GGB软件绘图探究.其操作简单、容易掌握,可以更加直观展示三角函数图象的变换,便于加深对三角函数图象的理解.

在教学中,教师不要急于把结论抛给学生,而是多结合具体的例子,增加类比归纳的样本,让学生经历从特殊到一般、从简单到复杂的探究过程,逐步总结图象变换的规律.学生通过充分地思考和探究,发现参数与函数图象变化的规律,并对结论进行理性思考,从而获得解决三角函数图象变换问题的一般方法.通过自主探究活动,积累发现和提出问题、分析和解决问题的经验,养成独立思考与合作交流的习惯.

五、教学过程

(一)创设情境,引入主题

引入:数学是自然科学的重要基础,在社会科学中发挥着越来越大的作用.借助筒车上某一质点的运动创设情境,引出刻画自然界周期变化现象的重要函数模型 $y = A\sin(\omega x + \varphi)$.在日常生活中,匀速圆周运动、潮汐现象、单摆简谐运动等这些周期变化现象,我们都可以用三角函数模型来刻画它们的变化情况.

从生活情境出发,采用筒车引出函数 $y = A\sin(\omega x + \varphi)$ 模型,体现该函数模型与生活实际的紧密性,激发学生研究该函数图象的兴趣.引导学生思考函数 $y = A\sin(\omega x + \varphi)$ 与函数 $y = \sin x$ 的一般与特殊的关系,进而引导学生探究参数对函数 $y = A\sin(\omega x + \varphi)$ 图象的影响.

(二)发现问题,研制策略

师生活动:用几何画板展示函数 $y = A\sin(\omega x + \varphi)$ 的图象,改变参数值,观察函数图象的变化.

预设:φ, ω, A 三个参数同时变化时,难以观察图象变化的规律,应该如何解决?

解决预案:控制变量,分步探究,各个击破.引导学生按照 φ, ω, A 的顺序进行探究,把学生学过的平移变换作为探究活动1,从易到难.

师生活动:要想探究参数 φ 对函数图象的影响,控制变量需要固定参数 A, ω 的值.固定 A, ω 取值为多少便于探究?

预设:令 $A = 1, \omega = 1$,得到函数解析式 $y = \sin(x + \varphi)$.

教师要关注学生在解决复杂问题时设定的控制变量分步探究的解决方案,关注学生能否运用学过的函数图象平移变换的知识,发现参数 φ 对该函数图象的影响.

(1)利用几何画板作图展示,学生开展问题驱动式的探究学习,提高学习的积极性.

(2)在讨论参数 φ, ω, A 对函数 $y = A\sin(\omega x + \varphi)$ 图象的影响时,该问题涉及多个参数,本课例重在引导学生思考解决方法.面对多变量问题,通过控制变量的个数,将复杂问题简单化,参数探究顺序从易到难,学生体会从复杂到简单、从特殊到一般的化归思想.

(3)教师引导学生分解难点,控制变量后根据函数图象的特点,逐个探究,再归纳总结参数对函数图象的影响,采用先"各个击破"、再"类比归纳"的方法.

(三)问题驱动,合作探究

师生活动:设计3个探究活动让学生进行小组讨论,分步探究关于3个参数的6个问题.用五点作图法和GGB软件绘图,根据图象探究参数 φ, ω, A 分别对函数 $y = A\sin(\omega x + \varphi)$ 图象的影响.学生展示函数图象并分享探究结果,教师运用几何画板进行验证,学生总结得出结论.

教师应仔细观察学生的探究活动:关注学生是否积极参与讨论,学生能否应用五点作图法与GGB软件进行作图,能否通过函数图象之间的对比发现参数对图象的影响,学生能否在各探究活动中总结探究方法,更精准高效地解决问题.

按照 φ, ω, A 的顺序展开3个参数对函数图象影响的探究活动,学生从已学的函数图象平移开始,先探究参数 φ 再探究参数 ω,从易到难,符合学生的认知水平.

在每个探究活动中,教师分别设置了2个问题,学生通过小组合作探究、观察猜想、作图验证,从"形""数"两个角度分析;采用从特殊到一般的思路,即对参数赋值、观察函数图象的特点,获得对变化规律的认识;然后改变参数,探究其是否还符合猜想.

教师开展问题驱动式的探究教学,可提高学生探究学习的积极性.小组合作探究问题,学生更充分体验知识生成的过程,积累发现和提出问题、分析和解决问题的经验,养成独立思考与合作交流的习惯.

探究活动1:参数 φ 对函数 $y = \sin(x + \varphi)$ 图象的影响.

问题1:用五点作图法画出函数 $y = \sin\left(x + \dfrac{\pi}{3}\right), y = \sin\left(x - \dfrac{\pi}{4}\right)$ 的简图,并分析它们的图象与 $y = \sin x$ 图象的关系.

问题2:绘制出 $y = \sin x$ 与 $y = \sin(x + \varphi)$ 的图象后,分析参数 φ 对 $y = \sin(x + \varphi)$ 图象的影响.

预设:学生在分享探究成果时语言表达可能不够准确,总结不够全面.

解决预案:鼓励学生用自己的语言去总结规律,在小组讨论时参与学生的讨论过程并给予建议,根据学生的问题进行补充.

五点作图法画出函数 $y = \sin\left(x + \dfrac{\pi}{3}\right)$ 和 $y = \sin\left(x - \dfrac{\pi}{4}\right)$ 的简图如图19-3所示.

各点值如表19-1和表19-2所示.

表19-1

$x + \dfrac{\pi}{3}$	0	$\dfrac{\pi}{2}$	π	$\dfrac{3\pi}{2}$	2π
x	$-\dfrac{\pi}{3}$	$\dfrac{\pi}{6}$	$\dfrac{2\pi}{3}$	$\dfrac{7\pi}{6}$	$\dfrac{5\pi}{3}$
$\sin\left(x + \dfrac{\pi}{3}\right)$	0	1	0	-1	0

表19-2

$x - \dfrac{\pi}{4}$	0	$\dfrac{\pi}{2}$	π	$\dfrac{3\pi}{2}$	2π
x	$\dfrac{\pi}{4}$	$\dfrac{3\pi}{4}$	$\dfrac{5\pi}{4}$	$\dfrac{7\pi}{4}$	$\dfrac{9\pi}{4}$
$\sin\left(x - \dfrac{\pi}{4}\right)$	0	1	0	-1	0

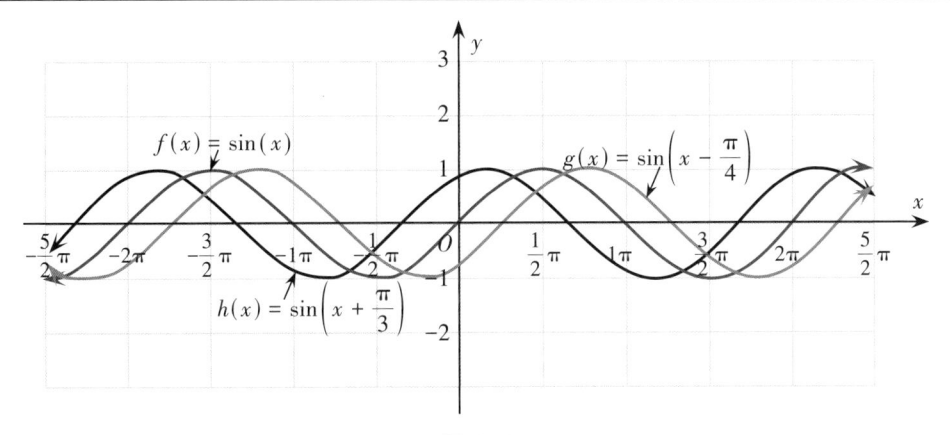

图19-3

教师在几何画板中对 $y = \sin(x + \varphi)$ 的图象与 $y = \sin x$ 的图象进行比较,引导学生观察图象,总结函数图象上点的坐标的变化规律,得出以下结论.

(1)函数 $y = \sin(x + \varphi)$(其中 $\varphi \neq 0$)的图象,可以把该函数的图象看作是把 $y = \sin x$ 的图象上所有的点向左(当 $\varphi > 0$ 时)或向右(当 $\varphi < 0$ 时)平行移动 $|\varphi|$ 个单

位长度而得到的.

(2)在函数 $y = \sin(x+\varphi)$ 中,通常 $x+\varphi$ 称为相位,$x=0$ 时的相位 φ 为初相.

教师进行关注学生小组合作:学生能否应用五点作图法与GGB软件进行作图,能否从列表和图象中发现参数 φ 变化与图象变化间的规律;能否发现图象上点的坐标的变化规律,能否准确表达参数 φ 对图象的影响.

通过直观地呈现参数 φ 对图象的影响,加深学生对函数图象平移变换的理解,贯彻从特殊到一般、先猜想后验证的思想,引导学生归纳总结,为后面的探究积累经验.

快速问答:

(1)将函数 $y=\sin x$ 的图象向_____平移_____个单位,可得到函数 $y=\sin(x+\dfrac{\pi}{6})$ 的图象.

(2)将函数 $y=\sin(x+\dfrac{\pi}{3})$ 的图象向_____平移_____个单位,可得到函数 $y=\sin x$ 的图象.

通过快速问答,学生巩固对参数 φ 的理解,提升逆向思维能力,并为后面的探究活动奠定基础.

探究活动2:参数 $\omega(\omega>0)$ 对函数 $y=\sin(\omega x+\varphi)$ 图象的影响.

问题3:用五点作图法画出函数 $y=\sin(2x+\dfrac{\pi}{3})$,$y=\sin(\dfrac{1}{2}x+\dfrac{\pi}{3})$ 的简图,并分析它们的图象与 $y=\sin(x+\dfrac{\pi}{3})$ 图象的关系.

问题4:绘制 $y=\sin(x+\dfrac{\pi}{3})$ 与 $y=\sin(\omega x+\dfrac{\pi}{3})$ 的图象,并分析参数 ω 对 $y=\sin(\omega x+\dfrac{\pi}{3})$ 图象的影响.

预设:学生能类比参数 ϕ 的探究过程,完善对参数 ω 的探究过程,但仍会存在用词不准确、总结不全面的现象.当参数 ω 变化时,函数图象进行横向伸缩变换,学生之前很少接触图象的横向伸缩变换,不容易总结其变化规律,并且容易忽视要分 $0<\omega<1,\omega>1$ 两种情况.

解决预案:在小组探究时教师观察学生的讨论过程,引导学生发现图象上点的坐标的变换情况,根据具体问题进行指导,在学生准确地发现规律时,给予肯定和鼓励.

五点作图法取点如表 19-3 和表 19-4 所示，画出函数 $y = \sin(2x + \frac{\pi}{3})$，$y = \sin(\frac{1}{2}x + \frac{\pi}{3})$，的简图，如图 19-4 所示.

表 19-3

$2x + \frac{\pi}{3}$	0	$\frac{\pi}{2}$	π	$\frac{3\pi}{2}$	2π
x	$-\frac{\pi}{6}$	$\frac{\pi}{12}$	$\frac{\pi}{3}$	$\frac{7\pi}{12}$	$\frac{5\pi}{6}$
$\sin(2x + \frac{\pi}{3})$	0	1	0	-1	0

表 19-4

$\frac{1}{2}x + \frac{\pi}{3}$	0	$\frac{\pi}{2}$	π	$\frac{3\pi}{2}$	2π
x	$-\frac{2\pi}{3}$	$\frac{\pi}{3}$	$\frac{4\pi}{3}$	$\frac{7\pi}{3}$	$\frac{10\pi}{3}$
$\sin(\frac{1}{2}x + \frac{\pi}{3})$	0	1	0	-1	0

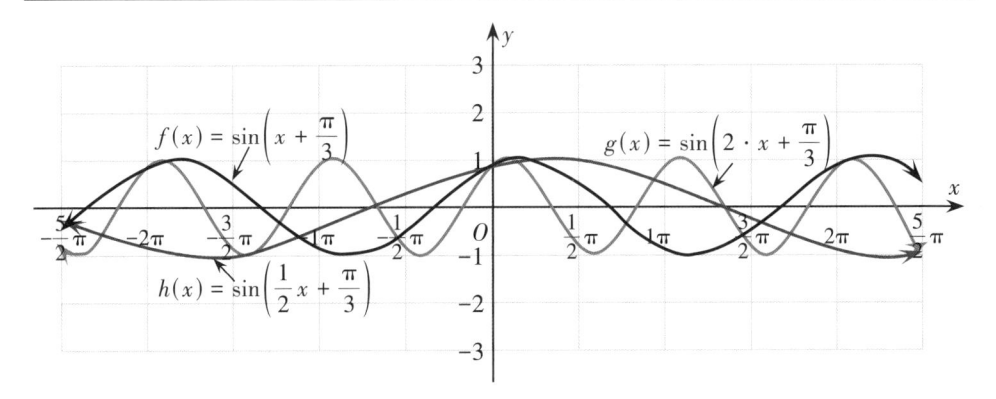

图 19-4

把 $y = \sin(\omega x + \varphi)$ 的图象与 $y = \sin(x + \varphi)$ 的图象进行比较，教师引导学生观察图象并总结函数图象上点的坐标的变化规律，得出以下结论.

函数 $y = \sin(\omega x + \varphi)$ 的图象，可以看作是把 $y = \sin(x + \varphi)$ 的图象上所有点的横坐标缩短（当 $\omega > 1$ 时）或伸长（当 $0 < \omega < 1$ 时）到原来的 $\frac{1}{\omega}$ 倍（纵坐标不变）而得到的.

函数 $y = \sin(\omega x + \varphi)$ 的 ω 决定了函数的周期 $T = \dfrac{2\pi}{\omega}$，通常称周期的倒数 $f = \dfrac{1}{T} = \dfrac{\omega}{2\pi}$ 为频率.

教师观察学生的探究活动，关注学生小组合作：学生能否应用五点作图法与 GGB 软件作图，能否从列表和图象中发现参数 ω 对函数图象的影响，能否发现图象上点的坐标的变化规律，能否准确表达参数 ω 对图象的影响.

本课例通过五点作图法和 GGB 作图动态演示，直观地呈现参数 ω 对图象的影响，学生能够类比对参数 φ 的探究过程，归纳其变化规律，贯彻从特殊到一般、先猜想后验证的思想，引导学生归纳总结，为后面的探究积累经验.

快速问答：

（1）将函数 $y = \sin\left(x + \dfrac{\pi}{5}\right)$ 的图象上每一个点的_____坐标不变，_____坐标_____可得到函数 $y = \sin\left(\dfrac{3}{2}x + \dfrac{\pi}{5}\right)$ 的图象.

（2）将函数 $y = \sin\left(2x + \dfrac{\pi}{4}\right)$ 的图象上每一个点的_____坐标不变，_____坐标_____可得到函数 $y = \sin\left(x + \dfrac{\pi}{4}\right)$ 到函数的图象.

通过快速问答，学生巩固对参数 ω 的理解，提升逆向思维能力，并为后面的探究活动奠定基础.

探究活动 3： 参数 $A(A>0)$ 对函数 $y = A\sin(\omega x + \varphi)$ 图象的影响.

问题 5： 用五点作图法画出函数 $y = 3\sin\left(2x + \dfrac{\pi}{3}\right)$，$y = \dfrac{1}{3}\sin\left(2x + \dfrac{\pi}{3}\right)$ 的简图，并分析它们的图象与 $y = \sin\left(2x + \dfrac{\pi}{3}\right)$ 图象的关系.

问题 6： 用 GGB 软件绘制 $y = \sin\left(2x + \dfrac{\pi}{3}\right)$ 与 $y = A\sin\left(2x + \dfrac{\pi}{3}\right)$ 的图象，并分析参数 A 对 $y = A\sin\left(2x + \dfrac{\pi}{3}\right)$ 图象的影响.

预设： 学生类比参数 φ, ω 的探究过程，完成对参数 A 的探究并得出结论.教师应注意观察学生的探究过程以及总结规律的用词是否规范.

解决预案： 在学生探究过程中，教师指导学生类比参数 φ, ω 的探究过程，作出相应的辅助线，分析图象上点的坐标的变化，鼓励学生完善总结发现的规律，并补充.

例案16 | 函数 $y = A\sin(\omega x + \varphi)$ 的图象

五点作图法取点如表 19-5 与表 19-6 所示，画出函数 $y = 3\sin\left(2x + \dfrac{\pi}{3}\right)$，$y = \dfrac{1}{3}\sin\left(2x + \dfrac{\pi}{3}\right)$ 的简图，如图 19-5 所示.

表 19-5

$2x + \dfrac{\pi}{3}$	0	$\dfrac{\pi}{2}$	π	$\dfrac{3\pi}{2}$	2π
x	$-\dfrac{\pi}{6}$	$\dfrac{\pi}{12}$	$\dfrac{\pi}{3}$	$\dfrac{7\pi}{12}$	$\dfrac{5\pi}{6}$
$3\sin\left(2x + \dfrac{\pi}{3}\right)$	0	3	0	-3	0

表 19-6

$2x + \dfrac{\pi}{3}$	0	$\dfrac{\pi}{2}$	π	$\dfrac{3\pi}{2}$	2π
x	$-\dfrac{\pi}{6}$	$\dfrac{\pi}{12}$	$\dfrac{\pi}{3}$	$\dfrac{7\pi}{12}$	$\dfrac{5\pi}{6}$
$\dfrac{1}{3}\sin\left(2x + \dfrac{\pi}{3}\right)$	0	$\dfrac{1}{3}$	0	$-\dfrac{1}{3}$	0

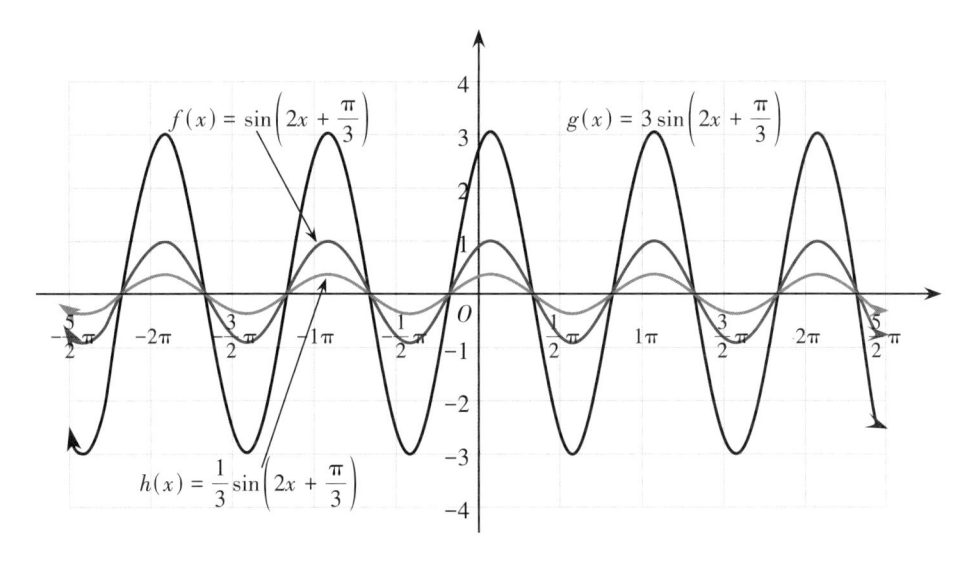

图 19-5

把 $y = A\sin(\omega x + \varphi)$ 的图象与 $y = \sin(\omega x + \varphi)$ 的图象进行比较后，教师引导学生观察图象并总结函数图象上点的坐标的变化规律，得出以下结论.

(1)函数 $y = A\sin(\omega x + \varphi)$ 的图象,可以看作是把 $y = \sin(\omega x + \varphi)$ 的图象上所有点的纵坐标伸长(当 $A > 1$ 时)或缩短(当 $0 < A < 1$ 时)到原来的 A 倍(横坐标不变)而得到的.

(2)在函数 $y = A\sin(\omega x + \varphi)$ 中,A 决定了函数的值域以及函数的最大值和最小值,A 通常称为振幅.

教师观察学生的探究活动,关注学生小组合作:学生能否应用五点作图法与GGB软件作图,能否从列表和图象中发现参数 A 对图象的影响,能否准确表达参数 A 对图象的影响,能否发现图象上点的坐标的变化规律,是否能根据对参数 φ,ω 的探究,类比完善本组的探究成果.

通过探究活动,总结三个参数对函数图象的影响规律,学生经历思考、讨论、总结,强化了学习体验和迁移意识,提升了合作意识和沟通能力.

快速问答:

(1)将函数 $y = \sin(2x - \dfrac{\pi}{4})$ 的图象的每一个点的_____坐标不变,_____坐标_____可得到函数 $y = \dfrac{1}{3}\sin(2x - \dfrac{\pi}{4})$ 的图象.

(2)将函数 $y = 5\sin(\dfrac{1}{2}x + \pi)$ 的图象的每一个点的_____坐标不变,_____坐标_____可得到函数 $y = \sin(\dfrac{1}{2}x + \pi)$ 的图象.

(四)总结升华,提升素养

(1)通过本节课你学习到哪些新的知识内容?

(2)在参数 A,ω,φ 对函数 $y = A\sin(\omega x + \varphi)$ 图象影响的探究活动中,你运用了哪些数学思想方法?

(五)课外巩固,思考深化

(1)阅读课本(系统回顾本节课学习内容,学习规范表达).

(2)课本第57页习题.

(3)思考题:

①函数 $y = A\sin(\omega x + \varphi)$ 中的参数 A,ω 小于0时,怎样影响函数图象?

②由 $y=\sin x$ 变换为 $y=A\sin(\omega x+\varphi)$,能否从函数解析式的角度,分析图象上点的坐标的变化?

(4)(选做题)针对现实生活中的某种周期现象,用适当的方法搜集数据,并利用这些数据建立一个三角函数模型.

教师应关注学生能否独立按时完成作业,关注学生的书写过程及正确率,能否根据已学知识完成思考题,设置选做题,开发学生潜能,发展个性.

超几何分布与二项分布的区别与联系

一、教学内容解析

"二项分布"是2019年人教A版教材选择性必修三"随机变量及其分布"中的"二项分布与超几何分布"的一节课.在自然现象和社会现象中,大量的随机变量都服从或近似服从二项分布,其不仅实际应用广泛,而且在理论上也非常重要.而"超几何分布"是统计学上的一种离散型随机变量的概率分布.它与二项分布一样都是描述从有限(N)个物件(其中包含M个指定种类的物件)中抽出n个物件,成功抽出该指定种类物件次数的概率分布情况.不同的是,二项分布属于有放回抽样,超几何分布属于不放回抽样,因概率形式与"超几何函数"级数展式的系数有关,故称为超几何分布.

超几何分布与二项分布都是特殊的离散型随机变量的概率分布,它们有着相同的数学期望,但抽取方式不同.超几何分布更集中在均值附近,当n远远小于N时,每抽取一次后,放回与不放回对N的影响都很小,此时超几何分布可以近似二项分布.而当N无限大时,二项分布又接近正态分布.

本课例通过具体实例,让学生感受"放回抽样"与"不放回抽样"的区别与联系,深刻理解二项分布与超几何分布的区别与联系,加深学生对两种模型的理解,有助于提升学生学习的自主性、积极性,增强学生发现问题、提出问题、分析问题、解决问题的能力.

教学重点:二项分布与超几何分布的区别与联系.

二、教学目标设置

(1)让学生进一步了解超几何分布与二项分布产生的实际背景,不仅熟练应用公式,更理解推导过程,从而深刻理解它们的区别与联系.进一步帮助学生构建知识体系,在此过程中发展学生的数学建模、数学抽象素养.

(2)掌握两种分布特征,学生能用自己的语言解释二项分布与超几何分布的区别与联系,并能够正确选择模型解决实际问题,发展数学建模素养.

三、问题诊断分析

在这节课之前,学生已经学习过一般离散型随机变量及其分布列的内容,掌握了研究离散型随机变量及其分布列的一般方法.同时,通过学习二项分布、超几何分布,学生对两个离散型分布模型已经有了初步认识.但由于两个分布较为抽象,部分学生可能难以准确把握其定义和本质特征.在实际问题中,由于不清楚试验是否相互独立、样本抽取究竟是有放回还是无放回,部分学生可能难以将实际问题与相应模型建立联系.另外,二项分布和超几何分布的对比分析要求学生有较强的数学建模和数学抽象的能力.因此教师通过设置有趣的情境案例,借助PPT、GGB等信息技术,激发学生的学习兴趣,提升数学运算效率让学生直观地感受掌握二项分布与超几何分布的区别与联系.

教学难点:建立实际问题与相应模型联系,掌握二项分布和超几何分布的区别与联系.

四、教学策略分析

为了达成教学目标,本课例用高考题引发学生认知冲突,再通过大量实例对"有放回"和"不放回"两种抽奖方式的对比分析,让学生在"决策"过程中"悄无声息"地对二项分布与超几何分布进行区别.在此基础上教师引导学生猜想、推理论证超几何分布的均值.再通过数据较大的摸球模型,借助GGB软件,让学生感受超几何分布和二项分布的联系,并延伸出二项分布与正态分布的联系.这样既分散了教学重难点,又让学生在探究过程中完成对超几何分布的学习与认知.

为了调动学生探究的积极性,使每个学生都经历数学模型的抽象过程.教师遵循以学生为主体的课堂教学原则,在教学上采取启发式教学方法.学生主要采取自主学习和小组合作相结合的探究式学习法,小组合作也为不同认知的学生提供了学习的机会和帮助.

五、教学过程设计

环节一 真题导入，引发认知冲突

一项旨在研究臭氧效应试验其方案如下：选40只小白鼠，随机地将其中20只分配到试验组，另外20只分配到对照组．试验组的小白鼠饲养在高浓度臭氧环境中，对照组的小白鼠饲养在正常环境中，一段时间后统计每只小白鼠体重的增加量（单位：g）．

设 X 表示指定的两只小白鼠中分配到对照组的只数，求本试验分布列和数学期望．

师生活动：

学生：1只小鼠要么分在试验组要么分在对照组，有2种分配方案，两只小白鼠总的分配方案为 $2 \times 2 = 4$ 种．其中2只小白鼠全部分配到试验组情况有1种，有1只分配到对照组有2种情况，全部分配到对照组的有1种情况．则 X 的可能取值为 0，1，2．根据古典概型的概率计算公式可得：$P(X=0) = \frac{1}{4}$，$P(X=1) = \frac{1}{2}$，$P(X=2) = \frac{1}{4}$，所以 X 的分布列如表17-1．

表17-1

X	0	1	2
P	$\frac{1}{4}$	$\frac{1}{2}$	$\frac{1}{4}$

所以 $E(X) = 1$．

学生：每只小白鼠都可能被分到对照组和试验组，所以，依题意 X 的取值为 0，1，2 时，小白鼠被分到对照组的概率为 $\frac{1}{2}$．

所以 $P(X=0) = C_2^0 \left(\frac{1}{2}\right)^2 = \frac{1}{4}$，$P(X=1) = C_2^1 \left(\frac{1}{2}\right)^2 = \frac{1}{2}$，$P(X=2) = C_2^2 \left(\frac{1}{2}\right)^2 = \frac{1}{4}$．
X 的分布列如表17-2．

表17-2

X	0	1	2
P	$\frac{1}{4}$	$\frac{1}{2}$	$\frac{1}{4}$

所以 $E(X) = 1$．

学生：依题意，X 的取值为 0，1，2．

$P(X=0) = \dfrac{C_2^0 C_{38}^{20}}{C_{40}^{20}} = \dfrac{19}{78}, P(X=1) = \dfrac{C_2^1 C_{38}^{19}}{C_{40}^{20}} = \dfrac{20}{39}, P(X=2) = \dfrac{C_2^2 C_{38}^{18}}{C_{40}^{20}} = \dfrac{19}{78}.$

X的分布列如表17-3.

表17-3

X	0	1	2
P	$\dfrac{19}{78}$	$\dfrac{20}{39}$	$\dfrac{19}{78}$

$E(X) = 1.$

设计意图：3位同学对于同一个问题采用了3种方法，虽然3种方法的期望值是一样的，但是计算方法不同，概率分布列也不同.究其根本是对概率分布定义理解不同，部分学生无法从实际情形中准确识别对应的概率模型，以此引发学生认知冲突，教师通过回归教材，帮助学生构建完整的知识体系.

环节二　回归教材，区分二项分布与超几何分布

写出下列离散型随机变量的分布列，并指出其中服从二项分布的是哪些？服从超几何分布的是哪些？

(1) X_1表示n次重复抛掷1枚骰子出现点数是3的倍数的次数.

(2) 有一批产品共有N件，其中次品有M件($N>M>0$)，采用有放回抽取方法抽取n次，出现次品件数为X_2.

(3) 有一批产品共有N件，其中次品有M件($N>M>0$)，采用不放回抽取方法抽取n件，出现次品件数为X_3.

(4) 有一批产品共有N件，其中次品有M件($N>M>0$)，一次性抽取n件，出现次品件数为X_4.

(5) 如图17-1所示的高尔顿板，小球在下落过程中，会等可能向左或向右，最终落入底部格子中.格子从左到右编号为0,1,2,3,…,10,11，小球最终落入格子的号码记为X_5.

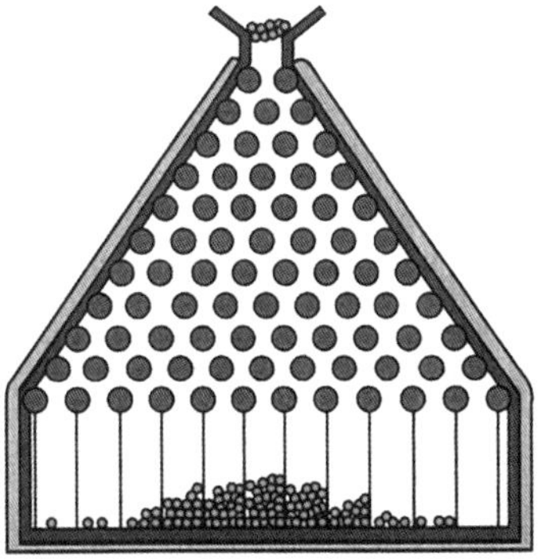

师生活动：服从二项分布的有(1)(2)(5)，服从超几何分布的有(3)(4).

请同学们谈谈是如何从实际情形中识别概率模型的？并总结这两个概率模型的区别.

图17-1

学生：两种概率模型的区别如表17-4所示.

表17-4

	二项分布	超几何分布
从抽样方式看	有放回抽样	无放回抽样
从特征看	做n重伯努利试验,每次成功概率为p,有放回抽取n次,试验成功次数为随机变量X.	将抽取对象分为两类,如正品与次品、男生与女生等.已知无放回(一次性)抽取n件,抽到某类个体的个数为随机变量X.
从实质看	相互独立前提下,积事件概率计算.	古典概型.

设计意图：利用教材中的典型案例,教师从二项分布和超几何分布产生的背景和概念加以区分,使得学生在掌握二项分布与超几何分布区别的基础上可以从实际情形中快速识别分布模型.

环节三 内涵辨析,联系二项分布与超几何分布

一个袋子中有100个大小相同的小球,其中有40个黄球、60个白球,从中随机摸出20个球,用X表示样本中黄球的个数.

（1）分别就有放回和不放回摸球,求X的分布列及数学期望;

（2）分别就有放回和不放回摸球,用样本中黄球的比例估计总体中黄球的比例,求误差的绝对值不超过0.1的概率.

师生活动：

教师可以用下列问题引导学生思考.

（1）本题中每次摸球是一个什么试验?

（2）若采用有放回摸球,则各次试验的结果独立吗? X服从什么分布?

（3）若采用不放回摸球,则各次试验的结果独立吗? X服从什么分布?

因为只有两种颜色的球,每次摸球都是一个伯努利试验.若采用有放回摸球,则各次试验的结果相互独立,$X \sim B(20, 0.4)$;若采用不放回摸球,则各次试验的结果不独立,X服从超几何分布.

答：（1）对于有放回摸球,由题意知$X \sim B(20, 0.4)$,则X的分布列为

$$P_{1k} = P(X = k) = C_{20}^k 0.4^k \times 0.6^{20-k}, k = 0, 1, 2, \cdots, 20.$$

$$E_1(X) = 20 \times 0.4 = 8.$$

对于不放回摸球,由题意知X服从超几何分布,则X的分布列为

$$P_{2k} = P(X = k) = \frac{C_{40}^k C_{60}^{20-k}}{C_{100}^{20}}, k = 0, 1, 2, \cdots, 20.$$

$$E_2(X) = 20 \times \frac{40}{100} = 8.$$

在GGB中(调用概率计算器画出对应的二项分布和超几何分布图),概率分布图分别如图17-2、图17-3所示.

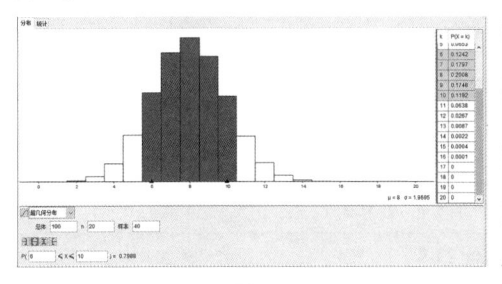

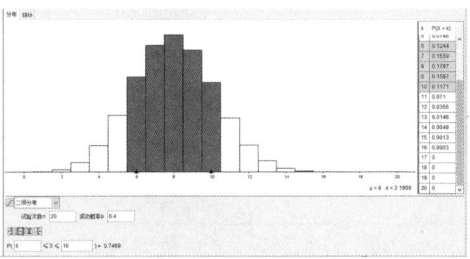

图17-2　　　　　　　　　　图17-3

样本中黄球的比例$f_{20} = \dfrac{X}{20}$是一个随机变量,根据图形计算得

有放回摸球:$P(|f_{20} - 0.4| \leq 0.1) = P(6 \leq X \leq 10) \approx 0.7469.$

不放回摸球:$P(|f_{20} - 0.4| \leq 0.1) = P(6 \leq X \leq 10) \approx 0.7988.$

因此,在相同的误差限制下,采用不放回摸球估计的结果更可靠些.

教师:大家还有是否还有其他发现?

学生:对于同一个问题,采用放回和不放回两种方式进行抽样,虽然它们同一个取值的概率略有差异,但是两者图象(图17-4)的变化趋势和均值一致,只是超几何分布数据分布更为集中一些.

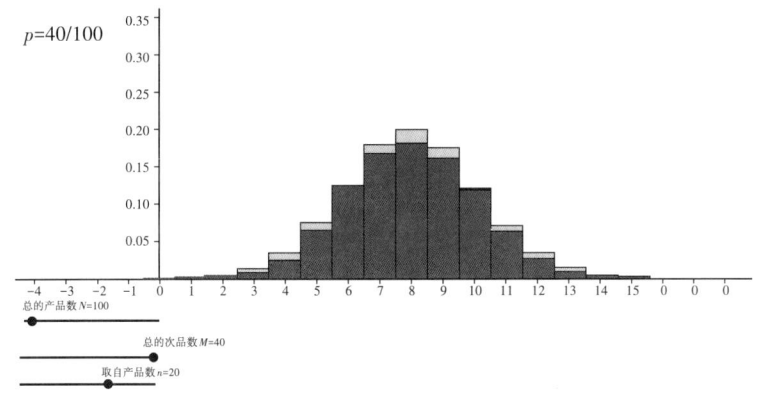

图17-4

教师:表面看起来不相关的2个分布确有这么紧密的联系.请大家总结一下这些联系,并探究背后的原因.

学生:从4个角度总结2个分布的联系,如表17-5所示.

表17-5

	二项分布	超几何分布
从均值来看	$E(X)=np$（p为成功概率）	$E(X)=np=n\cdot\dfrac{M}{N}$（$p$为次品率）
从方差来看	$D(X)=np(1-p)$	$D(X)=np(1-p)\cdot\dfrac{N-n}{N-1}$
从实质看		对于不放回抽样，当$n\ll Nn\ll N$时，每抽取一次后，对N的影响很小. 所以$n\ll N$时，超几何分布可以近似二项分布. 而且当$N\to+\infty$时，二项分布近似为正态分布.
从关键词看	有放回抽取；以频率代替概率；数量很大，人数很多.	两类产品，不放回抽取（一次抽取）.

设计意图：通过解决实际问题，引导学生发现超几何分布与二项分布在均值与方差上的相同点与不同点.学生通过数学试验探究发现超几何分布与二项分布和正态分布的联系，建构数学知识框架，发展逻辑推理能力，培养直观想象、数学抽象和数学运算的学科核心素养.

环节四　小结提升，构建知识框架

回顾本节课所学内容，并回答下列问题：

(1)二项分布和超几何分布的区别是什么？

(2)二项分布和超几何分布的联系是什么？

(3)在抽样试验（如抽次品或摸球模型）中，用分布模型解决问题要注意什么？

(4)你是如何得到以上问题的答案的？

师生活动：学生尝试独立解决，其他学生进行补充回答，然后师生共同总结.

设计意图：学生通过对问题的深入思考，加深对超几何分布的理解与认知，体会二项分布与超几何分布的联系和区别.

六、成果展示介绍

(1)明确超几何分布与二项分布的区别.

(2)了解超几何分布与二项分布的联系.

(2)拓展提升，区分联系两点分布、二项分布、超几何分布和正态分布.

课例 18

圆锥曲线的形成

一、教学设计

(一)教学内容解析

本节课是2019年人教A版教材选择性必修一"圆锥曲线的方程"中的部分内容，是继"直线和圆的方程"后更加深入地探索，是对圆锥曲线形成的基本认知.

我们知道，用一个垂直于圆锥的轴的平面截圆锥，截口曲线(截面与圆锥侧面的交线)是一个圆.如果改变圆锥的轴与平面的夹角，那么会得到怎样的曲线呢？用一个不垂直于圆锥的轴的平面截圆锥，当圆锥的轴与平面成的夹角不同时，可以得到不同形状的截口曲线，它们可以是椭圆、抛物线或双曲线.我们通常把椭圆、抛物线、双曲线统称为圆锥曲线.

圆锥曲线与科研、生产以及人类生活有着紧密的关系.如行星绕太阳运行的轨道是椭圆，发电厂冷却塔的外形线是双曲线，探照灯反射镜面、卫星接收天线是抛物线绕其对称轴旋转所成的抛物面……为什么圆锥曲线有如此广泛的应用？我们可以从它们的几何特征及相关性质中找到答案.

圆锥曲线的发现与研究始于古希腊.当时人们用纯几何的方法研究这些与圆密切相关的曲线，它们的几何性质是圆的几何性质的自然推广.17世纪，笛卡儿发明了坐标系，人们开始借助坐标系，运用代数方法研究圆锥曲线.

本节课我们继续采用坐标法，在探究圆锥曲线几何特征的基础上，建立它们的方程式，通过方程式研究它们的性质，并解决与圆锥曲线有关的几何问题和实际问题.同学们可进一步感受数形结合的思想方法，体会坐标法的魅力与威力.

(二)学生学情解析

学生在学习直线与圆的初步知识后，对点的轨迹的探索将会延伸和拓展.事实上，教师教学时将处理直线与圆的相关问题的一些基本方法和基本思想类比迁移到圆锥曲线中,引导学生学会处理一般几何体关于球的切接等综合问题.学生在具体的情境中体会从低维到高维,从简单到复杂,从具体到抽象,从已知到未知的数学思想方法.这对提高学习数学的关键能力,提升数学抽象与直观想象的核心素养起着十分重要的作用.

根据以上分析,本节课的教学难点为体会研究问题的一般路径,形成探索精神.

(三)教学目标设置

本节课的教学目标设定如下.

(1)通过观察平面截圆锥后的截面图形,学生直观感受椭圆、双曲线、抛物线的形成过程.

(2)从平面图形入手,探究一条直线与等腰三角形的相交情况,将等腰三角形拓展为圆锥,直线拓展为平面(用一个平面去截一个正圆锥,且不通过圆锥的顶点,会出现什么情况),从特殊到一般,提升学生直观想象、数学抽象和逻辑推理等素养.

(3)学生借助绘图软件绘制球的截面立体图,通过直观感知、操作确认、推理论证等探究过程,领悟研究几何问题的基本思路,提高运用图形语言、符号语言和文字语言进行表达与交流的能力.

(4)学生通过对几类特殊问题的分析和探究,学会将空间问题转化为平面问题,并通过探究活动的实践与展示,体验敢于探究、乐于探索和勇于创新的科学精神.

(四)教学策略解析

本节探究活动课设置7个环节:项目选定、制定计划、活动探究、作品制作、成果展示、活动评价、拓展延伸,采用合作探究和研究学习的方式,倡导学生自主探索、独立思考、动手实践、合作交流.强调几何直观,把空间观念的建立和空间想象能力的培养放到突出的位置.此外,教学中注重渗透类比与转化的数学思想.具体做法如下.

1.项目选定

本次探究活动课设定如下.

主题:圆锥曲线的形成;

形式:探究式;

研究路径:类比与归纳;

重点:以圆锥为载体对立体几何与解析几何进行整合;

难点:体会研究几何问题的一般路径,形成探索精神.

2.制定计划

本次探究活动课计划采用约两周的课外时间及两节数学课完成,圆锥曲线的形成探究活动课计划如表18-1.

表18-1

	时间	项目进度	备注
前期准备	第一天	下发研究方案,学生利用国庆假期自由成组.	
活动过程	第二天	1.开题,选定4个研究主题的组长,要求每组派两名同学进行开题报告,明确各组成员及研究思路. 2.明确课程细则、开题报告的书写要求等.	
	第三天	1.教师联系学校机房、图书馆,提供查阅通道. 2.教师联系学校提供相关讲座支持.	
	第四天	跟踪各组进度,及时答疑,及时辅导.	
	第五天	利用周一的班会课召开各组组会解决各组实际困难.	
	第六天	1.学生分组进行查阅资料、小组讨论. 2.教师跟踪各组进度.	
	第七天	利用周一的班会课召开各组组会解决各组实际困难.	
	第八天	1.学生分组进行查阅资料、小组讨论. 2.教师跟踪各组进度,督促研究成果的落实.	
	第九天	收取各组研究报告,并结合项目主题进行挑选.	
	第十天	现场展示挑选出的研究小组的成果.	
拓展延伸	第十一天	1.利用周末时间整理各小组的研究报告,形成作品集. 2.为有需要的小组联系外延力量(结合实际情况). 3.准备周一数学课的总结和评价.	

3.活动探究

教师课前设置了详细的课程方案,从情境、研究对象、研究对象与其他对象的关联3个维度设置了3个参考选题,结合选题确立3个研究性学习小组,即椭圆组、双曲线组、抛物线组.

各小组的研究成果汇总为作品集《圆锥曲线的几何溯源》.

4.作品制作

本次探究活动课的主要成果为《圆锥曲线的几何溯源》研究报告册.

5.成果展示

(1)课堂展示环节,挑选出椭圆组、双曲线组、抛物线组3个小组,分别以探究形成—研究性质—具体联系与应用为研究主线,展现科学研究的一般规律,即观察生活、抽象并定义研究对象、研究对象的性质,研究对象与其他对象的联系.

(2)学生分组借助绘图软件展示探究成果,真正成为课堂的主人.探究式问题驱动全体学生主动参与知识建构、合作探究,同时保证学习的规范性,实现课堂高效.

(3)学生从课前探究和课上展示中感知研究几何问题的基本思路,体会类比与转化思想,领悟空间位置关系的常用研究策略——降维化归(空间问题平面化),螺旋上升式地学习核心数学知识,培养了直观想象、数学抽象和逻辑推理素养.

6.活动评价

根据各小组展示的研究成果,教师采用教师课堂观察、口头评价、开放式活动反馈、课内外作业等多种评价方式,并根据学生暴露的问题及时指导.

7.拓展延伸

(1)将各小组的研究报告集结成册,形成研究报告册《圆锥曲线的几何溯源》.

(2)帮助学生对接专家学者,学生通过邮件交流的方式进行解惑.

(五)教学基本流程

课前探究 → 课中展示 → 课后延伸

二、成果展示介绍

主题一:数学抽象

(1)从平面图形入手,开始讨论一条直线与等腰三角形相交的各类情况(图18-1).

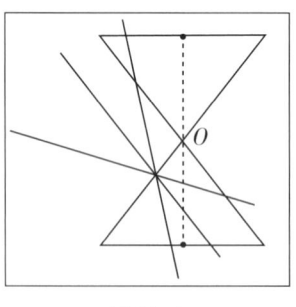

图18-1

(2)观察平面截圆锥面的图形,想象截线的图形(图18-2).

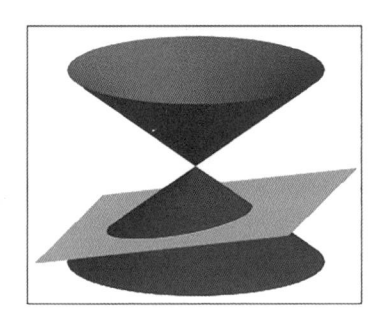

图18-2

(3)若变平面的位置,还会出几种情况(图18-3)?

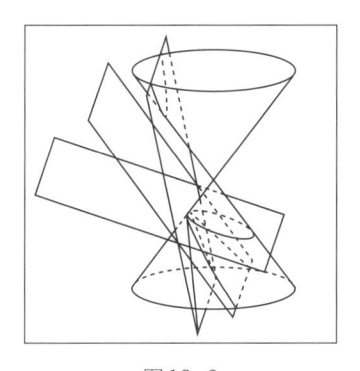

图18-3

主题二:直观感受

(1)借助教学道具直观感受圆锥曲线的形成(图18-4).

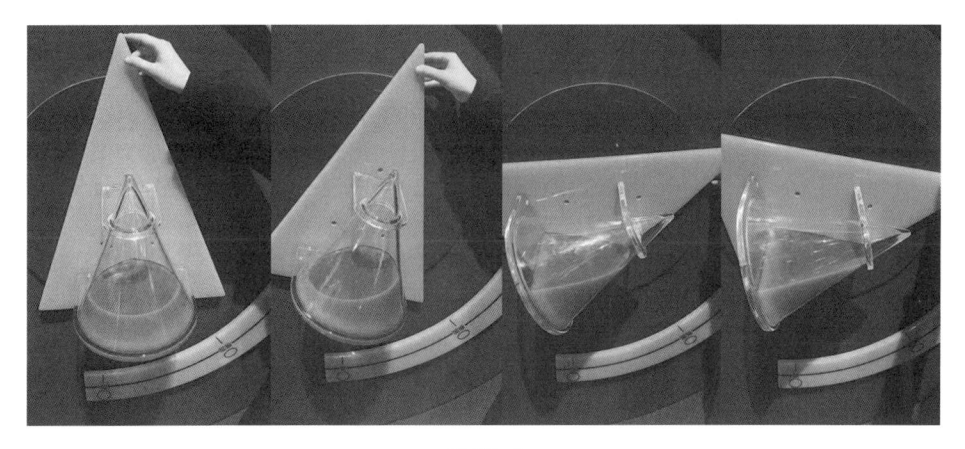

图18-4

结论：观察不同水平面的平面去截圆锥后的曲线,依次为圆、椭圆、抛物线与双曲线.

（2）将其用两个倒置的圆锥去截,然后用GGB绘图软件展示探究成果(图18-5).

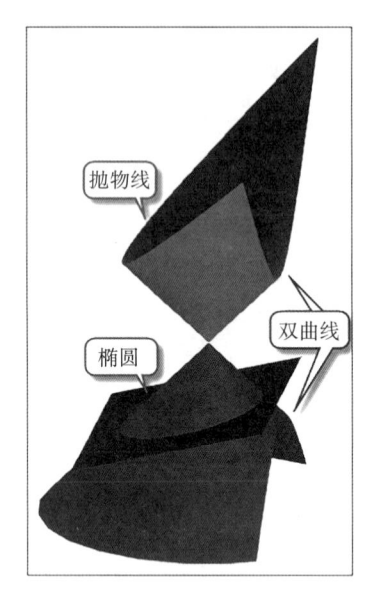

图18-5

主题三：归纳提升

定理 如图18-6在空间中,取直线 l 为轴,直线 l' 与 l 相交于 o 点,其夹角为 α, l' 围绕 l 旋转得到以 o 为顶点, l' 为母线的圆锥面,任取平面 π,若它与轴 l 的交角为 β(π 与 l 平行,记作 $\beta = 0$),则

（1）$\beta > \alpha$,平面 π 与圆锥的交线为椭圆.

（2）$\beta = \alpha$,平面 π 与圆锥的交线为抛物线.

（3）$\beta < \alpha$,平面 π 与圆锥的交线为双曲线.

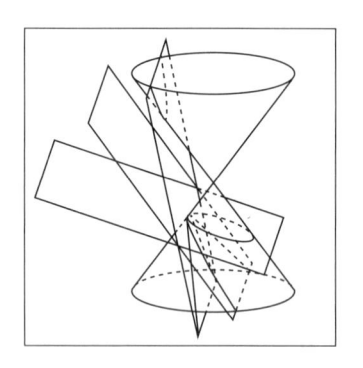

图18-6

主题四：证明结论

（1）利用双球模型（这两个球位于圆锥的内部,一个位于平面的上方,一个位于平面的下方,并且与平面及圆锥均相切).

试证明：(1)若 $\beta > \alpha$,平面 π 与圆锥的交线为椭圆.

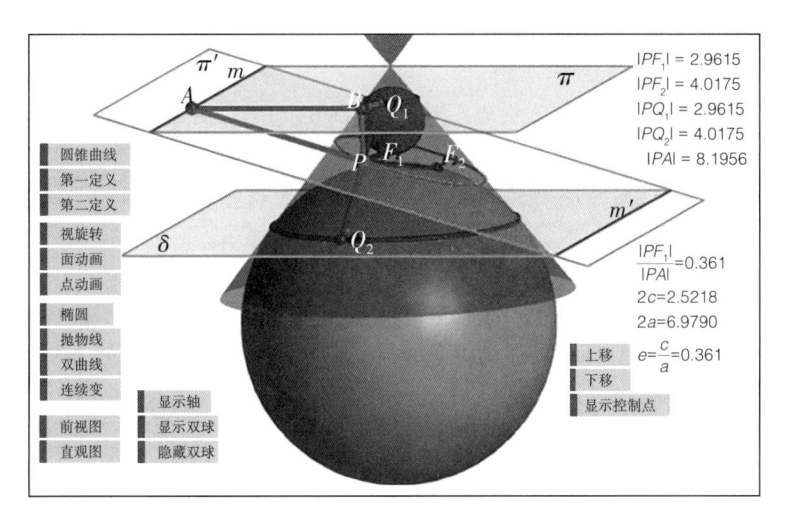

图 18-7

如图 18-7 所示. 在截面的双侧分别放置一个球,它们都与截面相切(切点分别为 F_1, F_2),且与圆锥面相切,两球与圆锥面的公共点分别构成圆 O_1 和圆 O_2. 设平面与圆锥面的截线上任意一点,过点 P 作圆锥面的一条母线分别交圆 O_1 和圆 O_2 于 Q_1 和 Q_2,则 PQ_1 和 PF_1,PQ_2 和 PF_2 分别是上下两球的两条切线. 因为过球外一点所作球的切线的长均相等,所以 $PQ_1 = PF_1$,$PQ_2 = PF_2$,所以 $PF_1 + PF_2 = PQ_1 + PQ_2 = Q_1Q_2$ 为定值.

(2) 若 $\beta = \alpha$,平面 π 与圆锥的交线为抛物线.

如图 18-8,设平面 π 与圆锥内切球相切于点 F_1,球与圆锥的交线为 S,过该交线的平面为 π',π 与 π' 交于直线 m. 在平面 π 与圆锥的截线上任取一点 P,连接 PF_1,过点 P 作 π' 的垂线,垂足为 B,连接 AB,则 $AB \perp m$,所以 $\angle PAB$ 是 π 与 π' 所成二面角的

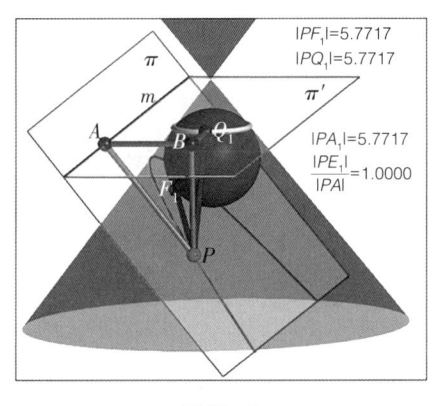

图 18-8

平面角,连接点P圆锥的顶点,与S相交于点Q_1,连接BQ_1,则$\angle BPQ_1 = \alpha$,$\angle APB = \beta$,在$Rt\triangle APB$中,$PB = PA\cos\beta$,在$Rt\triangle PBQ_1$中,$PB = PQ_1\cos\alpha$,所以$\dfrac{PQ_1}{PA} = \dfrac{\cos\beta}{\cos\alpha}$,又因为$PQ_1 = PF_1$,$\alpha = \beta$,所以$\dfrac{PF_1}{PA} = 1$,即$PF_1 = PA$,所以动点P到定点$F_1$的距离等于它到定直线m的距离,所以当$\alpha = \beta$时,平面与圆锥交线为抛物线.

(3)若$\beta < \alpha$,平面π与圆锥的交线为双曲线.

如图18-9所示,在截口上任取一点P,连接PF_2,过P和圆锥定点O作母线,与球相切于Q_2,球与圆锥的交线为圆S,记圆S所在的平面为π'.截面π与平面π'相交于直线m.

过点P在π中作$PA \perp m$,交m于点A.过P作平面π'的垂线,垂足为B,连接Q_2B,AB.$\triangle PBQ_2$为直角三角形,且$\angle Q_2PB = \alpha$,$\triangle PAB$也为直角三角形,且$\angle APB = \beta$,

在$Rt\triangle PBQ_2$中,$PB = PQ_2\cos\alpha$,在$Rt\triangle PAB$中,$PB = PA\cos\beta$,所以$\dfrac{PQ_2}{PA} = \dfrac{\cos\beta}{\cos\alpha}$,又因为$PF_2 = PQ_2$,所以$\dfrac{PF_2}{PA} = \dfrac{\cos\beta}{\cos\alpha}$为定值,又因为$0 < \beta < \alpha < \dfrac{\pi}{2}$,所以$\cos\beta > \cos\alpha$,$\dfrac{PF_2}{PA} = \dfrac{\cos\beta}{\cos\alpha} > 1$,所以m为双曲线的一条准线,故得证.

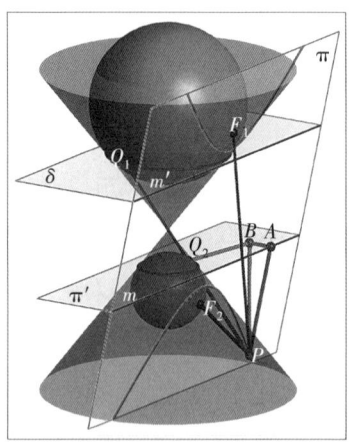

图18-9

三、课后延伸

丹德林(G.Dandelin)利用双球模型证明了平面α与圆锥侧面的交线为椭圆,双球与平面α切点E,F为此椭圆的两个焦点,这两个球也称为Dandelin双球.

如图18-10(a),在圆锥内放两个大小不同且不相切的球,使得它们分别与圆锥的侧面、底面相切,用于两球都相切的平面截圆锥的侧面得到截口曲线是椭圆. 理由如下:如图18-10(b),若两个球分别与截面相切于点E,F,在得到的截口曲线上任取一点A,过点A作圆锥母线,分别与两球相切于点C,B,根据球与圆的几何性质,得$|AE| = |AC|$,$|AF| = |AB|$,所以$|AE| + |AF| = |AC| + |AB| = |BC| = 2a$,且$2a > |EF|$,由椭

圆定义知截口曲线是椭圆,则切点 E, F 为焦点,具体离心率的计算可参考例题.

这个结论在圆柱中也适用,如图 18-10(c),在一个高为 h,底面半径为 r 的圆柱体内放球,球与圆柱底面及侧面均相切. 若一个平面与两个球均相切,则此平面截圆柱所得的截口曲线也为一个椭圆,则 $2a = h - 2r, b = r$.

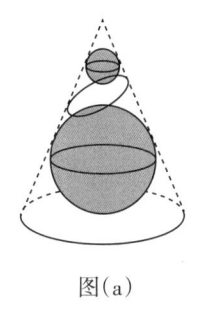

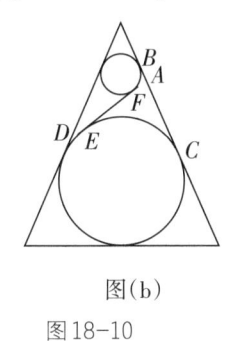

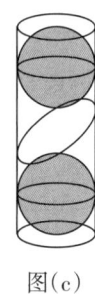

图(a)　　　图(b)　　　图(c)

图 18-10

课例 19

圆锥曲线的光学性质——椭圆

STEAM 是科学(Science)、技术(Technology)、工程(Engineering)、数学(Mathematics)和艺术(Arts)英文首字母的简称.美国最初提出 STEM 教育是为了让国家的经济保持在首位,后来美国学者加入艺术(Arts),形成 STEAM 教育.STEAM 教育提升了学生的学习兴趣,使得学生发展更加全面.本节课体现如下.

一、教学内容解析

高中数学课程标准中提到,当今世界数学发展迅速,数学出现在我们生活的方方面面,能为社会创造许多价值.高中数学的知识内容广泛,与生产、科技、医疗等都有一定的关联,所以在进行数学教学时教师应该在数学应用方面加强.圆锥曲线章节的最后一部分把圆锥曲线的光学性质作为阅读与思考材料,旨在融合其他学科的基础上,打破数学学科单一化教学现状,并将数学知识与现实应用联系起来,拓展学生的知识面,让学生感受数学与现实生活的联系.基于此,本节课融入的 STEAM 教育理念主要体现如表 19-1.

表 19-1

STEAM 要素	具体体现
科学	将椭圆与物理中的光学知识(反射)相结合
技术	GGB 软件验证椭圆光学性质
工程	利用实物模型探究椭圆光学性质(如椭圆台球桌)
艺术	椭圆光学性质的应用模型(胶片放映机等)
数学	椭圆光学性质的证明过程

本节课内容以 2019 年人教 A 版教材"圆锥曲线的方程"章后的阅读与思考材料为基础,重点介绍了三种圆锥曲线的光学性质以及它们在各个领域中的应用.本课例将数学知识与物理知识融合,既是教材内容的拓展,也是数学在实际生活中应用

的典型案例.本课例首先从焦点的定义出发,引出圆锥曲线与光的密切关系,表明圆锥曲线具有丰富的光学性质.然后根据光的反射原理,提出光遇到圆锥曲线时,其会绕圆锥的对称轴旋转而成的曲面,此时光具有怎样的反射效果.本课例没有将重点放在圆锥曲线光学性质的证明上,而是让学生了解它们的应用.所以本课例的重点是引导学生利用数学知识建构不同的数学模型且提出符合圆锥曲线光学性质的合理猜想,让学生了解圆锥曲线光学性质在生活、生产实际乃至科学技术方面的应用.学生在拓宽视野的同时,体验学习的快乐和意义.由于三种圆锥曲线的性质可以进行适当的类比,因此本课例以椭圆的光学性质及应用为主.

二、问题诊断分析

1. 知识基础

学生已经学完了解析几何的全部内容,掌握了解决解析几何问题的方法.另外学生还学习了向量的相关知识,也了解光的传播反射知识.

2. 关键能力

在信息时代,学生能熟练利用图书、互联网搜集资料.经过两年的学习,学生的计算、归纳概括、建模等能力都有了明显提高,而且学生在已经接触过STEAM教育理念下的课堂的基础上,对课堂流程都已熟悉,因此探究学习本课例内容的时机成熟.

3. 学习困难

学生对角平分线性质定理不熟悉,椭圆光学性质的证明过程计算复杂,逻辑性强对学生来说也是一个难点.

本节课的教学重点:通过不同模型探究椭圆的光学性质.

本节课的教学难点:采用不同方法证明椭圆的光学性质.

三、教学目标设置

本节课的教学目标为3点.

(1)通过本节课的学习,学生能准确理解并陈述椭圆的光学性质,通过数学方法对其光学性质进行推理证明,并进一步感受坐标法在解析几何中的应用.

(2)学生能从实际中发现问题,通过建构不同模型解决问题,进一步发展数学抽象、数学建模、逻辑推理等素养.

(3)学生将理论知识用于实际情境的能力提高,他们能够意识到数学在解决实际问题中的强大作用.同时,教师鼓励学生利用所学知识进行创新设计,提高他们的问题解决能力.

四、教学策略分析

1.试验猜想法

核心内容:利用不同的数学模型,联系所学知识,提出椭圆光学性质的猜想.主要模型如下.

微型椭圆台球桌的实物模型:任意摆放两个圆片,弹动圆片,根据碰撞结果提出猜想.

椭圆形圆规、激光笔和平面反射镜的实物模型:观察激光光线在椭圆面上的反射路径,提出猜想.但该模型不能确定切线位置.

圆形纸片、激光笔和平面反射镜的实物模型:联系教材,准确找到切线位置,通过激光光线在椭圆面上的反射路径,提出猜想.但该模型的联想难度较大,需要较强的综合思维能力.

动画软件模型:观察反射光线共同特征,形象直观地提出猜想.

2.动态演示法

核心内容:利用视频和动画软件直观演示椭圆的光学性质,能够极大地提升学生的学习兴趣和理解深度.

3.推理论证法

核心内容:依托已学的圆锥曲线知识,对椭圆的光学性质进行严格的数学证明.
特点:强调逻辑推理和数学严谨性,提升学生的数学素养和理论分析能力.

综上所述,以上教学策略各有侧重,共同对椭圆光学性质进行探索,旨在通过直观演示、实践操作和严谨论证,使学生对数学原理的理解、应用等能力的提升.

五、教学过程设计

环节一 椭圆球桌,探秘几何

数学知识在科学研究中发挥着重要的基础性、工具性作用,数学知识因其可靠性被大量用于计算、求解等方面.STEAM研究中的问题与平时学生接触到的问题有很大的不同,多数STEAM中的问题没有唯一答案,有时还充斥着大量的猜想与失误.我们需要保持冷静与耐心,运用已有的科学知识和逻辑思维去分析问题,大胆假设、小心求证,通过不断尝试,逐步梳理出思路,将猜想转化为可靠的结论.

杨同学在参观科技馆的时候,遇到了这样一个生活问题,请大家观看视频.这是一个微型的椭圆形台球桌,球桌内放置了两个圆片(图19-1).游戏规则是:两人一组,任意摆放两个圆片A,B,弹动圆片A,经过椭圆壁反弹后击中圆片B者获胜.

为了研究这个问题,将该问题数学化.将椭圆形台球桌抽象成椭圆,将圆片抽象成两个点,将反弹问题抽象成光的反射问题.经过数学抽象,我们得到本节课的研究主题:从椭圆内任意一点A发射的光线经椭圆反射后,是否会经过椭圆内的另一点B呢?

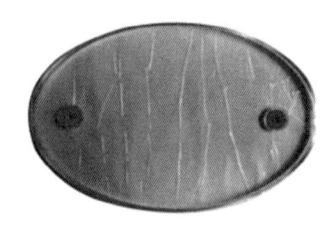

图19-1

设计意图:基于STEAM教育理念的数学教学应当根据项目主题设置真实的情境.本节课以与生活紧密联系的椭圆台球桌为引入情境,并且通过播放视频来展示,让学生产生学习兴趣,激发他们的求知欲望.为深入研究该问题,学生应根据生活现象精准提炼数学要素,完成数学抽象的转化,切实锤炼数学抽象素养,为数学学习与研究筑牢根基.同时该问题的制胜策略与数学、物理和人工智能都相关,有助于培养学生数学建模、跨学科整合以及逻辑思维等能力.椭圆台球桌不仅是一个游戏工具,更是一个激发学生探索数学奥秘、培养科学精神的平台.在这个过程中,他们不仅锻炼了自己的数学思维和解决问题的能力,还深刻体会到了数学知识在科学研究中的基础性、工具性作用.

环节二 学科交融,探秘逐光

1.模型一

椭圆台球桌和两个圆片的实物模型.经过不断尝试,发现当两个圆片位于两个焦点时,有必胜策略.

模型一评估:侧重于实践操作,但是由于摩擦力等外界因素存在,得到准确猜想有一定困难.

2.模型二

椭圆形圆规、激光笔、一块平面反射镜的事物模型.利用椭圆形圆规画一个椭圆,将平面反射镜置于入射光线与椭圆交点的切线处,发现当光源位于椭圆的一个焦点处,反射光线会经过另一个焦点.

模型二评估:侧重于学科交融,鼓励学生大胆创新.但是切线位置不准确,猜想有误差.

3. 模型三

圆形纸片和激光笔、平面反射镜.

如图 19-2:圆 O 的半径为定值 r,A 是圆 O 内一个定点(不与圆心 O 重合),P 是圆 O 上任意一点.线段 AP 的垂直平分线 l 和半径 OP 相交于点 Q,当 P 点在椭圆上运动时,Q 的轨迹是什么?为什么?

$QO + QA = QO + QP = OP = r$,$Q$ 的轨迹是以 O、A 为焦点的椭圆,l 是该椭圆在点 Q 的切线.

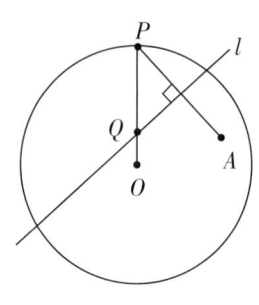

图 19-2

实际操作:手工折纸椭圆.

在圆 O 内任取一点 A,在圆上任取点 P,通过对折,使得 P 与 A 重合,当 P 绕圆一周时,折痕包络的形状就是椭圆,折痕是该点的切线.将激光笔放在一个焦点处,将平面反射镜放在折痕处,反射光线会经过另一个焦点(图 19-3).

手工折纸:椭圆模型.

准备材料:1 张圆形纸片,1 支铅笔,1 把直尺.

操作步骤:

第一步,如图(a)所示,确定圆心 O,在圆内任取一点 F(与 O 不重合),在圆上任取一点 A.

第二步,如图(b)所示,将纸片翻折,使得点 A 与点 F 重合.

第三步,如图(c)所示,找出折痕 GE,用铅笔涂上颜色.

第四步,如图(d)所示,继续步骤三,绕圆心一周.

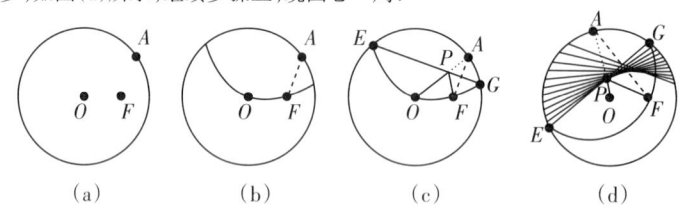

图 19-3 折纸设计图

模型三评估:侧重逻辑推理,需要较强的综合能力和创新能力.学生进行实际操作很依赖老师的引导.特别是有部分同学 P 点取得较少,对图形保持怀疑,需要教师用动画软件模拟手工折纸椭圆,解答疑惑.

4. 模型演示

动画软件构建的几何模型. 在构建的椭圆模型中,从任意一点 A 发出光线,与椭圆交于点 P,作出 P 点的切线和法线,利用反射原理得到反射光线. 移动 P 点,追踪反射光线,发现任意点 A,只有当 A 点位于焦点时,反射光线总是经过另外一个焦点,得到猜想.

模型演示评估:强调直观感受,需要学生对软件有一定熟练度.

各组同学借助不同的器材,探索尝试并提出假设:从焦点射出的光线经过椭圆反射,反射光线经过另一个焦点.

设计意图:上述3个模型想法在设计上紧密贴合教材内容,它们相互补充、相互验证,形成了一个完整而深入的知识体系. 首先,每个模型想法都源于对教材的深刻理解和创新思考. 其次,这些模型具有高度的互补性. 它们分别从不同的角度和层面出发,对同一知识点进行多角度的剖析和解读. 这种互补性不仅丰富了学生的学习体验,还帮助他们建立起更加全面和深入的知识框架. 最后,这些模型还具有相互证明的作用. 通过不同模型之间的对比和验证,学生可以更加清晰地看到知识点的内在联系和逻辑关系. 这种相互证明不仅增强了学生对知识点的信任感,还提高了他们的思维能力和解决问题的能力. 此外,不同模型的设计与验证既可以完善学习过程,又可以发挥信息技术的作用,提供直观方便几何示图. 同时模型始终聚焦于核心概念,促使学生从整体上更好地把握圆锥曲线的光学性质. 这种教学方式不仅提高了学生的动手能力和想象能力,也让他们更加深刻地体会到了数形结合在解决实际问题中的重要作用.

环节三 群策证道,众法通幽

同学们通过不同的工具,构建不同的数学模型,并且大胆地提出猜想. 解决问题还需要合适的数学工具、理论方法进行推导证明,请同学们继续分组合作,证明猜想.

1. 证明方法一

点与椭圆位置关系说理证明(几何证明).

由椭圆的第一定义可知:

当 P 在椭圆外时,有 $PF_2 + PF_1 > 2a$;

当 P 在椭圆上时,有 $PF_2 + PF_1 = 2a$;

当 P 在椭圆内时,有 $PF_2 + PF_1 < 2a$.

如图19-4,过椭圆上任意一点 P 的切线,除 P 点外切线上任意一点 Q 都在椭圆外(凸性).

易知 $QF_2 + QF_1 > PF_2 + PF_1 = 2a$.

所以 P 点是切线上到焦点 F_2 与 F_1 距离之和最小点,故 P 点是反射点.(可以理解成光很聪明只走最短路线)

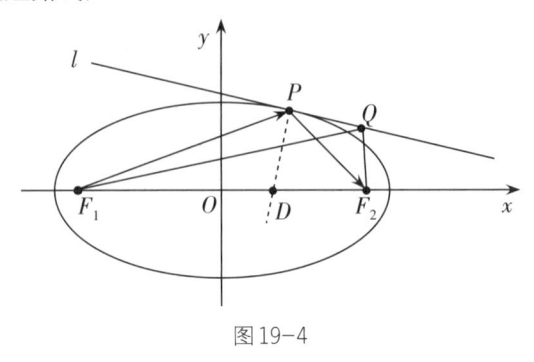

图 19-4

2.证明方法二

利用角平分线性质定理证明.

如图 19-5,设椭圆 $\dfrac{x^2}{a^2} + \dfrac{y^2}{b^2} = 1$ 上任意一点 $P(x_0, y_0)$,过点 P 作椭圆的切线 PE 交 x 轴于点 E,P 处法线交 x 轴于点 Q,焦点 $F_1(-c, 0)$,$F_2(c, 0)$.

$PE: \dfrac{xx_0}{a^2} + \dfrac{yy_0}{b^2} = 1$.

$PQ: y - y_0 = \dfrac{a^2 y_0}{b^2 x_0}(x - x_0)$.

故 $Q(e^2 x_0, 0)$,$F_1 Q = e^2 x_0 + c$,$F_2 Q = c - e^2 x_0$.

根据椭圆第二定义可知,$PF_1 = a + ex_0$,$PF_2 = a - ex_0$.

故 $\dfrac{F_1 Q}{F_2 Q} = \dfrac{e^2 x_0 + c}{c - e^2 x_0} = \dfrac{e(a + ex_0)}{e(a - ex_0)} = \dfrac{PF_1}{PF_2}$,由角平分线性质定理可得 $\angle F_1 PQ = \angle F_2 PQ$,即 PQ 平分 $F_1 PF_2$.

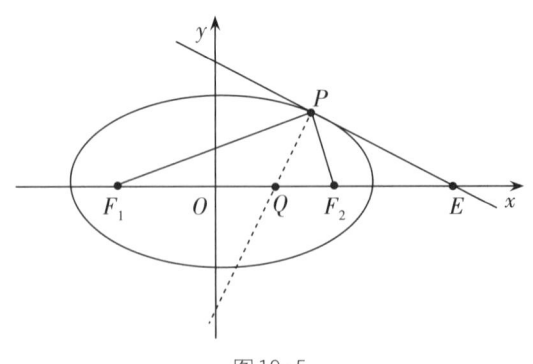

图 19-5

3.证明方法三

利用向量法证明.

如图19-6,过点P的切线$l: \dfrac{xx_0}{a^2} + \dfrac{yy_0}{b^2} = 1$,$P$处法线交$x$轴于点$Q$,

直线l法向量$\vec{n} = (\dfrac{x_0}{a^2}, \dfrac{y_0}{b^2})$,$\overrightarrow{PF_1} = (-c - x_0, -y_0)$,$\overrightarrow{PF_2} = (c - x_0, -y_0)$,

$\overrightarrow{PF_1}^2 = (-c - x_0)^2 + (-y_0)^2 = \dfrac{(cx_0 + a^2)^2}{a^2}$,$\overrightarrow{PF_2}^2 = (c - x_0)^2 + (-y_0)^2 = \dfrac{(cx_0 - a^2)^2}{a^2}$,

$\vec{n} \cdot \overrightarrow{PF_1} = \dfrac{-a^2 - cx_0}{a^2}$,$\vec{n} \cdot \overrightarrow{PF_2} = \dfrac{-a^2 + cx_0}{a^2}$.

$\cos \angle F_1 PQ = \dfrac{\vec{n} \cdot \overrightarrow{PF_1}}{|\vec{n}| \cdot |\overrightarrow{PF_1}|} = \dfrac{1}{|\vec{n}|}$,$\cos \angle F_2 PQ = \dfrac{\vec{n} \cdot \overrightarrow{PF_2}}{|\vec{n}| \cdot |\overrightarrow{PF_2}|} = \dfrac{1}{|\vec{n}|}$.

所以$\angle F_1 PQ = \angle F_2 PQ$

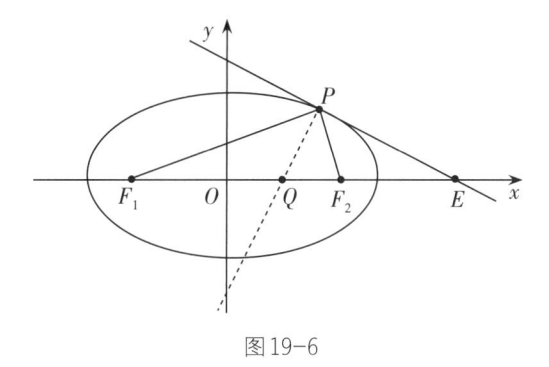

图19-6

4.证明方法四

利用两直线的到角公式证明.

如图19-7,设点$P(x_0, y_0)$,则光线所在直线PF_1的斜率为$k_{PF_1} = \dfrac{y_0}{x_0 + c}$,

因为椭圆在点$P(x_0, y_0)$处的切线斜率$k = -\dfrac{b^2 x_0}{a^2 y_0}$,

过点P作$PQ \perp l$,所以$k_{PQ} = \dfrac{a^2 y_0}{b^2 x_0}$.

由于$\angle EPQ = \angle F_1 PQ$,则$\tan \angle EPQ = \tan \angle F_1 PQ$.

图 19-7

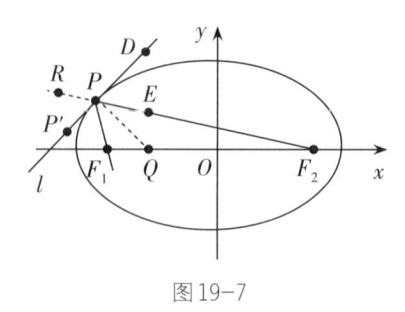

由到角公式：

$$\tan\angle F_1PQ = |\frac{k_{PQ}-k_{PF_1}}{1+k_{PQ}\cdot k_{PF_1}}| = |\frac{cy_0}{b^2}| \tan\angle EPQ = |\frac{k_{PE}-k_{PQ}}{1+k_{PE}\cdot k_{PQ}}| = |\frac{b^2x_0k_{PE}-a^2y_0}{b^2x_0+a^2y_0k_{PE}}|,$$

解得 $k_{PE} = \frac{y_0}{x_0-c}$，故反射光线 PE 的方程为 $y = \frac{y_0}{x_0-c}x + (y_0 - \frac{y_0}{x_0-c}x_0)$.

令 $y = 0$，解得 $x = c$，所以直线 PE 过点 $F_2(c,0)$.

设计意图：案例先是以"形"初步猜想，再借"切线方程""点在线上"等解析几何知识用"数"进一步证明，打破了知识的单一性，促进不同知识板块的融合，使学生更全面地掌握和运用所学知识，深化知识融合与运用．多种证明方法的思路并非局限于数学学科，而是跨学科协同探索的结果，体现了"M"（数学）与"S"（科学）、"T"（技术）、"E"（工程）间动态、多向的循环关系，"M"为"STE"的探索提供可靠保障，助力学科协同发展，多种证明方法让学生将零散的知识点串联起来．在运用不同证明方法的过程中，学生深化对圆锥曲线知识体系的理解，提高了整体知识素养和综合运用知识解决问题的能力．不同的证明思路能加强学生运用坐标法分析问题的意识，使学生从多角度审视问题，锻炼思维的灵活性与深刻性，培养更敏锐、更具逻辑性的问题分析能力．

环节四　椭圆光学，善用赋能

通过观察发现椭圆对光具有汇聚、增强的作用，人们利用这个性质，在多个领域创新应用．

1.胶片电影放映机

如图 19-8，胶片电影放映机的聚光灯内有一个反射镜，它的形状是旋转椭圆面．为了使影片门（电影胶片通过的地方）获得最强的光线，灯丝与影片门位于椭圆的两个焦点处．数字电影机采用数字光处理技术（DLP）的数字电影放映新模式，替代了传统胶片电影放映机胶片图像重现模式,实现了无胶片放映.

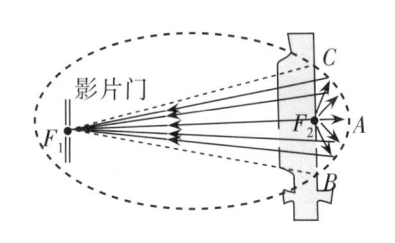

图19-8

事实上,椭圆光学性质是科技领域的变革力量之一.椭圆光学性质重塑行业格局.在光学仪器制造中,其促使高端显微镜诞生,使仪器可精准聚焦光线,让微观世界的观测清晰度显著跃升,为材料科学、生物研究等开拓全新视野.在激光技术领域里,该性质可实现激光束的高效传输与精准调控,大幅提升激光切割、光刻等工艺的精度与效率,加速微电子、光通信等产业发展.在智能光学系统中,依据椭圆光学特性设计的自适应光学元件,能实时补偿光线畸变,该元件在天文观测、空间光学成像等方面展现出无与伦比的优势,助力人类探索宇宙奥秘、突破空间观测极限.

2.体外超声波碎石机

该仪器通过彩超、X线定位结石,通过探头发出冲击波,经过椭圆反射,冲击波可汇聚到患者结石处.(图19-9)

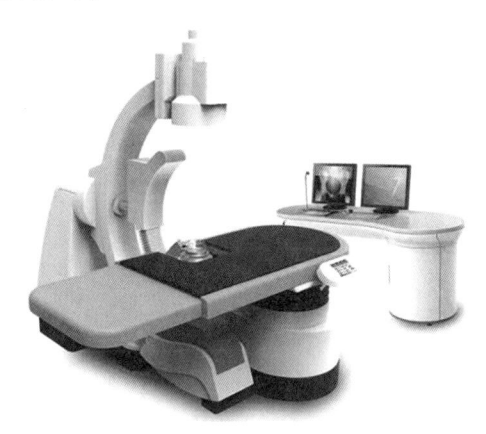

图19-9

在医疗领域中,椭圆光学性质成为医疗领域的精准之光.椭圆光学性质宛如希望之光,点亮精准医疗的前行道路.在激光治疗方面,基于此性质研发的新型激光设备,可将能量精准汇聚于病变组织.如眼科手术能够以微米级的精度矫正视力,极大降低手术风险,提高治疗效果.依据椭圆光学设计的探测器和成像系统,有效提升了成像的分辨率与对比度,在早期肿瘤检测、心血管疾病诊断等方面发挥关键作用,为疾病的早期发现与精准治疗提供有力支持,成为守护人类健康的坚实防线.

3.天坛回音壁,百米外也能听见悄悄话

只要两个人分别站在天坛回音壁(图19-10)东、西配殿后,贴墙而立,一个人靠墙向北说话,声波会沿着墙面以声波的形式传到一二百米的另一端,无论说话声音多小,对方都听得清清楚楚,而且声音悠长,堪称奇趣,给人一种"天人感应"的神秘感.由于曾误以为该声音是声波反射而形成的回声,故称"回音壁".

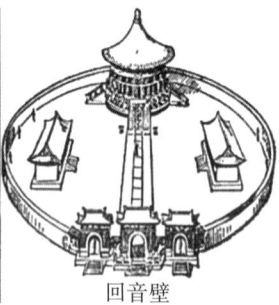

图19-10

4.刁尼秀斯之耳

古希腊时期,西西里岛上有一个岩洞被作为监狱,这个岩洞是椭圆结构的.犯人们整日密谋如何逃狱,但每次密谋的内容都会被把守者得知.犯人们以为他们中间有出卖者.原来,这是一位叫刁尼秀斯的官员专门设计的监狱,犯人们密谋的地方正好在椭圆的一个焦点,而把守的人在椭圆的另一个焦点.虽然犯人们的声音很小,但经椭圆面墙壁反射后声音正好经过把守者所在的位置,所以密谋内容被听得很清楚(图19-11).

该性质在建筑方面,为现代化建筑设计提供理论参考.

(1)声学设计(声音聚焦与扩散).很多大型的礼堂、会议中心或音乐厅等建筑,利用了椭圆声学类似性质(声音反射规律和光学反射有相似性).如果将舞台设置在椭圆的一个焦点位置,声音就会经椭圆形状的墙面或天花板反射,聚集到另一个焦点区域,这样能使观众在特定区域获得更清晰、更响亮的听觉体验.同时,通过巧妙地改变椭圆的形状或者在椭圆表面

图19-11

添加吸音、扩散材料,可以调节声音的聚焦程度和扩散范围,以满足不同的要求,如演讲、交响乐演奏或戏剧表演等不同场景的需求.

(2)采光设计(光线汇聚与分布).在一些对自然采光有特殊要求的建筑中,如博物馆、展览馆等,椭圆光学性质可以被用于采光系统的设计.将采光口设置在椭圆的一个焦点附近,利用特殊的光学材料或者反射装置,让进入建筑的光线在经过椭圆面的反射后,按照设计好的方式汇聚或者分布在建筑内部的特定区域,从而实现更均匀、更有指向性的自然采光效果.这种设计不仅可以减少人工照明,还能为展品展示等营造出良好的光环境.

(3)建筑外观与能源利用(太阳能收集).在建筑表面或者附属设施的设计中,对一些追求环保能源利用的建筑,椭圆形状的太阳能收集装置可以将太阳能吸收材料放置在椭圆的一个焦点位置,这样让阳光尽可能多地反射并聚焦到吸收材料表面,从而提高太阳能的收集效率,用于建筑的供热、供电.同时,这种带有功能性的椭圆建筑外观设计也能增加建筑的科技感和独特性.

(4)椭圆光学性质为智能感知与识别注入强大动力.在机器视觉系统里,利用其优化设计的光学传感器与镜头,采集图像更清晰、准确,让智能机器人在复杂环境中的导航、识别与操作更加精准可靠,推动工业自动化、智能安防等领域迈向新高度.在智能算法开发层面,以椭圆光学性质为基础的数学模型与物理原理,创新了算法架构,赋予了人工智能系统更强大的学习与推理能力.其在图像识别、目标检测等任务中展现卓越性能,加速人工智能技术在多行业的深度应用与融合发展.

设计意图:通过实际应用介绍,学生看到抽象的椭圆光学性质在具体场景中的体现,从理论到实际,能够更好地把握椭圆光学性质的内涵.如光线在椭圆表面反射后会聚于另一个焦点的性质,在实际应用场景中可以实现精准的光线聚焦等,加深对椭圆光学性质本身的理解.同时,同学们还知道椭圆光学性质与多个学科领域,如物理学、工程学、医学、人工智能等领域,广泛应用,知道椭圆光学性质不局限于课本知识,还能延伸到激光技术、医疗设备、声学设计等诸多领域。这些知识拓宽学生的视野,启发他们以后在相关领域进行发明创造.

环节五　例题为桥,链合教材

1.例题

如图19-12,一种电影放映灯的反射镜面是旋转椭圆面(椭圆绕其对称轴旋转一周形成的曲面)的一部分.过对称轴的截口BAC是椭圆的一部分,灯丝位于椭圆的一

个焦点 F_1 上,片门位于另一个焦点 F_2.由椭圆一个焦点 F_1 发出的光线,经过旋转椭圆面反射后集中到另一个焦点 F_2.已知 $BC \perp F_1F_2$,$|F_1B| = 2.8$ cm,$|F_1F_2| = 4.5$ cm 试建立适当的平面直角坐标系,求截口 BAC 所在椭圆的方程(精确到 0.1 cm).

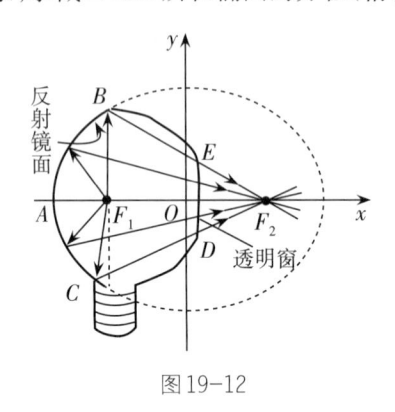

图 19-12

2.椭圆的光学性质

从椭圆的一个焦点发出的光,经过椭圆反射后,反射光线都汇聚到椭圆的另一个焦点上,已知椭圆 $C:\dfrac{x^2}{4} + \dfrac{y^2}{b^2} = 1(0 < b < 2)$,$F_1$,$F_2$ 为其左、右焦点,M 是椭圆 C 上的动点,点 $N(0, \sqrt{3})$,若 $MN + MF_1$ 的最大值为 6. 动直线 l 为此椭圆 C 的切线,右焦点 F_2 关于直线 l 的对称点 $P(x_1, y_1)$,有 $S = |3x_1 + 4y_1 - 24|$,则

(1)求椭圆 C 的离心率.

(2)求 S 的取值范围.

设计意图:选用教材例题作为本课例第一道例题的目的是以一种较为直观、基础的方式呈现知识的运用规则,让学生初次领略知识在解决问题中的魅力,从而构建起相应知识的运用模式.而另外选取一道拓展题目则是对教材例题的有力补充与拓展.这道题的设计意图具有多维度的考量.从知识理解深度的检测来看,它能够挖掘学生在学习教材例题后对知识理解的真实程度.教材例题可能使部分学生仅停留在模仿式解题的层面,而拓展题目通过变换条件、情境或提问角度,促使学生深入剖析知识点间的内在联系,真正掌握知识的本质.

环节六 悟理拾阶,结穗擢华

学习了椭圆的光学性质及广泛应用后,教师与学生一起回想一下整个课堂我们经历了数学建模的一般过程(图 19-13),得出了结论.

```
模型准备 → 模型假设 → 模型建立
                ↑ 不可用
模型应用 ← 可用 模型的分析与检验 ← 模型求解
```

图19-13

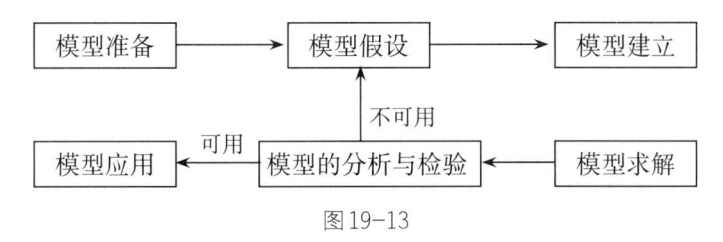

此外,椭圆光学性质如此特殊,那么圆锥曲线的双曲线和抛物线具有什么特殊性质? 请同学们课后类比椭圆光学性质的研究思路研究双曲线和抛物线.

课堂的最后,老师还可进行总结.北京天坛的设计蕴含了古人卓越的智慧和中国深厚的文化内涵,其融合自然元素椭圆光学性质,建造了回音壁,创造了声学奇迹,为现代设计提供了诸多参考.我们肃然起敬的同时也深深自豪,希望大家可以利用更多数学知识,在未来创造更多属于中国的奇迹.

设计意图:系列化的数学探究活动课,引导学生开展有背景、有结构、有逻辑的学习.在明确素养目标的指引下,此次教学为学生创造了一个直观、生动的学习情境.学生运用数学知识、物理原理以及工程思维来理解和解决问题,体验了知识整合和应用的全过程.通过小结,教师帮助学生树立了以STEAM教育理念的核心思想——跨学科融合和问题解决能力的思想.通过这节课的学习,学生不仅掌握了椭圆光学性质这一知识点,更重要的是学会了如何运用所学知识解决实际问题,提高了自己的综合素质和创新能力.同时,通过视频教学和绘图实践,学生的数形结合意识也显著地提升,为未来的学习和工作打下了坚实的基础,也对数学之美和数学之用产生深刻印象. 正如冯纽曼所说,数学方法渗透并支配着一切自然科学的理论分支,它愈来愈成为衡量科学成就的主要标志.

课例 20

从"圆"到"球"

一、教学内容解析

本节课是2019年人教A版教材必修二"立体几何初步"中的成果展示课,安排在学生完成高中数学必修二"立体几何初步"以及教材选择性必修一"直线和圆的方程"的学习,并基本形成初步的知识框架后进行.

《普通高中数学课程标准(2017年版2020年修订)》指出,高中数学课程内容突出函数、几何与代数、概率与统计、数学建模活动与数学探究活动四条主线,它们贯穿必修、选择性必修和选修课程.其中,数学探究活动是综合提升数学核心素养的载体. 本次从"圆"到"球"的探究活动课采用先整体设计、后分步实施的方式,借助具体的情境引导学生从类比、模仿到自主创新,从局部实施到整体构想,使学生以小组为单位通过具体的主题经历"选题、开题、做题、结题"的活动过程,积累发现和提出问题、分析和解决问题的经验,养成独立思考与合作交流的习惯.

由于不同学段的师资、课程、教学等客观因素的存在,各学段间的教学可能存在一定的脱节现象,本次探究活动课可以促进小学、初中、高中、大学四个学段知识的衔接与整合,使中学阶段人才培养模式的多样化,实现拔尖人才的贯通培养,进一步推动人才培养一体化进程. 圆是一个贯穿小学数学、初中数学、高中数学三个学段的对象,学生在小学阶段中直观感知图形圆,在初中阶段中进一步应用圆的几何性质,再到高中阶段充分利用解析法对圆进行了代数探究. 圆的知识横跨三个学段,让学生对数学对象进行从具体到抽象、从定性分析到定量分析、逐层递进地认知探究. 而球也是数学中非常重要的几何对象,毕达哥拉斯曾说,一切立体图形中最美的是球,一切平面图形中最美的是圆,使得"圆"到"球"这两个数学对象首次同时出现在数学的教材中. 虽然学生已经拥有了相对成熟的关于圆的知识基础,但高中数学教材中对"球"的几何性质介绍较少,仅从球面和球体的形成以及球的表面积和体积两个方面介绍了球的定义和几何性质. 然而"球"是一个非常值得研究的几何体,它拥有丰富的几何性质,教材在"简单几何体的表面积和体积"的"探究与发现"部分补充了祖暅原理.教师可以以此为契机对球的几何性质适当拓展,让学生进一步了解高等数学中的微元和极限思想,为学生学习高等数学、研究球等几何体奠定基础.

此外,人教A版(2019版)教材调整了立体几何模块与解析几何模块的位置. 因此,借助这次探究活动课的具体情境教师可以实现以立体几何为主线的单元整合教学. 立体几何的教学内容中多次出现了类比与转化的数学方法,从"线线关系"到"线面关系",从"平行关系"到"垂直关系",在层层进阶中不断引导学生提出研究对象,确定研究内容,寻找研究方法."球"这个几何体,与平面图形"圆"有着天然的联系,但比"圆"有更为复杂的几何性质,对学生的空间想象能力要求更高,因而可以沿用该章教学的主要方法——"类比与转化",将知识难点迁移到平面几何图形"圆"中,抓住"圆"与"球"的内在关联,由简入繁、化繁为简. 教师教学时将球的几何性质与圆的几何性质进行类比,既可以帮助学生复习圆的相关知识,又可以引导学生对知识进行整合,并对这些问题进行归纳汇总、比较鉴别,找出其内在联系,洞悉数学本质.

本次探究活动课以圆的几何性质为出发点,以球的几何性质为落脚点,在此过程中强化学生对数学概念和规律的理解以及对数学思想方法的领悟. 在理解基本知识和方法的基础上,教师对教材本身进行深入的挖掘,并进一步将处理问题的方法进行迁移与应用,培养学生的数学思维能力和探究能力.

基于以上认识,本节课的教学重点为球的截面问题、几何体的外接球问题,类比与转化思想.

二、学生学情解析

国务院办公厅印发《关于新时代推进普通高中育人方式改革的指导意见》指出:"深化育人关键环节和重点领域改革,坚决扭转片面应试教育倾向,切实提高育人水平,为学生适应社会生活、接受高等教育和未来职业发展打好基础,努力培养德智体美劳全面发展的社会主义建设者和接班人."当今中国正经历百年未有之大变局,在这关键历史时期,中国迫切需要大批有创新能力的人才. 而人才的培养离不开基础学科的突破和发展,数学作为众多基础学科的基础,在人才培养的过程中扮演着不可替代的角色. 然而,数学的抽象性和复杂性使数学学习离不开独立思考的能力,离不开创造. 通过探究活动课,学生直面问题,探索解决之道,培养从无到有、从零到一的能力,为成为有创新能力的拔尖人才进行必要的训练和储备.

本次探究活动课的参与对象为璧山中学高三理科试验班的学生,他们的基础扎实,不仅已经能够熟练地掌握平面几何中"圆"的几何性质和解析表达式,而且已经熟练掌握立体几何中点、直线、平面的位置关系.通过对"球"的初步学习,也已经了解"球"是一种重要的旋转体,能够熟练应用球的表面积和体积的计算公式,并且能够借助球的体积公式推导演绎,初步体会了微元与极限的思想.

学校的育人理念是"把时间还给学生,把方法教给学生".除了经常组织学生参与主题式研究性学习外,学校还会开展数学竞赛培训,邀请各个领域的专家学者莅临学校为学生开课指导,给学生提供了近距离接触前沿专家的平台和机会.同时,学生能力和求知欲也很强,具有一定的自主探究与合作学习的意识,愿意通过探究活动实现知识的拓展和延伸.

然而,学生在经历立体几何初步的学习后,对球与平面、球与其他几何体之间的关系等综合性较强的问题还没有系统的认识.在"点、直线、平面之间的位置关系"的学习中,学生已经基本掌握直线与平面平行、直线与平面垂直的判定和性质,但是解决以球为载体的点、直线、平面位置关系的综合性问题的能力还需要进一步加强.

事实上,将处理圆的基本方法和基本思想类比迁移到与球相关的问题中,学生将逐渐学会处理一般几何体如球的切接等综合问题.这一过程使学生在具体的情境中体会从低维到高维、从简单到复杂、从具体到抽象、从已知到未知的数学思想方法,提高学习数学的关键能力,同时对学生提升数学抽象与直观想象的核心素养起着十分重要的作用.

根据以上分析,本节课的教学难点为体会研究问题的一般路径,形成探索精神.

三、教学目标设置

《普通高中数学课程标准(2017年版2020年修订)》(以下简称《课标》)对"球"的学习要求:认识球及简单组合体的结构特征,知道球的表面积和体积的计算公式,能用公式解决简单的实际问题.

《课标》指出高中数学课程分为必修课程、选择性必修课程和选修课程.选修课程的内容涉及微积分、空间向量与代数、解析几何与线性代数、逻辑推理初步、数学模型等知识.选修课程为学生确定发展方向提供引导,为学生展示数学才能提供平台,为学生发展数学兴趣提供选择,为大学自主招生提供参考.

此外,《课标》强调教师应注重信息技术与数学课程的深度融合,实现传统教学手段难以达到的效果.

结合以上目标要求,以及对四个学段(小学、初中、高中、大学)教材的研究,本节课的教学目标设定如下.

(1)通过平面内形成圆周的方式,运用类比的思想,学生独立探索在空间中形成球面的方式,体会定义一个数学对象的基本思想.

(2)学生类比圆相交弦问题中的"特征三角形"(由圆的半径、半弦长、弦心距构成的直角三角形),提炼出球截面问题中的"特征三角形"(由球的半径、截面圆半径、球心到截面距离构成的直角三角形),提升直观想象、数学抽象和逻辑推理素养.

(3)学生借助绘图软件绘制球的截面立体图,通过直观感知、操作确认、推理论证等探究过程,领悟研究几何问题的基本思路,提高运用图形语言、符号语言和文字语言进行表达与交流的能力.

(4)学生通过对几类特殊三棱锥外接球的分析和探究,将空间问题转化为平面问题,并通过探究活动课,体验敢于探究、乐于探索和勇于创新的科学精神.

四、教学策略解析

数学是思维的科学,数学学习不是简单的"告诉",而是学生个性化的"体验".本次探究活动课设置七个环节:项目选定、制定计划、活动探究、作品制作、成果展示、活动评价、拓展延伸,采用问题引导、合作探究和研究学习的方式,倡导自主探索、独立思考、动手实践、合作交流. 本节课强调几何直观,把空间观念的建立和空间想象能力的培养放到突出的位置,渗透类比与转化的数学思想. 具体做法如下.

1.项目选定

基于上述对教学内容、学生学情、教学目标以及教学策略的分析,本次活动设定如下.

主题:从"圆"到"球";

形式:项目式探究;

研究路径:类比与归纳;

重点:以球为载体对立体几何进行整合;

难点:体会研究问题的一般路径,形成探索精神.

2.制定计划

本次探究活动课采用两周的课外时间及两节数学课完成,详情如表20-1.

表20-1 从"圆"到"球"计划表

	时间	项目进度	备注
前期准备	第一天	下发研究方案,学生利用假期自由成组.	
活动过程	第二天	1.开题,选定七个研究主题的组长,要求每组派两名同学进行开题报告,明确各组成员及研究思路. 2.明确课程细则、开题报告的书写要求等.	
	第三天	1.教师联系学校机房、图书馆,提供查阅通道. 2.教师联系竞赛培训课程负责老师,提供相关讲座支持.	
	第四天	跟踪各组进度,及时答疑,及时辅导.	
	第五天	利用班会课召开各组组会解决各组实际困难.	
	第六天	1.学生分组进行查阅资料、小组讨论. 2.教师跟踪各组进度.	
	第七天	利用班会课召开各组组会解决各组实际困难.	
	第八天	1.学生分组进行查阅资料、小组讨论. 2.教师跟踪各组进度,督促研究成果的落实.	
	第九天	收取各组研究报告,并结合项目主题进行挑选.	
	第十天	将挑选出的研究小组的成果进行现场展示.	
拓展延伸	第十一天	1.利用周末时间整理各小组的研究报告,形成作品集. 2.准备活动总结和评价.	

3.活动探究

教师根据所设置的探究活动课方案,从情境、研究对象本身、研究对象与其他对象的关联三个维度设置七个参考选题,结合选题确立七个研究性学习小组,即实例组、定义组、体积组、切面组、截面组、内切球组和外接球组.

4.作品制作

本次探究活动课的主要成果:一本以球的几何性质为主要内容的研究报告册、一张圆的相交弦定理解释图,如图20-1(a)、一种求解三棱锥外接球问题的解题策略如图20-2(b).

(二)球的相交弦定理

类比圆的相交弦定理,我们得到了球中的相交弦定理,内容如下:

(1)定理内容:过球内任意一点 P,作任意 $n(n \geq 2, n \in \mathbb{N})$ 条与球相交的直线,分别与球交于 A_n、B_n 两点,则 $PA_i \cdot PB_i = PA_j \cdot PB_j$,其中 $i, j \geq 2, i, j \in \mathbb{N}, i \neq j$. 我们将其称之为球的"相交弦"定理.

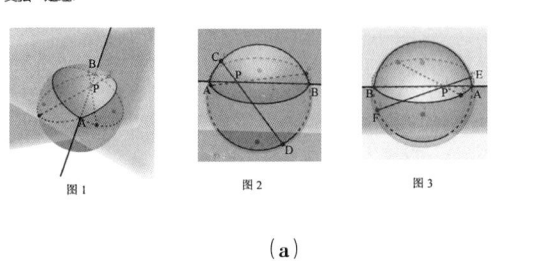

(a)

(b)

图 20-1

5.成果展示

(1)课堂展示环节,挑选出实例组、定义组、截面组和外接球组四个小组,分别以"知圆与球之用—辨圆与球之义—明球与面之理—悟球与体之法"为主题,展现科学研究的一般规律,即观察生活、抽象并定义研究对象,探究研究对象的性质、研究对象与其他对象的联系.

(2)学生分组借助绘图软件展示探究成果,成为课堂真正的主人. 探究问题驱动全体学生主动参与知识建构、合作探究,同时保证学习的规范性,实现课堂高效.

(3)学生从课前探究和课堂展示中感知研究几何问题的基本思路,体会类比与转化思想,领悟空间位置关系的常用研究策略——降维化归(空间问题平面化),螺旋式上升地学习数学知识,提升直观想象、数学抽象和逻辑推理素养.

6.活动评价

根据各小组展示的研究成果,教师利用课堂观察、口头评价、开放式活动反馈、课内外作业等多种评价方式,并根据学生暴露出的问题及时指导.

7.拓展延伸

(1)教师将各小组的研究报告汇总成册,形成研究报告册《合情推理:从圆到球》.

(2)教师帮助学生对接优秀资源,学生通过邮件的方式解惑.

(3)教师通过视频采访的方式,帮助学生解决在课程中留下的困惑.

五、教学流程

本节课的教学流程包括以下三步.

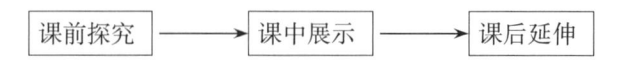

课前探究 ⟶ 课中展示 ⟶ 课后延伸

成果展示介绍:七个研究小组的研究内容都非常丰富,从七个研究小组挑选出实例组、定义组、截面组、外接球组进行成果展示,为了把这4个小组展示内容作为一个整体,突出科学研究的一般规律,即观察生活、抽象并定义研究对象,探究研究对象的性质、研究对象与其他对象的联系.以下为这4个小组的活动流程.

(一)知圆与球之用

教师导入:与现场学生互动,讨论生活中能够遇到"圆形"或"球形"物体的情境,并介绍实例组的主题、人员构成、主讲人、关键词.

实例组研究内容简介:实例组细心观察生活,从生活中的各个领域寻找到"圆"与"球"的身影,并列举出具体的实例(图20-2).

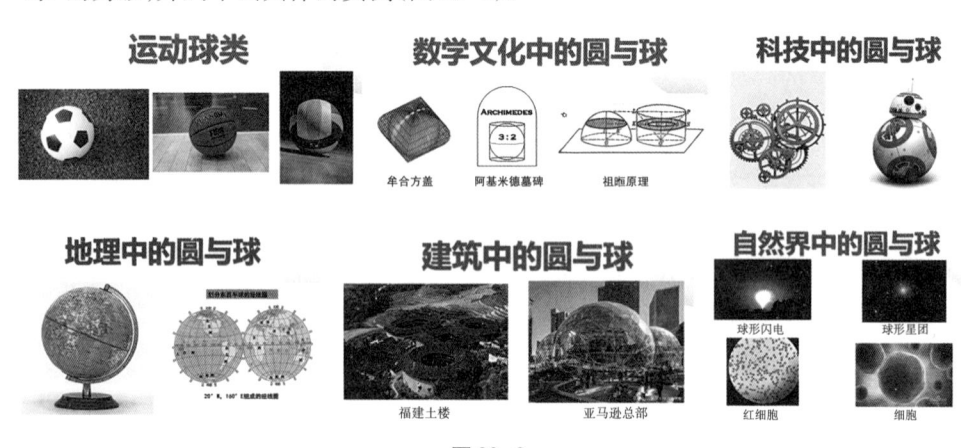

图20-2

教师简评:借用华罗庚的话——宇宙之大,粒子之微,火箭之速,化工之巧,地球之变,生物之谜,日月之繁,无处不用到数学.

设计意图:让学生在开放的现实情境中自主探索、亲身体验、积极思考,教师给出实例,引导学生细心地观察生活,关注科技、关心时事,从而提升学生的民族自豪感和爱国情怀.

(二)辨圆与球之义

教师导入：教师引导学生思考小学阶段用试验方法度量圆的周长,并进一步通过分割圆求出圆的面积的过程,以及回忆在高中阶段计算球的体积的方法.通过互动,回顾探究球相关性质的更多方式,并介绍定义组的主题、人员构成、主讲人、关键词.(图20-3)

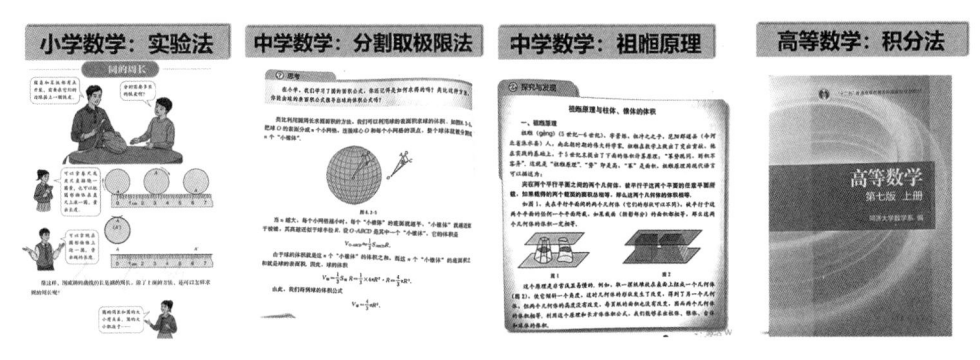

图20-3

定义组研究内容简介：定义组通过四种角度,仿照平面内圆周的多种形成方式和圆周的方程,类比得到空间内球面的形成方式和球面的方程,圆周形成与球面形成方式的具体内容见表20-2.

表20-2

圆周的形成方式	球面的形成方式
方式1:平面内,到定点距离相等的点的轨迹为圆周.	方式1:空间中,到定点距离相等的点的轨迹为球面.
方式2:平面内,围绕定点以定长为距离旋转一周所形成的封闭曲线.	方式2:空间中,以半圆的直径所在的直线为旋转轴,半圆弧旋转一周形成的曲面.
方式3:A,B为平面内两个不同的点,若$PA \perp PB$,则P点的轨迹为圆周.	方式3:A,B为空间中两个不同的点,若$PA \perp PB$,则P点的轨迹为球面.
方式4:平面内到两个定点的距离之比是一个不为1的正常数的点的轨迹为圆周.	方式4:空间中到两个定点的距离之比是一个不为1的正常数的点的轨迹为球面.

拓广探索：为了激发学生的探究热情,在定义组介绍了球面的四种形成方式后,教师补充球面的标准方程和参数方程,并借助动画软件进行动态展示(图20-4).

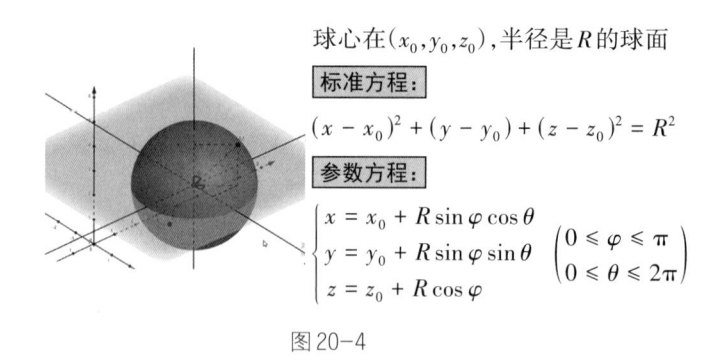

球心在(x_0, y_0, z_0)，半径是R的球面

标准方程：
$$(x-x_0)^2 + (y-y_0)^2 + (z-z_0)^2 = R^2$$

参数方程：
$$\begin{cases} x = x_0 + R\sin\varphi\cos\theta \\ y = y_0 + R\sin\varphi\sin\theta \\ z = z_0 + R\cos\varphi \end{cases} \begin{pmatrix} 0 \leqslant \varphi \leqslant \pi \\ 0 \leqslant \theta \leqslant 2\pi \end{pmatrix}$$

图 20-4

教师简评：借用柯普宁的话——当数学家导出方程式和公式，如同看到美丽的风景、听到优美的曲调等一样而得到充分的快乐.

设计意图：概念的形成主要依靠对感性材料的抽象概括，对已有知识的类比模仿，教师学会设置学生的最近思维发展区，不将书中的定义生硬地教给学生.通过设置问题引导学生在研究性学习中运用类比的思想，从圆周的形成方式类比球面的形成方式，让学生养成利用平面问题解决空间问题的初步意识. 学生在掌握概念的同时，领会化归、类比联想等数学思想方法. 但在此环节中，还涉及形成方式的科学论证，原因有二.其一是由于球面方程的推导涉及三元方程的相关知识，虽然三元方程不属于高中数学教学的内容，但学生理解其含义并没有困难；其二是为学生埋下自主探究的种子，培养学生严谨的态度，树立自主学习的意识.

(三)明球与面之理

教师导入：教师引导学生思考球与平面的位置关系，通过现场交流、互动，明确球与平面的研究内容和重点，并介绍截面组的主题、人员构成、主讲人、关键词.

截面组研究内容简介：截面组的研究成果主要有两个.其一，在圆与直线相交的问题中，该小组抽象出一个特征三角形(外接圆半径r，弦心距d，半弦长$\frac{l}{2}$构成的直角三角形)，类比这个特征三角形在球与截面圆相交的问题中抽象出一个由球的半径、截面圆半径、球心到截面圆的距离构成的特征三角形，并用动画软件演示截面面积取最值的位置. 其二，类比圆的相交弦定理得到球的相交弦定理，并对球的相交弦定理进行证明、数据检验.

类比维度一：球的一个截面，详细内容如表20-3.

表20-3

圆的相交弦性质	球的截面性质
直线与圆相交形成弦	平面与球相交形成圆面
直线过圆心,弦为直径	平面过圆心,截面为大圆面
圆心与弦中点连线垂直于弦	球心与截面圆圆心连线垂直于截面
特征三角形: 关系:$r^2 = d^2 + (\dfrac{l}{2})^2$	特征三角形: 关系:$R^2 = d^2 + r^2$

类比维度二:球的两个截面,类比圆的相交弦定理,截面组得到了球的相交弦定理,内容如下.

1.定理内容

如图20-4所示,过球内任意一点P,作任意$n(n \geq 2, n \in \mathbf{N}^*)$条与球相交的直线,分别与球交于$A_n, B_n$两点,则$PA_i \cdot PB_i = PA_j \cdot PB_j$,其中$i, j \geq 2, i, j \in \mathbf{N}^*, i \neq j$的结论,我们将该结论称为球的相交弦定理.

2.定理的证明

以$n = 3$为例,如图20-5(a)所示,作直线l与球O交于A, B两点,任取线段AB上一点P,过P任意作两条直线m, n,其中直线m与球交于C, D两点,如图20-5(b),直线n与球交于E, F两点,如图20-5(c).记直线l, m所在平面为α,直线l, n所在平面为β.记平面α, β与球O相交形成的圆分别为O_1, O_2,则在圆O_1中,由圆的相交弦定理可得$PA \cdot PB = PC \cdot PD$,则在圆$O_2$中,由圆的相交弦定理可得$PA \cdot PB = PE \cdot PF$,综上可得,$PA \cdot PB = PC \cdot PD = PE \cdot PF$.

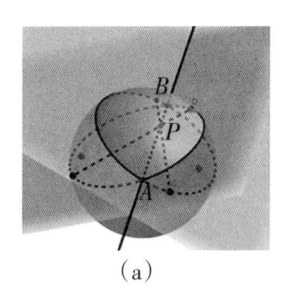

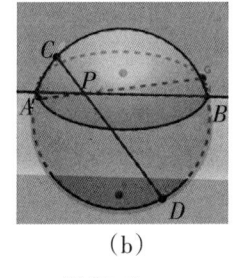

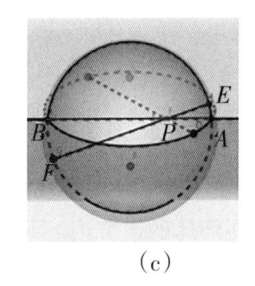

(a)   (b)   (c)

图20-5

3.数据验证

GGB中的试验数据验证,试验数据如图20-6.

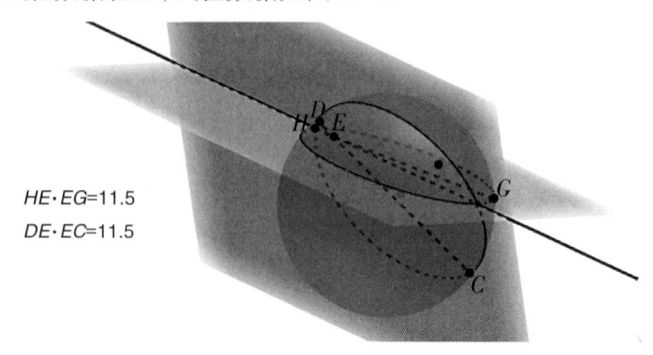

$HE \cdot EG = 11.5$
$DE \cdot EC = 11.5$

图20-6

教师简评:借用哈代的话——数学家通常是先通过直觉来发现一个定理,这个结果对于他首先是似然的,然后他再着手去制造一个证明.

教师提问:已知过球O内一个定点E作球的截面,且球O的半径为3,$OE=2$,则在所有截面中截面面积最小值是多少?

思考:可以类比成圆中的哪一类问题?怎么解决?

设计意图:通过现场提问环节,向学生强调用"平面化"的思想来研究球的截面面积的方法.截面组通过课前小组讨论,从质疑、探究到解惑,最终得到"截面面积的最大值与截面面积的最小值的位置"的答案,并将其作为组内成果.这样既激发了学生的学习兴趣,又培养了学生的动手能力和创造性思维.在课堂中,所有学生都参与寻找截面面积最值位置的过程,通过观察软件制作的空间模型,学生间再次共同讨论,知识从单向传递变为多向交流,这样既发挥了学生的主体作用,又有利于学生协作意识的形成和创新能力的培养.最后学生通过类比圆相交弦的最值位置得出球截面面积的最值位置,主动将探究的知识碎片进行梳理和整合,提升了自己的抽象概括能力.整个学习过程学生独立完成,经历了从直观感知、操作确认到抽象概括的全过程,提升直观想象、逻辑推理和抽象概括能力.

(四)悟球与体之法

教师导入:教师引导学生思考球与几何体的位置关系,通过现场交流、互动,明确球与几何体的研究内容和重点,并介绍外接球组的主题、人员构成、主讲人、关键词.

外接球组研究内容简介:外接球组以问题串联整个研究思路,并在展示环节提出了以下问题.

问题1:任意三角形都有外接圆吗？唯一吗？

问题2:任意三棱锥都有外接球吗？唯一吗？

问题3:如何找到三棱锥外接球球心？如何计算外接球的半径？

问题4:研究哪些与三棱锥外接球相关的问题呢？

问题5:如何评价直角三棱锥(俗称"墙角模型")的外接球的确定方法？

问题6:如何评价正三棱锥的外接球的确定方法？

针对问题1和问题2,该小组分别采用了尺规作图和GGB画图演示的方式,先直观说明问题,后进行了推理论证.图20-7详情介绍展示了问题3—问题7的内容：

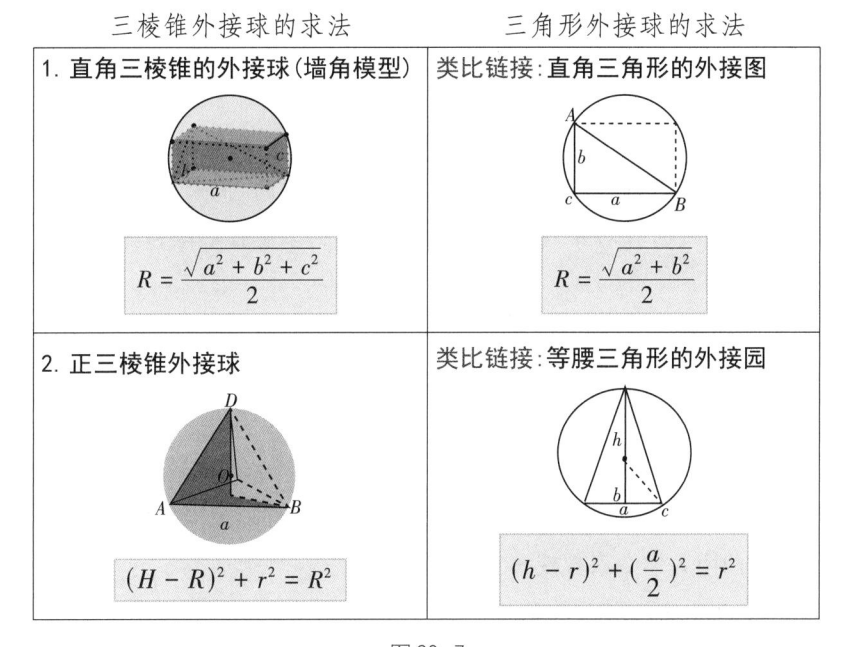

三棱锥外接球的求法	三角形外接球的求法
1. 直角三棱锥的外接球(墙角模型) $R = \dfrac{\sqrt{a^2+b^2+c^2}}{2}$	类比链接:直角三角形的外接图 $R = \dfrac{\sqrt{a^2+b^2}}{2}$
2. 正三棱锥外接球 $(H-R)^2 + r^2 = R^2$	类比链接:等腰三角形的外接园 $(h-r)^2 + \left(\dfrac{a}{2}\right)^2 = r^2$

图20-7

图20-7展示了学生类比直角三角形、等腰三角形、一般三角形的外接圆的确定方法,得到的直角三棱锥、正三棱锥、一般三棱锥的外接球的确定方法,该方法可以从找球心、算半径两个层面进行概述.

现场质证：

质疑1:学生质疑外接球组用尺规作图时证明三棱锥存在的唯一性,确定球心的方法不够简单,可以调整为一条垂线与一个中垂面的交点的确定方法.

质疑2:在质疑1提出后,学生提出三棱锥的两个侧面外心的两条垂线必然相交,需要证明.

证明1：教师引导加学生讨论回答质疑1.

证明2：全班讨论并证明了质疑2.

教师简评：借用毕达哥拉斯的话——在数学的天地里，重要的不是我们知道什么，而是我们怎么知道什么.

(五)课堂小结与课后延伸

1.课堂小结

教师提醒学生结合下列问题对本节课进行小结.

(1)本节课我们从哪几个方面研究了球的几何性质？

(2)在研究过程中用到了哪些数学思想和方法？

(3)以上四个研究小组作为一个整体，逻辑主线是什么？对你有何启示？

设计意图：通过小结，学生对本次探究活动形成全局的把握. 将四个小组展示内容作为一个整体，突出科学研究的一般规律.即观察生活、抽象并定义研究对象，探究研究对象的性质、研究对象与其他对象的联系，为学生在后续自主探究时确立研究思路奠定基础.

2.学生小结

结合探究活动课的过程学生现场分享探究的心路历程.

3.课堂延伸

在球面不可展的前提下实例组展示地图的绘制原理以及球体的性质，通过邮件交流咨询多名西南大学专家教授.

设计意图：两个小组获取信息和知识的途径，为学生的学习提供一个窗口，让学生能够在学习的道路上保持探究的热情，怀揣探究的勇气和创新的精神，不断拓展认知的边界.

一元三次函数的图象和性质

一、教学内容解析

本节课源于2019年人教A版教材必修二"一元函数的导数及其应用"中的拓广探索、信息技术应用的内容.学生已经掌握了利用导数工具研究单调性、极值与最值,利用信息技术和导数工具对一元三次函数展开探索和研究的基本方法.本节课对这些方法进行深入归纳和整合,非常适合培养学生数学探究的能力.

本节课通过观察、类比、猜想、从特殊到一般等方法推导一元三次函数的性质,并通过信息技术模拟三次函数的动态变化,体现数形结合的思想方法.引导学生探究所猜想的性质是否正确,用导数进行严谨证明,抽象出一般性的结论,提升学生数学抽象的核心素养.本节课是知识综合应用的体现,培养了学生的实践能力、探索精神,提高了学生的直观想象、逻辑思考、数学表达的核心素养,让学生感受科技带给我们的新成果.

因此,本节课的教学重点为一元三次函数的性质.

二、学生学情分析

(一)已具备的认知基础

(1)学生已经掌握了用导数工具判断函数的单调性、求函数的极值与最值的方法.教师在此基础上引导学生运用数形结合、类比的数学思想,并利用绘图软件,对一元三次函数的图象和性质进行探索与研究,体现了单元教学的整体性、一致性.

(2)本节课的教学让学生自主发现一元三次函数的研究方向,如:定义域、值域、单调性、奇偶性、周期性、极值和零点情况,在不方便画图的情况下,能自主想到利用绘画软件去探究.

(3)导数的基本应用为研究一元三次函数的图象与性质提供了知识储备.

（二）可能存在的认知困难

利用前面所学的知识,学生能够分析一元三次函数的单调性和极值情况包括零点情况,但是进行整合总结有些困难,需要教师给予指导.在处理对称性问题时,部分学生只能分析出 $f(x) = ax^3 + bx^2 + cx + d(a \neq 0)$ 在 $b = d = 0$ 时的对称结果,难以对一般形式下一元三次函数的对称性进行分析、证明.且三次方程的运算量特别大,该证明对学生的思维能力和运算能力都有很高的要求.

本节课难点为对一元三次函数的对称性探究以及对称性的证明.

三、教学目标设置

结合课标要求,本节课制定如下教学目标.

(1)利用信息技术,学生能对一元三次函数的图象进行观察和分析,并作出猜想,提升数学抽象、逻辑推理等核心素养.

(2)通过探究一元三次函数的性质,学生能从整体认识一元三次函数,会利用性质解决简单的问题,体会数形结合、分类整合的思想方法,提升数学探究能力.

四、教学策略分析

本节课贯彻"以学生为主体,教师为主导"的理念,引导学生利用独立思考、主动探究、合作交流、小组汇报、讲解与小结等多种方式,调动学习的积极性.以问题的提出、问题的解决为主线,教师始终在学生知识的"最近发展区"设置问题,引导学生主动参与.在师生互动、生生互动中,学生主动发现并总结出有关一元三次函数的图象特点和相关性质,并利用信息技术等辅助工具解决问题.本节课学习过程是学生心灵愉悦的主动认知过程,不断地提升学生学习能力.

五、教学过程

（一）激情导趣,引发思考

问题1:请同学们以图21-1中的例题为起点,探究一元三次函数图象的特点,并思考.通过图象我们能得到哪些相关性质.

拓广探索

13.利用信息技术工具,根据给定的 a,b,c,d 的值,可以画出函数
$$f(x)=ax^3+bx^2+cx+d(a\neq 0)$$
的图象,当 $a=-4,b=1,c=5,d=-1$ 时,$f(x)$ 的图象如右图所示.改变 a,b,c,d 的值,观察图象的形状:

(1)你能归纳函数 $f(x)$ 图象的大致形状吗?它的图象有什么特点?你能从图象上大致估计它的单调区间吗?

(2)运用导数研究它的单调性,并求出相应的单调区间.

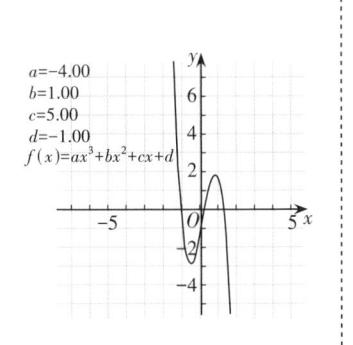

图 21-1

设计意图:本课例设计了发散性问题,让学生自己寻找研究方向和研究方法,思考三次函数与导数的关系,体现了单元教学内容的整体性、方法的一致性,便于提高学生的学习能力.

(二)确定研究思路

学生自行分组后进行讨论,确定各组研究方向,具体内容如表 21-1.

表 21-1

组别	研究内容
第一组	定义域、值域、单调性
第二组	系数对函数图象变化趋势、极值的影响
第三组	单调性、极值、零点情况
第四组	奇偶性、周期性、对称性
第五组	切线问题
第六组	奇偶性、对称性

设计意图:引导学生发现和提出有意义的数学问题,猜测合理的数学结论,提出解决问题的思路和方案,通过自主探索、合作研究论证数学结论.

(三)借助信息技术,验证猜想

(1)第一组同学利用 GGB 软件总结出导函数的取值与一元三次函数关系的规律.

发现过程概述如图21-2.

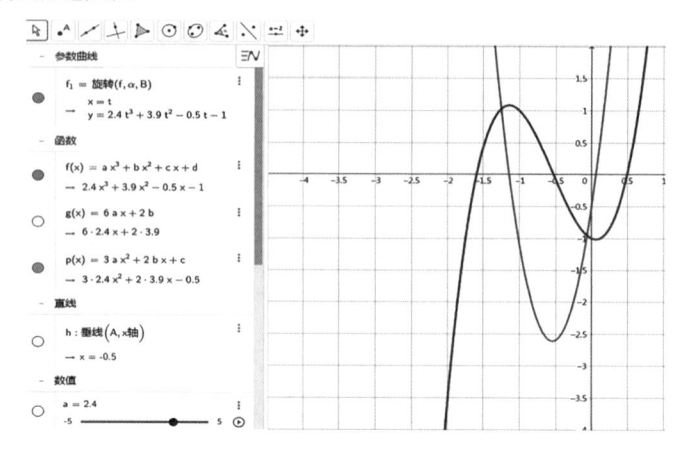

图21-2

所得的相应结论如图21-3.

	$\Delta > 0$	$\Delta \leqslant 0$
图象	(图:双峰曲线,标x_1,x_2)	(图:单调递增曲线,标x_0)
单调区间	增:$(-\infty, x_1)$,$(x_2, +\infty)$ 减:(x_1, x_2)	在 **R** 上是增函数
极值	$f(x)_{极大值} = f(x_1)$ $f(x)_{极小值} = f(x_2)$	无极值

	$\Delta > 0$	$\Delta \leqslant 0$
图象	(图:双峰曲线,标x_1,x_2)	(图:单调递减曲线,标x_0)
单调区间	减:$(-\infty, x_1)$,$(x_2, +\infty)$ 增:(x_1, x_2)	在 **R** 上是减函数
极值	$f(x)_{极小值} = f(x_1)$ $f(x)_{极大值} = f(x_2)$	无极值

图21-3

设计意图:本节课引导学生利用导数作为研究工具去分析函数的单调性和极值

情况,充分体现GGB软件在画函数图象时的便捷性和高效性,在此过程中可以提高学生利用信息技术探究数学规律的能力,锻炼学生的动手能力,发展学生的直观想象、逻辑推理、数学抽象等学科素养.

(2)第二组同学探究各个系数对函数变化趋势、极值、最值的影响规律.

对于三次项系数a,

当$a>0$时,从图象可以看出,函数值总体上是从$-\infty$到$+\infty$的变化趋势;

当$a<0$时,从图象可以看出,函数值总体上是从$+\infty$到$-\infty$的变化趋势;

系数d能确定三次函数与y轴的交点坐标,同时引出问题:系数b,c对函数图象的影响我们怎样描述呢? 引发同学们的进一步探讨.

针对这些问题,其他小组讨论得出解决办法:二次函数中的系数b或c,我们结合了对称轴和韦达定理去研究,所以我们就从Δ的角度去研究.

本节课引导学生自主探究问题:各系数之间的关系是怎样影响三次函数的?

(3)第三组同学分析一元三次函数零点情况.

有同学以$a>0$为前提,按Δ的取值进行分类,具体情况如图21-4所示.

($\Delta>0$)　　　　　　　　　　　　　　　　($\Delta\leqslant0$)

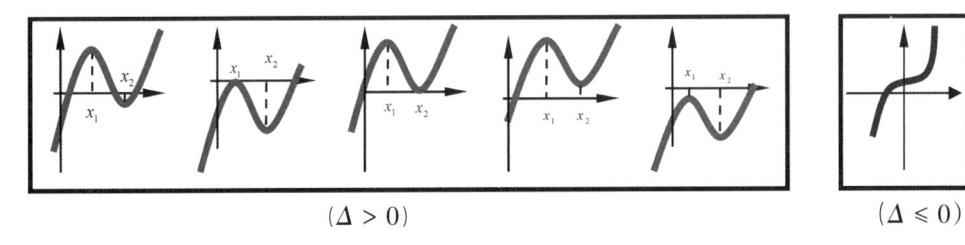

图21-4

有同学以$a>0$时为前提,以零点个数进行分类,具体情况如图21-5、图21-6、图21-7所示.

①当函数只有1个零点时.

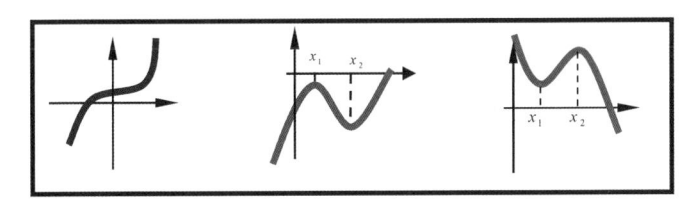

图21-5

②当函数有2个零点时.

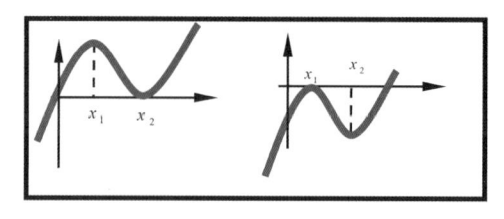

图21-6

③当函数有3个零点时.

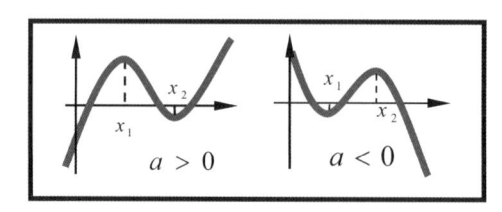

图21-7

经过思考分析总结:当$\Delta = 4b^2 - 12ac \leq 0$时,必有一个零点;

当$\Delta = 4b^2 - 12ac > 0$时,三个零点$\Leftrightarrow f(x_1)f(x_2) < 0$;

当$\Delta = 4b^2 - 12ac > 0$时,两个零点$\Leftrightarrow f(x_1)f(x_2) = 0$;

当$\Delta = 4b^2 - 12ac > 0$时,一个零点$\Leftrightarrow f(x_1)f(x_2) > 0$.

设计意图:根据极值点概念与零点存在性定理,用极值的符号判断三次函数零点的情况,并通过归纳总结出相应的结论,本节课让学生能够将导数知识和分类整合思想在分析中灵活运用,提升数学抽象的核心素养.

(4)第四组同学分析三次函数的奇偶性、周期性、对称性.

学生能给出$f(x) = ax^3 + cx$是奇函数的结论,但一般情况部分同学对该结论的验证会存在困难,学生组内讨论"三次函数是否都具有对称性?"的问题.

设计意图:此问题体现从特殊到一般的思维过程,而且知识的类比转化过程体现了理性思维、数学探索学科素养.学生通过观察、猜测、试验、推理等活动,体会解决问题策略的多样性及运用优化方法解决问题的有效性.

(四)展示研究成果,并给出严谨证明

(1)第六组同学利用GGB软件进行以下分析.

如图21-8所示,三次函数的导函数图形是轴对称的,在对称轴两侧取等距的两个自变量,它们的导数值是相等的.对应在三次函数图象上,导数值相等说明这两个自变量处的切线斜率始终相等,即该函数在此处两侧的变化趋势始终相同,所以三次函数对称中心的横坐标是导函数的对称轴.

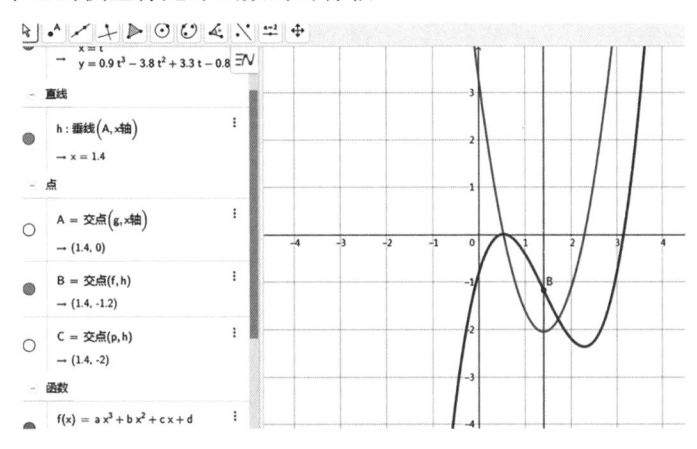

图 21-8

设计意图:如图 21-9,学生利用 GGB 软件使三次函数绕着一个点旋转 180°后与本身重合,通过图象直观感受一元三次函数的对称情况.此过程中突出了几何直观与代数表达间的融合,让学生体会一元三次函数对称情况的合理性,提升学生直观想象、数学抽象的核心素养.

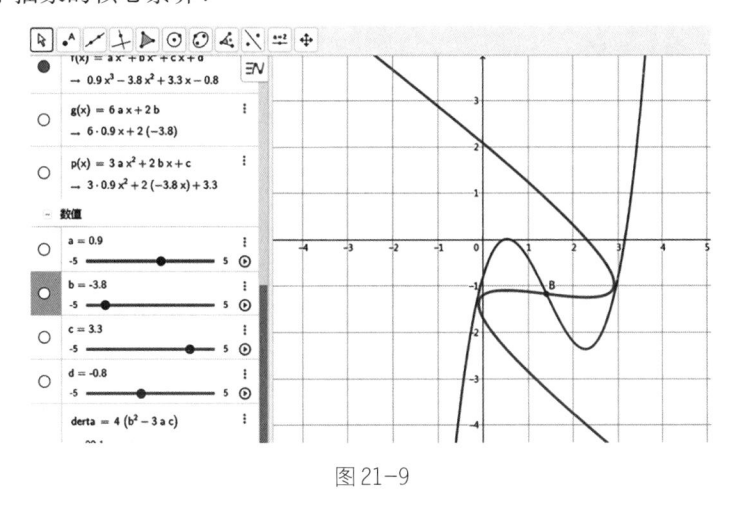

图 21-9

此过程引出了新的探究问题.

问题 2:如何证明一元三次函数的对称性?

设 (m,n) 为 $f(x)$ 的对称中心,则有 $f(m+x)+f(m-x)=2n$,代入 $f(x)$ 得

$$a(m+x)^3+b(m+x)^2+c(m+x)+d+a(m-x)^3+b(m-x)^2+c(m-x)+d=2n,$$

可得 $(3ma+b)x^2+am^3+bm^2+cm+d-n=0$,对 $\forall x\in \mathbf{R}$ 都成立,则

$3ma + b = 0, m = -\dfrac{b}{3a}$.

$n = am^3 + bm^2 + cm + d$.

第六组同学受到启发,进行以下推导.

因为$f'(x) = 3ax^2 + 2bx + c$的对称轴为$x = -\dfrac{b}{3a}$,则$f'(x) = f'\left(-\dfrac{2b}{3a} - x\right)$,

所以$\exists x \in \mathbf{R}, f(x) = -f\left(-\dfrac{2b}{3a} - x\right) + k$,当$x = -\dfrac{b}{3a}$时,$f\left(-\dfrac{b}{3a}\right) = -f\left(-\dfrac{b}{3a}\right) + k$.

所以$f\left(-\dfrac{b}{3a}\right) = \dfrac{k}{2}$,$f(x) = -f\left(-\dfrac{2b}{3a} - x\right) + 2f\left(-\dfrac{b}{3a}\right)$.

所以$f(x)$关于$\left(-\dfrac{b}{3a}, f\left(-\dfrac{b}{3a}\right)\right)$中心对称.

问题3:对一元三次函数对称性的证明方法是否唯一?

第三组同学发现特殊的三次函数是奇函数且关于原点对称入手.若设$f(x) = ax^3 + cx$,然后平移,再对照成一般的一元三次函数进行探究,但是这样计算量有点大.

同组同学还发现,三次函数$y = ax^3 + bx^2 + cx + d$向左平移m个单位,再向下平移n个单位后得到

$y = a(x + m)^3 + b(x + m)^2 + c(x + m) + d - n$

$= ax^3 + (3am + b)x^2 + (3am^2 + 2mb + c)x + am^3 + bm^2 + cm + d - n$

要使函数关于原点对称,则$\begin{cases} 3am + b = 0 \\ am^3 + bm^2 + cm + d - n = 0 \end{cases}$,即$\begin{cases} m = -\dfrac{b}{3a} \\ n = am^3 + bm^2 + cm + d \end{cases}$,

则函数$y = ax^3 + bx^2 + cx + d$的图象关于(m, n)中心对称.

设计意图:引导学生结合函数性质与导数知识去探究一元三次函数的对称性,体会数形结合、分类与整合的思想,提升他们的直观想象、逻辑推理的数学素养.

(2)第五组同学探究切线问题.

学生先使用信息技术发现切线特点,然后进行如下证明.

先求出曲线$C: y = ax^3 + bx^2 + cx + d$过点$P(x_0, y_0)$的切线数.

设切点为$T(t, f(t))$,斜率$k = f'(t) = 3at^2 + 2bt + c$,

切线方程:$y - f(t) = f'(t)(x - t)$,且过$P(x_0, y_0)$,

则$y_0 - (at^3 + bt^2 + ct + d) = (3at^2 + 2bt + c)(x_0 - t)$

可以t为自变量构造函数$g(t) = 2at^3 + (b - 3ax_0)t^2 - 2bx_0 t + (y_0 - cx_0 - d)$.

此时$g(t) = 0$实根的个数,就是切点的个数,即过曲线C上点P的切线数.

由此可得切线至少有一条,至多有三条.

(五)目标检测设计

例题:设$a \neq 0$,若$x = a$为函数$f(x) = a(x-a)^2(x-b)$的极大值点,则( ).

A.$a < b$　　　　B.$a > b$　　　　C.$ab < a^2$　　　　D.$ab > a^2$

设计意图:本题来自全国统一考试·乙卷选择题,主要考查对函数性质的综合应用,学生在解题的过程中体会图象对研究函数的重要性,培养了逻辑推理、数形结合的学科核心素养.

(六)总结提升

本节课我们研究了哪些内容?在学习过程中有哪些收获?

(1)三次函数的图象,定义域,值域.

(2)三次函数的单调性和极值.

(3)三次函数的零点.

(4)三次函数的对称性.

设计意图:师生共同总结.教师可以从所学内容、研究问题的方法、蕴含的思想方法等角度进行总结,引导学生用数学眼光观察世界,用数学思维思考世界,用数学语言表达世界.

(七)布置开放作业

(1)一元三次函数的系数a, b, c是怎样共同影响函数图象的?

(2)当点P选在哪个区域时,过点P的切线会有一条?两条?或者三条?

课例 22

函数 $y = x^a - \log_b x$ 的图象与性质——信息技术在探究函数图象与性质中的运用

一、教学内容及其解析

(一)教学内容

借助代数推理与几何直观探究函数 $y = x^a - \log_b x$ 的图象与性质,并通过函数图象和代数运算理解和解决问题.

(二)内容解析

本节课从 2019 年人教 A 版教材必修一"对数函数"的课后阅读、探究与实践出发,主要内容是让学生运用信息技术,探究新函数 $y = x^a - \log_b x$ 的图象与性质(图 22-1),并通过代数推理证明部分性质,目的是让学生学会用几何直观和代数推理的方

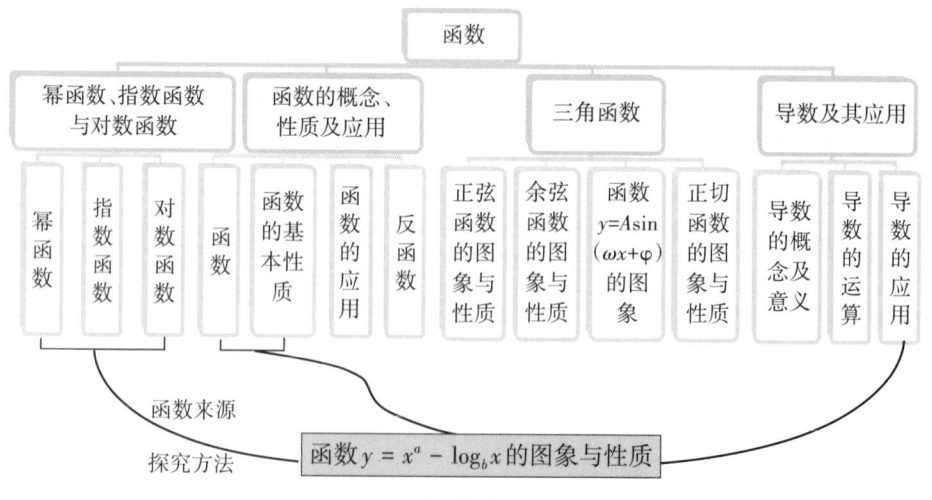

图 22-1

法探究函数,为后面学习研究新函数提供指导方法.本节课在高中数学学习中有着承上启下的作用,同时也能使学生对对数函数的增长速度有更严谨的认识.

函数是中学数学的核心探究内容之一,函数的概念、函数的基本性质以及基本初等函数如幂函数、指数函数、对数函数和三角函数等的图象与性质既是高等数学的重要基础,也是建立函数模型、解决诸多实际问题的重要工具.函数的学习既有助于提高学生对用数学方法描述客观规律的认识,还有助于学生感悟数学模型解释自然现象的作用.学生在用函数知识解决一些简单实际问题时,增强数学的应用意识.

本节课探究的函数是一个新函数 $y = x^a - \log_b x$,是教材的拓展内容,定义该新函数为幂对差值函数.幂函数和对数函数都是基本的、应用较广泛的函数,是进一步学习数学的基础,也是本节探究活动课的基础.根据幂函数与对数函数图象与性质的分类,本节课先将幂对差值函数 $y = x^a - \log_b x$ 按 a, b 的取值范围进行分类,直接利用幂函数与对数函数的性质,从代数角度分析幂对差值函数 $y = x^a - \log_b x$ 在 $a < 0, b > 1$ 与 $a > 0, 0 < b < 1$ 范围内的性质,并作出函数图象,性质分析是研究函数的重要方法.

若遇到难以通过性质分析直接得到函数性质的情况,即当 $a > 0, b > 1$ 和 $a < 0, 0 < b < 1$ 时,我们可以通过描点法先画出具体函数的图象.《课标》提出,教师应注重信息技术与数学课程的深度融合,达到传统教学手段难以达到的效果.本节课通过 Excel 工具绘制多个具体函数图象,用 GGB 软件能更快捷地演示函数的图象特征,让学生感受幂对差值函数 $y = x^a - \log_b x$ 的形态变化与运动规律,发现幂对差值函数 $y = x^a - \log_b x$ 的共性,充分发挥信息技术在探索函数图象与性质中的作用.这一过程不但激发了学生的学习兴趣,还将难以呈现的内容变得形象直观,化复杂为简单,把单调枯燥的数学问题趣味化.但函数性质的探究离不开代数证明,导数在证明函数单调性中具有重要作用,导数使得可代数研究的函数更加丰富.本节课内容源于教材,但通过学习和深化后,实现了学生学习函数知识的系统性与连贯性.

函数性质的探究需要经历"描绘具体函数图象—归纳猜想函数共性—代数推理严格论证"的过程,但运用信息技术开展探究,也是本节课的重点.本节课让学生经历完整的观察、猜测、证明等探究过程,一方面引导学生尝试从代数推理与几何直观两个角度研究函数,让学生充分体验分类讨论、从特殊到一般、数形结合的数学思想.另一方面,Excel、GGB等软件能让学生感受到信息技术在探究过程中的巨大作用,让学生感受到技术让实践和创新成为可能,驱动同学们把更大的热情与更多的精力投到数学探究活动中.

二、教学目标及其解析

(一)教学目标

1. 目标 1

回顾幂函数与对数函数在 $(0, +\infty)$ 的性质,了解幂对差值函数 $y = x^a - \log_b x$ 的分类方法,学生学会分析幂对差值函数的性质,体会类比思想.

2. 目标 2

经历用Excel描点绘图的过程,并观察GGB绘制幂对差值函数图象的过程,体会从特殊到一般的研究方法,学生学会归纳猜想幂对差值函数的图象特征,感受信息技术在探索函数图象与性质中的作用,提升数形结合的能力,发展直观想象素养.

3. 目标 3

在归纳猜想的基础上,学生学会用代数推理证明猜想,能够用导数证明幂对差值函数的单调性,发展逻辑推理素养.

4. 目标 4

学生在交流活动中分享探究的喜悦与困惑,养成规范表达的习惯,总结研究函数的一般方法,培养探索的思维品质和树立学好数学的信心.

(二)目标解析

目标1是让学生能在回顾幂函数与对数函数在 $(0, +\infty)$ 上的图象与性质后,对幂对差值函数 $y = x^a - \log_b x$ 按 a, b 的取值范围进行分类,能通过分析幂函数与对数函数的性质得出当 $a < 0, b > 0$ 时幂对差值函数的函数性质,并类比得到当 $a > 0$, $0 < b < 1$ 时的结论.

目标2是让学生用Excel绘制出幂对差值函数 $y = x^a - \log_b x$ 在 $a > 0, b > 1$ 时的几个具体函数图象,并用GGB演绎参数变化时的函数图象,感受幂对差值函数 $y = x^a - \log_b x$ 的形态变化与运动规律,能归纳猜想出图象特征与函数性质.

目标3是让学生能用导数证明幂对差值函数 $y = x^a - \log_b x$ 在 $a > 0, b > 1$ 上的单调性.

目标4是让学生经历完整的幂对差值函数 $y = x^a - \log_b x$ 图象与性质的探究过程,学会探究函数的一般思路"描绘具体函数图象—归纳猜想函数共性—代数推理严格论证",并能自主对本节课的探究过程和思想方法进行总结.

三、学生学情分析

本课的授课对象为高三学生,他们学习了幂函数、指数函数与对数函数的探究方法,掌握函数的概念、性质及应用,了解导数的概念,会用导数研究函数的单调性,对函数的研究思路与方法有一定的感性认识,具有一定的观察、分析、推理能力,这些基础为本节课提供了保障.学生能较好地表达自己的观点,渴望应用所学的知识解决新问题,但对新函数的探究仍存在一定的困惑,为什么要研究、研究什么、如何研究,这些问题需学生进一步实践.

此外高三学生在数学课堂上呈现出被动学习的状态,缺少主动研究的意识,但事实上大部分的学生能够接受合作学习并喜欢合作学习,也希望数学教学方法能够更加多元化,并富有趣味性.

因此本节课从探究对数函数增长速度出发,让学生自己动手计算函数值,交流对三类函数增长速度差异的思考;让学生用Excel描点绘图,用GGB演示参数变化时幂对差值函数的形态变化.教师引导学生经历合作交流、观察图象、归纳性质、代数证明等过程,鼓励学生分享自己的发现,让学生完整地参与研究函数的过程,激发他们的学习兴趣和学习能动性.

四、教学策略分析

1.类比已有经验,构建研究整体架构

认知建构主义学习理论强调学习是通过新旧经验的相互作用而形成、丰富和调整自己认知结构的过程.本节课从教材内容出发,让学生在已学幂函数与对数函数的基础上,类比得到函数 $y = x^a - \log_b x$ 的分类情况,并启发学生通过分析初等函数的性质直接得出当 $a < 0, b > 1$ 时该函数的性质,并由此类比得到当 $a > 0, 0 < b < 1$ 时函数的性质.而对于无法类比探究过程,学生经历"描绘具体函数图象—归纳猜想函数共性—代数推理严格论证"的过程,在探究过程中实现知识的同化与顺应.

2.借助信息技术,提高课堂教学效率

教师在课前安排学生使用计算器计算三对函数的函数值,让学生在比较计算结果的过程中增强数感.学生可在回顾幂函数与对数函数的图象与性质时,通过课件快速地巩固已学知识.加强对幂对差值函数 $y = x^a - \log_b x$ 图象与性质的理解. 通过计算结果,学生发现幂对差值函数 $y = x^a - \log_b x$ 的数据结果较为复杂,不易描点作图,因此借助 Excel 进行绘图,得到多个具体函数的散点图,且多次改变自变量的初始值、步长、个数探究自己想观察的部分.这种信息技术的结果,既清晰准确,又方便快捷,让学生体会到信息技术的数据处理功能与图象绘制功能. 同时用 GGB 软件演示参数变化时的函数图象,学生掌握幂对差值函数 $y = x^a - \log_b x$ 的形态变化与运动规律,归纳出函数的共性,提高数形结合能力.

3.以学生为中心,教师引导辅助探究

认知建构主义学习理论指导下的教学应注重探究性学习,学习是主动构建的过程. 本节课通过课前学习活动,让学生在比较中产生认知冲突,继而思考解决方法,从而引出本节课要探究的新函数 $y = x^a - \log_b x$.教师引导学生根据已学知识类比出研究方法,明确研究思路,让学生使用 Excel 描点绘图,鼓励学生尝试并分享自己的发现. 本节课采用开放式小结,经历了完整探究过程的学生不但有自己真切和强烈的感受,还锻炼了语言表达能力与归纳能力.同时教师应肯定学生的发现与收获,建立积极的正反馈.

五、教学过程

(一)创设情境,引入课题

材料1:北京时间 2022 年 7 月 24 日,搭载问天实验舱的长征五号 B 遥三运载火箭,在我国文昌航天发射场准时点火发射,约 495 秒后,火箭与问天实验舱成功分离并进入预定轨道,发射取得圆满成功.

材料2:航天之父、俄罗斯科学家齐奥尔科夫斯基于 1903 年给出火箭速度的计算公式:$v = v_0 \ln\left(1 + \dfrac{M}{m_0}\right)$,其中 v_0 是燃料相对于火箭的喷射速度,M 是燃料的质量,m_0 是火箭(除去燃料)的质量,v 是火箭将燃料喷射完后的速度. 可以看出 v 与 M 是对数

函数的关系,由于对数函数增长速度很慢,通过大量添加燃料(即$\dfrac{M}{m_0}$)难以使航天器具有绕地球运行所需要的第一宇宙速度,据此他又提出了采用多级火箭发射航天器的设想.

现代运载火箭大多采用三级火箭,当第一级火箭的燃料用完时,点燃第二级火箭并抛弃第一级火箭,这相当于减小第二级火箭推进时的m_0,从而使航天器在第二级火箭燃料用完时可以达到较高的速度.类似地,点燃第三级火箭并抛弃第二级火箭,最终可以将航天器顺利进入预定轨道.

材料3:如果指数函数的底数a大于1,当自变量x增加时,指数函数$y = a^x$增长得非常快,称为"指数增长". 类似地,可以分析底数a大于1的对数函数$y = \log_a x$的增长速度.

(1)当$x = 10^2, 10^4, 10^6, 10^8, 10^{10}$时,计算函数$y = 0.01x$和$y = \lg x$的值,并由此比较两个函数的增长速度.

(2)当$x = 10^{10}, 10^{20}, 10^{50}, 10^{100}, 10^{200}$时,计算函数$y = x^{0.1}$和$y = \lg x$的值,并由此比较两个函数的增长速度.

(3)当$x = 10^2, 10^4, 10^6, 10^8, 10^{10}$时,计算函数$y = 1.1^x$和$y = \lg x$的值,并由此比较两个函数的增长速度.

通过上述比较,你对对数函数的增长速度有何体会?

设计意图:教师把长征五号B遥三运载火箭的新闻作为开篇,激发学生的学习兴趣,增强学生的民族自豪感. 多个同学分享阅读材料2、材料3后的体会后,学生发现对数函数的增长速度并非一直很慢,产生认知冲突,引发思考,激发探究热情,引出本节课要探究的新函数$y = x^a - \log_b x$.

定义:当a,b为常数,且$b > 0, b \neq 1$时,可确定等式$y = x^a - \log_b x$中的变量y随变量x变化的规律,该等式被称为指数为a、底数为b的幂对差值函数.

(二)巩固旧知,温故求新

问题1:回顾函数的学习经历,探究一个新函数的主要内容有哪些?

主要内容:定义域,值域,单调性,对称性(奇偶性),周期性,特殊点,零点,极值点,最值……

因为只有当$x > 0$时,$\log_b x$才有意义,且此时x^a总有意义,所以幂对差值函数$y = x^a - \log_b x$的定义域为$(0, +\infty)$.

回顾幂函数 $y = x^a$ 与对数函数 $y = \log_b x$ 在 $(0, +\infty)$ 上的图象与性质.

问题2：根据幂函数与对数函数按 a, b 的取值分类，推测幂对差值函数 $y = x^a - \log_b x$ 可分哪几类进行探究？

设计意图：由于幂对差值函数是幂函数与对数函数经过初等运算得到的，因此在探究前先让学生回顾幂函数与对数函数的图象与性质，旨在让学生基于经验开展探究，也由此为探究分类依据与分类情况、培养分类讨论思想、快速得出下列结论1与结论2做铺垫.

问题3：在以上分类中，哪几类幂对差值函数的图象与性质较易探究？

结论1：当 $a < 0, b > 1$ 时，幂对差值函数 $y = x^a - \log_b x$ 的图象过点 $(1,1)$，在定义域 $(0, +\infty)$ 上是严格减函数，值域为 $\mathbf{R}$，函数零点 $x_0 \in (1, +\infty)$.

问题4：能否根据结论1，类比得到幂对差值函数在 $a > 0, 0 < b < 1$ 上的函数性质？

结论2：当 $a > 0, 0 < b < 1$ 时，幂对差值函数 $y = x^a - \log_b x$ 的图象过点 $(1,1)$，在定义域 $(0, +\infty)$ 上是严格增函数，值域为 $\mathbf{R}$，函数零点 $x_0 \in (0, 1)$.

设计意图：通过分析幂函数与对数函数的图象与性质快速得出结论1，运用已知函数的单调性是判断新函数单调性的重要方法之一，将新函数的零点问题转化为两个已知函数图象的交点问题也是处理函数零点问题的重要方法，这为学生以后的函数学习提供指导方法．类比结论1，推测当 $a > 0, 0 < b < 1$ 时幂对差值函数的性质，根据性质作图，用GGB绘制的图象辅助验证，这一过程培养学生的类比思想和数形结合能力，有利于发展他们的直观想象和逻辑推理的素养．

(三)运用技术，合作探究

探究当 $a > 0, b > 1$ 时，幂对差值函数 $y = x^a - \log_b x$ 的图象有何特征？幂对差值函数有什么性质？

问题5：面对一个无法通过分析基本函数性质直接得到其性质的复杂函数，我们该如何展开探究呢？

取多个 a, b 的特殊值，分别描绘幂对差值函数的大致图象．

问题6：运用Excel软件，小组合作描绘出8个具体的幂对差值函数的大致图象，你能猜想新函数具有哪些共性特征吗？

设计意图：在探究前，教师引导学生结合已有的高中函数的学习经验得出探究思路,引导学生认识图象作为数学问题直观模型的作用,学会借助图象探索解决问题的思路,体现"数缺形时少直观"的思想. 安排小组活动,让学生用Excel描点绘图,激发他们的学习兴趣,感受信息技术对数据与图象处理的强大功能,同时在实践中体会取点的要义.教师设置思考、讨论、归纳等环节,让学生感受幂对差值函数的图象特征,体现了数学探究学习的自主性.

归纳猜想当$a>0,b>1$时,幂对差值函数的图象特征和函数性质.

问题7:观察GGB中幂对差值函数的图象,归纳猜想幂对差值函数的图象有哪些共性特征?

问题8:根据上述图象的共性特征归纳幂对差值函数有哪些性质?

设计意图:从利用Excel描绘出的几个特殊函数的图象,到用GGB呈现a,b取值不同时图象特征的变化,本节课引导学生感悟从特殊到一般的研究方法.信息技术有利于学生更好地归纳猜想幂对差值函数的图象特征与函数性质,有利于学生更好地探究幂对差值函数的图象特征,从而分解本节课的难点,本课提高了学生的几何直观能力. 将直观操作、合情推理和逻辑推理有机地整合在一起,使后续的推理论证成为学生试验、观察、归纳猜想的自然延续.

(四)代数推理,生成结论

通过代数推理,证明当$a>0,b>1$时,幂对差值函数的图象特征与函数性质.

问题9:若$a>0,b>1$,是否存在$c>0$,使得幂对差值函数$y=x^a-\log_b x$在区间$(0,c)$上是严格减函数,在区间$(c,+\infty)$上是严格增函数.

性质1:若$a>0,b>1$,则幂对差值函数$y=x^a-\log_b x$在区间$\left[0,\left(\dfrac{1}{a\ln b}\right)^{\frac{1}{a}}\right]$上是严格减函数,在区间$\left[\left(\dfrac{1}{a\ln b}\right)^{\frac{1}{a}},+\infty\right]$上是严格增函数.

性质2:若$a>0,b>1$,则当$x=\left(\dfrac{1}{a\ln b}\right)^{\frac{1}{a}}$时,幂对差值函数$y=x^a-\log_b x$取到最小值$\dfrac{1}{a}\log_b(ea\ln b)$.

性质3:若$a>0,b>1$,则幂对差值函数$y=x^a-\log_b x$的值域为$\left[\dfrac{1}{a}\log_b(ea\ln b),+\infty\right)$.

推论：若 $a > 0, b > 1$，则在区间 $\left[0, \left(\dfrac{1}{a\ln b}\right)^{\frac{1}{a}}\right]$ 上，幂函数 $y = x^a$ 的增长速度慢于对数函数 $y = \log_b x$ 的增长速度，在区间 $\left[\left(\dfrac{1}{a\ln b}\right)^{\frac{1}{a}}, +\infty\right)$ 上幂函数 $y = x^a$ 的增长速度快于对数函数 $y = \log_b x$ 的增长速度.

结论 3：当 $a > 0, b > 1$ 时，幂对差值函数 $y = x^a - \log_b x$ 的图象性质如表 22-1 所示.

表 22-1

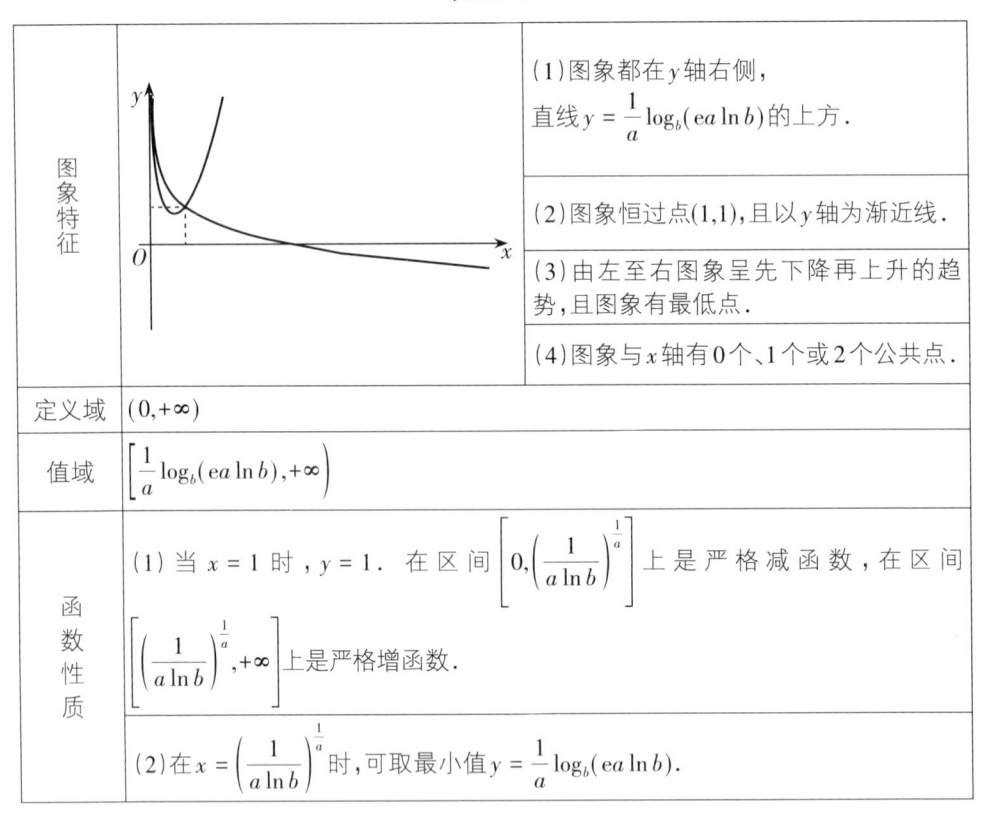

图象特征	(1) 图象都在 y 轴右侧，直线 $y = \dfrac{1}{a}\log_b(ea\ln b)$ 的上方.
	(2) 图象恒过点 $(1,1)$，且以 y 轴为渐近线.
	(3) 由左至右图象呈先下降再上升的趋势，且图象有最低点.
	(4) 图象与 x 轴有 0 个、1 个或 2 个公共点.
定义域	$(0, +\infty)$
值域	$\left[\dfrac{1}{a}\log_b(ea\ln b), +\infty\right)$
函数性质	(1) 当 $x = 1$ 时，$y = 1$. 在区间 $\left[0, \left(\dfrac{1}{a\ln b}\right)^{\frac{1}{a}}\right]$ 上是严格减函数，在区间 $\left[\left(\dfrac{1}{a\ln b}\right)^{\frac{1}{a}}, +\infty\right)$ 上是严格增函数.
	(2) 在 $x = \left(\dfrac{1}{a\ln b}\right)^{\frac{1}{a}}$ 时，可取最小值 $y = \dfrac{1}{a}\log_b(ea\ln b)$.

设计意图：仅根据图象归纳猜想得到的函数图象特征与性质并不严谨，我们需要进一步通过代数推理进行严格论证，教师引导学生经历从猜想到论证的过程，体会从几何直观到代数说理的过程，发挥导数在证明函数单调性中的作用.学生计算得到具体的单调区间、最小值等，体现"形少数时难入微"，提升了数形结合能力. 证明过程中教师还回答了学生的疑惑，幂对差值函数的性质还有很多，留给学生很大的

探究空间,体现数学探究的开放性.

(五)总结反思,深化认知

问题10:本节课研究了什么内容?

问题11:经历了怎么样的一个探究过程?

问题12:在探究过程中,你觉得有哪些重要的方法?有哪些收获或体会?

设计意图:教师引导学生从知识内容和学习过程两个方面总结自己的收获,强调数形结合的思想方法和从特殊到一般的研究方法.本节课采用开放式的小结,经历了完整探究过程的学生,通过小结锻炼了语言表达能力与归纳能力,同时教师还应关注不同层次的学生对所学内容的理解和掌握.

(六)拓展延伸,探究思考

思考1:你能类比得到更多的结论吗?

思考2:你能更进一步研究"指幂差值函数"或"指对差值函数"吗?

思考3:2022年普通高等学校招生全国统一考试题改编题.

已知函数 $f(x) = e^x - x, g(x) = x - \ln x$.

证明:存在直线 $y = b$,其与两条曲线 $y = f(x)$ 和 $y = g(x)$ 共有三个不同的交点,并且从左到右三个交点的横坐标成等差数列.

设计意图:本节课的学习让学生体会化未知为已知的思想,思考3是一个改编题,旨在让学生应用本节课所学的知识与方法探索求解方法,提升数形结合能力,发展直观想象素养.

课例 23

正方体截面的探究

一、教学内容解析

数学探究活动课是现在特别提倡的一种学习形式,数学探究活动是围绕某个具体的教学问题,开展自主探究、合作研究并最终解决问题的过程.数学探究活动是运用数学知识解决数学问题的一类综合实践活动,也是高中阶段数学课程的重要内容.

作几何体的截面是立体几何教学中的一个难点,需要学生具备较强的空间想象能力和动手操作能力. 正确判断几何体被一个平面所截的截面形状,关键在于弄清这个平面与几何体各面相交线的形状和位置. 此类问题对学生发展空间想象能力,深入理解直线和平面的有关性质,形成空间概念具有很重要的作用.

"正方体截面的探究"是《普通高中数学课程标准(2017年版2020年修订)》中的数学探究活动案例.此案例让学生在熟悉的正方体时,利用基本图形的结构特征、基本图形位置关系中的结论、定理,进一步全面准确地认识空间几何体.教师精心设计问题,有目的地引导学生分组开展探究活动,提高学生参与度,让学生经历选题、开题、做题、结题四个环节,积累数学探究的经验.

二、教学目标设置

(1)通过自主试验探究,教师借助直观的实物模型和信息技术,让学生掌握正方体截面形状、大小等的变化规律,理解分类原理,提升直观想象、逻辑推理素养.

(2)教师作几何体的截面加深学生对性质的理解,培养学生发现问题、分类讨论、作图表达、推理论证等能力,增强学生的知识融合能力,促进学生数学抽象、逻辑推理素养的提高。

(3)教师引导学生从模仿到自主、从局部到整体经历问题发现与提出、分析和解决的过程,让学生体会数学探究的一般流程,积累独立思考和合作交流的经验,形成解决数学实际问题的科学思维,提高数学思想和核心素养融合的水平.

三、学生学情分析

1.学生已有认知基础

学生已经学习了"立体几何初步"章节相关内容,了解了简单几何体的基本特性;对空间的点、线、面的位置关系有了一定的理解,并掌握了一些相关性质和定理,具备一定的空间想象能力、推理论证能力及运用图形语言进行交流的能力.

2.达成教学目标所具备的认知基础

数学探究是从数学视角对事物进行观察、思考,发现结论与规律的认知过程,需要学生发现和提出有意义的数学问题,猜测合理的数学结论,提出解决问题的思路和方案,通过自主探究、合作探究论证数学结论.

3.已有基础和需要基础的差距

正方体截面的探究是一个典型的结构不良问题,对学生提出了更高的要求.但目前学生还没有形成将所学知识融合起来分析问题的思路,分析和解决复杂实际问题的能力有待提高,需要教师的指导和帮助.

4.教学难点及突破策略

教学难点:正方体截面性质的研究方法.

突破策略:教师提供教学资源,组织教学活动,以问题为主、以信息技术为辅,让学生以小组合作的方式完成数学探究活动.

四、教学策略分析

(1)教师鼓励学生主动参与探究活动,培养学生的创新意识和创造力,让学生都能够主动分享在探究活动中的收获,从而使学生对数学问题有深刻认知.鼓励学生通过文字或图形语言进行交流,表达自己对探究问题的理解,从而提高自身的数学探究能力.

(2)教师深入挖掘案例中的数学核心素养,设计切实可行的学习目标,以问题为主开发教学案例.教师通过分析问题展开思路,启发学生进一步思考,找出自己的思路和解决方法.

(3)将"从现象到理性"与"做中学"的思想贯穿整个探究活动课,使学生发展分类与讨论、数形结合、转化与化归等数学思想.

(4)本课例注重培养学生的信息技术使用能力,让学生更加熟练应用新技术,提高数学探究的有效性.

五、教学过程

本节课的教学过程内容如图23-1所示.

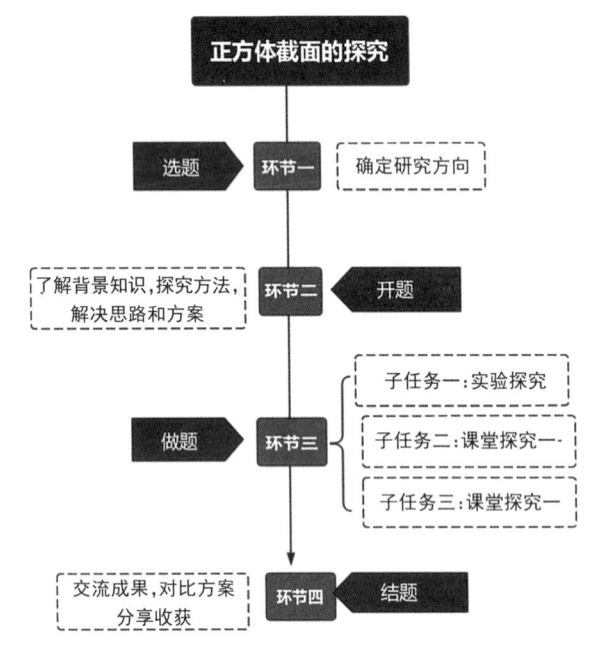

图 23-1

此探究活动课分为选题、开题、做题、结题共4个环节,安排了6个课时.学生选题、开题各1课时,做题环节为3课时,最后1个课时安排学生撰写研究报告,总结课程过程中的收获与感悟.

在做题阶段的第1课时,教师借助导学案设计的问题,引领学生回顾相关知识,通过数学试验、模型操作或借助信息技术的直观呈现,自主探究截面的类型,形成猜想并推理验证.第2课时安排学生整理汇总试验结果、完善求证结论,深入探究截面形状的类型和性质.第3课时是研究正方体截面周长和面积最值的探究活动课.学生经历了用数学思维方式探究正方体截面的过程,学会用数学的眼光观察现实世界.

本节课中做题阶段的第2课时是做题环节中的关键环节,旨在让学生获得数学探究活动的经验,并即时应用.本节课的开题报告,让学生在现实背景及探寻教材的过程中,正确理解截面,体会从空间到平面的降维转化思想.然后从探究成果出发,本节课让学生了解正方体不同截面的变化情况,启发学生的发散思维.

1. 选题开题

在本课开始前,学生并不了解数学探究活动的基本信息,因此教师还精选了中学数学建模论文,组织学生研读,培训基本的信息技术操作方法.

在选题、开题环节,学生分小组讨论开题报告,讨论内容主要包含截面问题的现实意义、解决问题的思路、研究计划、预期结果.在此过程中,教师提出研究的主要问题及其相关要求,提高数学探究活动课的效率.

2. 做题之试验探究

教师设计导学案,指导学生回顾截面相关的基本知识,然后通过切土豆、正方体容器注水、信息技术模拟这3个方案实施分组,最后通过观察试验现象,初步探究正方体截面的性质.

3. 做题之课堂探究

【发现截面】

探究正方体截面的相关问题,首先要解决的问题是如何理解截面.在日常生活和生产中,我们经常会用合适的截面来研究几何体.下面请同学们展示你们收集的截面实例及在课本中找到的截面.

学生活动1:

(1)展示截面实例.播放医学中的CT技术视频,该技术利用X射线扫描人体结构信息,经过层层的电子计算,最终生成医生们看得懂的横断层面影像.

(2)展示三维打印过程.其先通过计算机建模软件建模,再将建成的模型逐层"分区"为截面,即切片.打印机通过读取文件中的截面信息,用液体状、粉状或片状的材料将这些截面逐层地打印,再将各层截面组合从而制造出实体.

(3)展示建筑物的框架.建筑物的框架都是钢结构的,钢结构的设计直接影响工程质量且设计时要考虑四类截面的不同特性.

(4)展示汽车断面.断面是反映汽车关键部位状态的截面,它是造型与工程化用来设计的重要工程语言.断面设计是汽车设计中的重要环节,是工程化设计前对车身结构零件的可行性进行布置和分析的重要手段.

(5)展示土壤剖面.农学中的土壤学主要研究土壤剖面,其是指从地面向下挖掘时土壤裸露的一段垂直切面,深度一般在两米以内,是土壤垂直断面中土层(可包括母岩)序列的总和.通常由人工挖掘而成,供观察和研究土壤形态特征用.

师:感谢同学们的分享.截面研究是现实生活中空间问题平面化的一个重要方法.因此学会将现实生活中的物体抽象并得到空间几何体非常重要,在学习立体几何时,也需要对一些空间几何体进行截面研究.下面请同学展示在教材中所寻觅的截面.

学生活动2:

展示小组的探究成果.

(1)在多面体与棱柱中,给出了截面的定义;
(2)在棱锥与棱台中,利用截面定义棱台;
(3)在旋转体中,用截面研究圆锥和圆柱;
(4)在祖暅原理与几何体的体积中,利用截面面积研究体积;
(5)在课后题中,多次用GGB软件观察几何体的截面.

设计意图:数学源于生活,生活中处处有数学,截面是很多现实问题的载体.教师让学生在日常的生产和生活中寻找截面,能激发他们的好奇心和求知欲;让学生在教材中寻找截面,学生既能回顾相关的数学知识,又能认识到截面问题不是陌生的,加强了直观感知能力.从现实生活和教材中学习,学生能清晰地认识到研究截面问题的必要性,同时也知道用一个平面去截空间几何体形成截面,是空间问题平面化的一个比较常用的方法.

【理解截面】

师:感谢同学们的分享.原来截面并不陌生,你能回忆起截面的定义吗?

生:截面的定义是一个几何体和一个平面相交所得到的平面图形(包含它的内部).

师:我们一起来看下面三张图(图23-2,图23-3,图23-4),这些图中的阴影图形能作为相应几何体的截面吗?

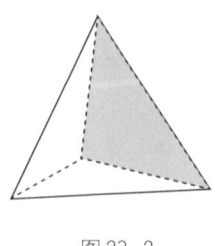

图 23-2 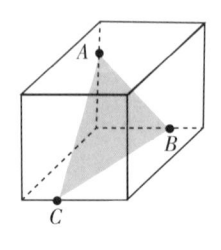   图 23-3 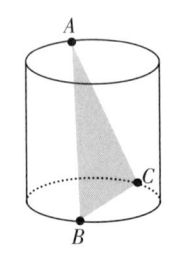   图 23-4

生：图23-2至23-4中的阴影图形均不能作为相应几何体的截面，图23-2中的阴影图形是三棱锥的表面，不是截面；图23-3中阴影图形的线段AC不在正方体的表面，其不是截面；图23-4中阴影图形的线段AB，AC都不在圆柱的表面上，其不是截面．

师：结合上面的例子，你能总结一下什么样的图形才能作为几何体的截面吗？

生：找出截面与几何体表面的交线，交线围成的图形就是截面．

师：你能找到图23-3中几何体的截面吗？

设计意图：通过三个图形和老师的追问，学生准确理解截面的定义，强化概念，学会把研究截面问题转化为研究交线问题，用线研究面，为后面的探究活动打下坚实的基础．

【探究截面】

师：章同学给我们一个启发，研究截面问题可以转化为研究交线问题．

带着对截面新的认识和理解，我们一起思考交线在探究正方体这个特殊几何体的截面中，起到的作用．

大家进行了正方体截面的试验探究，现在请不同小组来展示探究成果．

学生活动3：

课前同学们以小组为单位，将有颜色的液体注入透明正方体容器、观察正方体容器在不同摆放位置、不同液体量时，容器内平静液体的表面形状；从不同角度切割土豆正方体块，观察截面形状；利用信息技术，模拟不同角度、不同位置的截面，观察截面形状．在课堂上分组展示探究成果．

师：在切土豆正方体块的过程中，哪些截面图形比较难切．

生：三角形和四边形较为容易，五边形和六边形比较难切．

师：你是如何解决的？

生：通过多次横切、竖切、斜切，很容易得到三角形、四边形截面，多次尝试也没有得到五边形和六边形．我们小组成员讨论后，认为可以是有五边形和六边形的．于是我们就先在草稿纸上画出正方体的五边形和六边形截面，然后按照图纸切出来．

师：你们小组经历了一个观察—猜想—操作—论证—检验的完整的过程，感谢你的分享．

前两位同学在展示中都提到了具体操作中一些困难，说明教具试验确实有客观局限性．为了更清晰地模拟出正方体截面的形状，下面请利用信息技术展示．

设计意图：教师通过多种探究形式，培养学生的动手能力、创新能力；通过观察和汇总探究结果，学生提高发现问题、分类讨论、作图表达、推理论证等能力．

师:大家完成了正方体截面形状类型的探究,即从边的数量上进行了简单的分类.但是观察不能代替证明,依然有很多性质需要通过严格的推理论证.下面请小组展示已经证明了的有关正方体截面的性质,及证明中用到的数学原理.

学生活动4:

结论1:在正方体的截面中,不存在边数超过6的多边形截面.

在立体几何中,截面是指用一个平面去截几何体而得到的平面图形.其中,截面的边界线是几何体与平面的交线,即截面的边界线一定在几何体的表面上.而正方体只有6个表面,所以截面与正方体最多6条交线,不可能出现超过6的多边形截面.

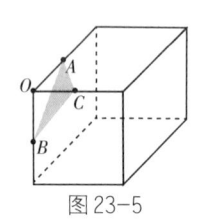

图 23-5

结论2:我们小组发现正方体截面都是三角形且都是锐角三角形.

证明过程如下(图23-5):

设 $OA = a, OB = b, OC = c$,则

$$\cos \angle ABC = \frac{AB^2 + CB^2 - AC^2}{2AB \cdot BC} = \frac{(a^2+b^2)+(c^2+b^2)-(a^2+c^2)}{2\sqrt{a^2+b^2} \cdot \sqrt{c^2+b^2}} = \frac{b^2}{\sqrt{a^2+b^2} \cdot \sqrt{c^2+b^2}} > 0$$

因 $\cos \angle ABC > 0$,

所以 $\angle ABC$ 为锐角,同理可证 $\angle ACB, \angle BAC$ 也是锐角.

所以 $\triangle ABC$ 是锐角三角形.

师:还有别的证明方法吗?(给其他同学展示机会)

师:当截面图形是三角形时,其他小组还有别的发现吗?

生:我们小组得到的截面等边三角形和一般的等腰三角形.

师:怎样截取能够使得截面是等腰三角形和等边三角形?只能截取一个等边三角形吗?

生:用信息技术展示等腰三角形和等边三角形的确定方法.

结论3:我们小组发现四边形的截面可以是正方形、矩形、菱形、一般平行四边形、等腰梯形、一般梯形,如图23-6.

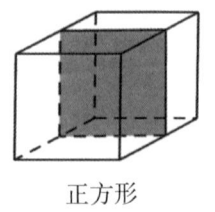

| 正方形 | 矩形 | 菱形 | 平行四边形 | 梯形 |

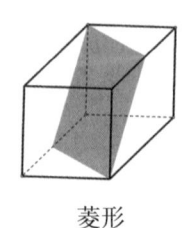

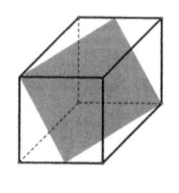

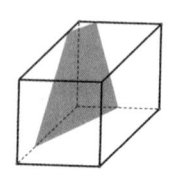

图 23-6

证明过程如下：

由于截面为四边形,那么截面与正方体的四个表面相交,且正方体的六个平面有三组相互平行的平面,那么截面至少与一组平行平面相交.根据平行平面的性质,两平行平面与第三个平面相交,两交线互相平行.所以截面为四边形的平面至少有一组对边互相平行.那么截面可以是梯形、平行四边形.根据角与边的关系,梯形只能是等腰梯形和一般梯形,平行四边形可以是菱形、矩形和正方形.

师:当截面是四边形时,其他小组还有别的发现吗?

生:截面不可能是直角梯形.

证明如下:

截面不可能是直角梯形.如图23-7,假设$CB \perp AB$,AB不垂直于AD.

因为$EF \perp$面BCF,$BC \subset$面BFD,所以$EF \perp BC$.

又因为$AB \cap EF = A$,AB,$EF \subset$面ABF,所以$BC \perp$面ABF.

又因为$FG \perp$面ABF,所以$BC // FG$;

因为$BC \not\subset$面$ADGF$,$FG \subset$面$ADGF$,所以$BC //$面$ADGF$;

又因为$BC \subset$面$ABCD$,面$ABCD \cap$面$ADGF = AD$,所以$AD // BC$.

这与截面是梯形相矛盾.所以截面不可能是直角梯形.

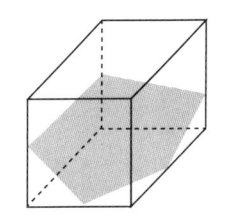

图 23-7

师:还有其他的证明方法,请同学们充分展示.

结论 3:五边形截面的不可能是正五边形.

证明如下:

如图23-8,由于正方体的表面是三组相互平行的面,若所截得的截面为五边形,那么截面至少与两组平行平面相交.根据平行平面的性质,两平行平面被第三个平面相交,两交线互相平行.所以截面为五边形的平面有两组对边互相平行.但正五边形中没有相互平行的一对边,该平行对边与正五边形的图形特征不相符,所以正方体可以截出五边形,但是不可能截取正五边形.

图 23-8

结论 4:截面六边形三组对边两两平行.

师:同学们的探究非常精彩!

设计意图:启发学生从正方体多边形截面的边数、边界线长度、边界线位置关系来研究截面的性质.让学生经历"确定对象—探究性质—论证判断"的研究过程,学会研究数学问题的基本方法和常规思路,加深对截面实质的理解,培养学生发现问题、分类讨论、作图表达、推理论证的能力,积累从具体到抽象的数学探究活动经验.

【小结收获 继续探究】

(1)说一说你在本节课探究中的收获.

知识:截面的准确含义,正方体截面的形状特征与性质;

文化:截面在生活中的广泛应用;

思想与方法:数形结合、转化与化归、分类讨论,特殊与一般;

探究思路:

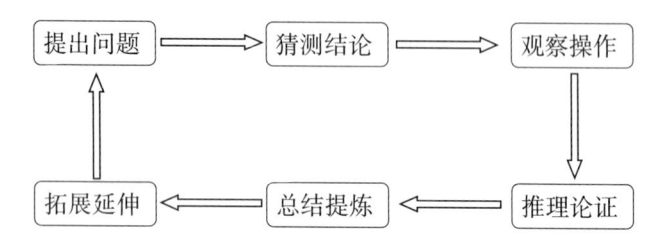

```
提出问题 ⟶ 猜测结论 ⟶ 观察操作
   ↑                        ↓
拓展延伸 ⟵ 总结提炼 ⟵ 推理论证
```

(2)作业:①把今天的试验探究形成学习报告;

②下一步准备探究正方体截面的问题.

探究复数的三角表示式

一、教学内容解析

1. 内容与课时划分

本课例内容有复数的三角表示式、复数乘除运算的三角表示式及其几何意义，需2个课时. 第1课时：复数的三角表示式，第2课时：复数乘除运算的三角表示式及其几何意义.

2. 内容解析

虽然课标将复数的三角表示式定位为选学内容，高考中也仅考查复数的四则运算及一些简单的几何意义，但是课时和必修的要求一致. 而本课例正是挖掘复数本质的关键课例，原因有四点：①复数乘除运算用三角表示式非常简洁，而且能反映本质，特别是这些运算的几何意义非常明显、好用，在解决问题中威力巨大；②它处于不同对象的联结点处，借此可以增强学生对数学整体性的认识，为解决复数、向量、三角函数相关问题提供一种途径；③复数的三角形式是复数知识的延伸，对提升学生的思维品质具有不可取代的作用；④为学生在大学期间进一步学习复数的指数形式、复变函数论、解析数论等高等数学知识奠定基础.

二、学情分析

学生已学习了复数的概念及几何意义，知道复数、复平面内的点与复平面内向量三者之间的一一对应关系；掌握了用代数表示复数四则运算的运算法则及加减运算的几何意义. 在三角函数概念的学习中，学生已经证明了"如果角 α 终边上任意一点 $p(x, y)$（不与原点重合）到原点的距离为 r，那么 $\sin\alpha = \dfrac{y}{r}$, $\cos\alpha = \dfrac{x}{r}$". 这些都为本课例的学习奠定了基础.

三、教学目标设置

(1)学生能通过复数的几何意义,从联系的观点出发建立复数 $z = a + bi$ 与复平面内向量 $\overrightarrow{OZ}$ 的大小和方向的联系,并用刻画向量大小的模 r 和刻画向量方向的角 θ 表示,得出 $z = r(\cos\theta + i\sin\theta)$;能说出复数三角表示式的结构特点,能辨别一个复数的表示式是否为三角表示式;能说出辐角的概念,解释辐角的多值性,知道辐角主值的范围,以及非零复数辐角主值的唯一性;能画出复数三角表示式对应的向量.

(2)学生能根据运算的需要,能将复数的三角表示式和代数表示式进行互化;能判断两个复数三角表示式是否相等.

(3)在探究复数的三角表示式的过程中,学生能感悟联系的观点,体会复数的三角表示式对认识复数本质的意义,并能发现、提出与复数的三角表示式相关的一些问题.

重点:理解复数三角表示式.

难点:建立复数、向量、三角函数的联系,探究理解复数三角表示式的推导过程.

四、教学策略解析

本课例首要问题是如何引导学生发现和提出"复数的三角表示式"这一问题,探究知识之间的联系.前面已学习了复数代数表示式及几何意义,复数集 $\mathbf{C}$、复平面上点的集合、复平面内以原点为起点的向量集合等知识,它们具有一一对应关系.

因此,从联系的观点看,一个复数可以由相对应的平面向量确定唯一,而平面向量由大小和方向两个要素唯一确定,也就是刻画向量大小的模长 r 和方向的角 θ 唯一确定.根据复数周而复始的特点($i^{4k+1} = i, i^{4k+2} = -1, i^{4k+3} = -i, i^{4k+4} = 1, \cdots$),联想到三角函数,进而联想到圆.我们考虑在以原点为圆心、r 为半径的圆上点 $Z(a,b)$,用三角函数把点表示为 $z(r\cos\theta, r\sin\theta)$,于是就有了 $z = a + bi = r(\cos\theta + i\sin\theta)$.

五、教学过程

环节一 创设情境、提出问题

问题1:(1)根据教材题目计算 $i^n (n \in \mathbf{N}^*)$ 的值,$i^2 = -1, i^3 = -i, i^4 = 1, i^5 = i, i^6 = -1, i^7 = -i, i^8 = 1, \cdots$ 你发现了什么规律?

有同学发现了周期规律,联想到三角函数是刻画具有周期变化规律问题的模型,进而提出疑问,复数与三角函数是否有关联?若有,两者具有什么联系?

(2)观察两个具体复数 $z_1 = \dfrac{1}{2} + \dfrac{\sqrt{3}}{2}\mathrm{i}, z_2 = \dfrac{\sqrt{2}}{2} - \dfrac{\sqrt{2}}{2}\mathrm{i}$ 的结构特征,该复数是否能用三角函数表示?一般的复数能不能用三角函数表示?(引出课题)

设计意图:该题让学生发现复数的乘方运算具有周期性,而三角函数是刻画具有周期变化规律问题的模型,进而将三角函数与复数联系起来,为本节课用三角函数表示复数做铺垫.利用问题1中(2)的问题,让学生回顾特殊角的三角函数的基本知识,引导学生初次尝试用三角函数表示复数的实部和虚部,不一定是标准形式,但可为本节课辨析概念、归纳复数三角形式结构提供案例.

环节二　引导探究、得出概念

问题 2:回顾复数的几何意义,复数集 C、复平面上点的集合、复平面内以原点为起点的向量集合具有一一对应关系.复数可由相应的平面向量唯一确定,而平面向量由大小和方向两个要素唯一确定,复数能否用平面向量进行表示?如何表示?

活动探究:请你在图 24-1 中标出平面向量的大小和方向,你能用这两个量表示向量的坐标吗?

学生得出刻画向量大小用模长 r,刻画向量方向用角 θ 的结论.

追问1:如何用 r 和 θ 表示平面向量 $\overrightarrow{OZ}$ 的坐标?

设计意图:教师利用探究问题,借助复数的几何意义,引出象限角概念,引导学生尝试定量刻画向量的大小和方向,为得出复数的三角表示式打基础,这也是得出复数三角表示式的第一个关键环节.

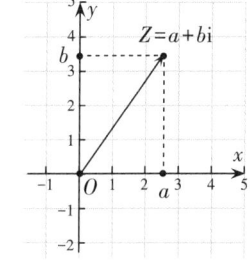

图 24-1

追问2:当点在其他象限、实轴、虚轴上时,这个结论成立吗?

教师引导学生参与讨论,利用三角函数定义得出无论复数对应的点在任意象限或实轴、虚轴,都有 $z = r(\cos\theta + \mathrm{i}\sin\theta)$.

设计意图:学生分析复数对应的点在任意象限或实轴、虚轴的情况,归纳出复数的三角表示式,感受数学的严谨性,培养抽象概括能力.

复数三角表示式的相关概念:一般地,任何一个复数 $z = a + bi$ 都可以表示成 $r(\cos\theta + \mathrm{i}\sin\theta)$.其中,$r$ 是复数 z 的模,θ 是以 x 轴的非负半轴为始边,向量 $\overrightarrow{OZ}$ 所在射

线为终边的角,θ 称为复数 $z = a + bi$ 的辐角.$r(\cos\theta + i\sin\theta)$ 称为复数 $z = a + bi$ 的三角表示式,简称三角形式.

追问 3:(1)辐角 θ 唯一吗,它们之间有什么关系?

任一非零复数的辐角都有无限多个值,这些值的相差值是 2π 的整数倍.

(2)复数 0 的辐角为多少?

复数 $z = 0$ 与复平面的原点 O、零向量 $\overrightarrow{OZ}$ 对应.由于零向量的方向是任意的,所以复数 0 的辐角也是任意的,其辐角主值是 $[0, 2\pi)$ 内的任意角.

(3)规定辐角的主值范围为 $[0, 2\pi)$ 合理吗?

复数辐角的多值性会给研究问题带来麻烦,因为一个复数的辐角取值具有周期性,而且在一个周期内 $[0, 2\pi)$ 正弦函数 $y = \sin x$ 和余弦函数 $y = \cos x$ 可以取到它们值域 $[-1, 1]$ 内的所有值.这样,对于任意一个复数 $z \in \mathbf{C}$,就有唯一确定的辐角 $\theta \in [0, 2\pi)$ 和模 r 与之对应;反之,给定一个辐角 $\theta \in [0, 2\pi)$ 和模 r,也有唯一确定的复数 $z \in \mathbf{C}$ 与之对应.

这样,复数集 $\mathbf{C}$ 与有序数对的 (r, θ) 集合 $\{(r, \theta) | r \geq 0, 0 \leq \theta < 2\pi\}$ 就建立了一一对应的关系.

练习:下列常见复数的辐角主值为多少?

arg1=_____, arg i=_____.

追问 4:两个非零复数相等的充要条件是什么?

相等是把握数学对象的重要内容,在代数形式下,两个复数相等的充要条件是实部和虚部分别相等,在三角形式下是它们模和辐角的主值分别相等.

环节三　概念辨析、加深理解

追问:回看前面两个复数,同学写的是复数三角形式吗? 复数三角形式 $r(\cos\theta + i\sin\theta)$ 有什么特征?

① r 是复数的模,$r = \sqrt{a^2 + b^2}$;

② $r(\cos\theta + i\sin\theta)$ 的形式固定,含同一个辐角值 θ 的余弦和正弦;

③ 向量 $\overrightarrow{OZ}$ 的坐标 (a, b) 与刻画向量大小 r 与方向 θ 之间的关系为 $\begin{cases} \cos\theta = \dfrac{a}{r} \\ \sin\theta = \dfrac{b}{r} \end{cases}$;

④ $\cos\theta$ 和 $\sin\theta$ 必须用"+"连接.

设计意图:通过"一个问题+五个追问",教师先引导学生从复数的几何意义出发,通过向量的多元表示问题,利用三角函数建立向量的坐标表示式(a,b)与向量的要素表示式$(r\cos\theta+r\sin\theta)$之间的联系,从而突破难点;再让学生类比终边相同的角理解辐角的多值性,讨论建立辐角主值区间的必要性和以$[0,2\pi)$为主值区间的合理性,使学生在获得相关的知识同时,领悟其中的数学思想和方法.

环节四　概念应用、巩固新知

例题:画出下列复数所对应的向量,并把这些复数表示成三角形式.

(1)$\dfrac{1}{2}+\dfrac{\sqrt{3}}{2}\mathrm{i}$;(2)$1-\mathrm{i}$.

解:(1)复数$\dfrac{1}{2}+\dfrac{\sqrt{3}}{2}\mathrm{i}$所对应的向量如图24-2所示,

则$r=\sqrt{\left(\dfrac{1}{2}\right)^2+\left(\dfrac{\sqrt{3}}{2}\right)^2}=1,\cos\theta=\dfrac{1}{2}$

因为与$\dfrac{1}{2}+\dfrac{\sqrt{3}}{2}\mathrm{i}$对应的点在第一象限,所以$\arg\left(\dfrac{1}{2}+\dfrac{\sqrt{3}}{2}\mathrm{i}\right)=\dfrac{\pi}{3}$,

于是$\dfrac{1}{2}+\dfrac{\sqrt{3}}{2}\mathrm{i}=\cos\dfrac{\pi}{3}+\mathrm{i}\sin\dfrac{\pi}{3}$.

图24-2

(2)复数$1-\mathrm{i}$所对应的向量如图24-3所示,

则$r=\sqrt{1^2+(-1)^2}=\sqrt{2},\cos\theta=\dfrac{\sqrt{2}}{2}$.

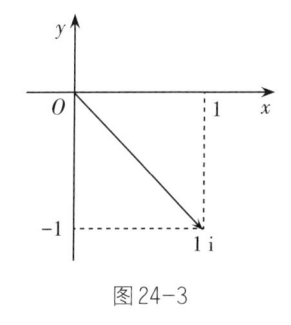

图24-3

因为复数$1-\mathrm{i}$对应的点在第四象限,所以$\arg(1-\mathrm{i})=\dfrac{7\pi}{4}$,

于是$1-\mathrm{i}=\sqrt{2}\left(\cos\dfrac{7\pi}{4}+\mathrm{i}\sin\dfrac{7\pi}{4}\right)$.

环节五　重温历史、延展课堂

教师播放介绍复数发展史的视频,让学生了解复数的来龙去脉,了解数学家们为科学研究贡献的精神,了解复数知识为科技发展奠定理论基础的作用.复数的发展并没有止步,感兴趣的同学可以跟随数学家的脚步继续研究.

设计意图:在复数的三角形式案例教学中融入数学史,数学文化价值渗入教学过程,发挥了数学学科的育人价值.

环节六　小结提升、发展素养

问题3:回顾探究复数三角形式的过程,我们如何想到用r和θ表示复数?

复数可由相对应的平面向量唯一确定,平面向量有大小和方向两个要素,所以想到借助刻画向量大小的模r和向量方向的θ表示复数.

问题4:复数的代数形式和三角形式分别是什么?

复数的代数形式和三角形式如表24-1所示.

表24-1

复数的两种形式	
代数形式	三角形式
$z = a + b\mathrm{i}$	$z = r(\cos\theta + \mathrm{i}\sin\theta)$
实部 a 　　虚部 b	辐角 θ
联系 $r = \sqrt{a^2 + b^2}$, $\cos\theta = \dfrac{a}{r}$, $\sin\theta = \dfrac{b}{r}$	辐角主值 $0 \leqslant \arg z < 2\pi$
复数的三角形式和代数形式可以根据需要进行互化	

问题5:复数的代数形式和三角形式如何互化,起桥梁纽带作用的是什么?

起作用的是向量坐标的两种表示方法(a,b)和$(r\cos\theta + r\sin\theta)$.

设计意图:通过课堂小结回顾本节课突破难点的方法,积累研究同一个数学对象多种形式的数学活动经验,揭示复数、平面向量与三角函数之间联系的数学本质,渗透数学抽象的核心素养.

作业布置

教材第89页习题.

课后思考:有人说"复数就是向量,向量就是复数",你认同吗?结合平面向量的内容谈谈它们的异同?

函数模型的应用案例

一、教学内容解析

函数模型作为描述客观世界中变量关系和规律的数学工具,本课例将深入探讨其应用.学生已掌握函数的基本概念和性质,并学习了幂函数、指数函数、对数函数等基本初等函数,会对几类基本初等函数的变化规律进行比较分析,并用其解决简单的实际问题.函数模型的应用是这几类函数的综合应用,本课例用四个探究活动介绍利用函数模型解决实际问题的方法,这些探究方法体现了函数模型应用的两种情况.一是利用已知函数模型解决实际问题,如人口增长、良渚遗址问题;二是选择合适的函数模型解决实际问题,如投资方案和奖励模型的选择问题.在解决实际问题时,我们需要通过分析函数特征,比较幂函数、指数函数、对数函数等函数模型增长速度的差异,进一步理解直线上升、指数爆炸、对数增长的含义,并依此选择合适的函数类型构建数学模型、刻画现实问题的变化规律.

本课例的学习,既是对前面所学函数有关知识的综合应用,也是学生体会建立数学模型解决实际问题的一般过程,同时还为三角函数模型刻画周期变化规律的问题打下基础.此过程培养了学生应用数学的意识,让学生逐步提高分析问题、解决问题的能力,渗透数据分析及数学建模核心素养.

二、学情分析

本课例中学生要经历将实际问题抽象为数学问题的过程,学习用数学语言表达问题、用数学知识与方法构建函数模型解决实际问题的方法.这些对学生思维能力的要求较高,教师在教学中应给予学生探究和发现的机会,并给予适当的指导.在学生不能用函数描述变化规律时,引导学生根据实际问题的变化规律与函数的增长(衰减)情况来构建函数模型.若有学生在函数模型的分析方法方面掌握不足,教师可以引导学生从函数的图象、表格、特殊值去判断是否符合限制条件,帮助他们积累解决实际问题的经验.

在学习不同函数增长的差异时,学生已初步理解了几类函数的增长差异,这为本课例的学习打下坚实的基础.但部分学生的应用意识、应用能力比较弱,社会实践经验少,而且合理运用数学知识解决实际问题,需要有较高的阅读理解能力、抽象概括能力、计算推理能力.因此,本课例的教学采取分解难点,由浅入深、循序渐进及合作探究讨论和多媒体辅助的方式.

在教学中,教师创设问题情境,进行启发式、探究式教学.通过课堂互动交流,学生体会利用函数模型解决问题的过程,学会用数学的眼光观察世界、用数学的思维分析世界、用数学的语言表达世界.

三、教学目标设置

本课例内容引导学生对不同函数增长情况进行分析,理解直线上升、指数爆炸、对数增长的含义,认识研究函数增长(衰减)差异的方法.并结合四个探究活动,让学生经历应用和选择函数模型解决实际问题的过程,进一步体会用函数模型解决实际问题的一般思路和方法,提升数学抽象、数据处理、数学建模素养.基于教学实际,本节课内容分两个课时进行.

1. 第1课时目标

(1)学生能够理解数学模型的含义,学会用待定系数法求解已知函数类型的函数模型.

(2)学生学会验证数学模型与实际情况是否吻合的方法,会用数学模型进行预测,学会利用已知的函数模型解决实际问题,初步体验数学建模的基本步骤.

(3)让学生感悟数学的科学价值、应用价值,提升学生的数据分析与数学建模核心素养.

2. 第2课时目标

(1)学生能够根据对数函数、线性函数、指数函数的变化差异选择恰当的函数模型,将具体的实际问题转为函数问题.

(2)学生会结合信息技术从图象、表格、特殊值分析函数模型,刻画现实问题的变化规律,解决实际问题.

（3）学生经历建立函数模型解决实际问题的过程，提升数据分析、数学建模的素养，体会数学的应用价值，培养创新意识和探索精神，优化理性思维和求真务实的科学态度．

四、教学策略解析

在本课例的教学中，教师可以利用信息技术中的 Excel、函数作图软件 GGB 进行计算、列表和作图，分析数据、处理指数对数等复杂运算、观察函数图象，帮助学生克服在学习中可能遇到的困难，更好地理解数据信息和模型特征．在例题教学中，信息技术可以很方便地将问题中的表格数据转化为图象，学生可从图象直观地发现实际问题的整体变化情况，再利用信息技术对数据进行计算，通过计算揭示图象变化的本质．

五、教学流程

函数模型应用活动课的教学流程设计需要既严谨又富有互动性，其在课堂上帮助学生理解函数模型在现实生活中的广泛应用，使他们掌握建立和应用这些模型的基本技能．其教学流程设计如下．

1. 导入阶段

情境引入：教师通过展示一个与函数模型相关的实际问题（如预测天气变化、分析销售数据等），激发学生的好奇心和探索欲．

目标设定：教师应先明确本节课的学习目标，即理解函数模型的基本概念，从而让学生学会建立和应用函数模型解决实际问题．

2. 新知讲授

概念讲解：简要介绍函数模型的定义、类型及其在各个领域的应用．

模型展示：通过多媒体展示典型的函数模型（线性模型、二次模型、指数模型等），并解释它们在实际问题中的应用场景．

步骤说明：详细讲解建立函数模型的步骤，包括数据收集、数据预处理、模型选择、模型拟合和模型验证等．

3.实践操作

分组活动:将学生分成若干小组,每组分配一个与函数模型相关的实际问题.

数据收集:引导学生收集问题所需的数据,可以是试验数据、调查数据或历史数据等.

模型建立:教师指导学生根据收集的数据,选择合适的函数模型进行拟合.可以使用专门的数学建模软件来辅助建模.

模型验证:通过比较模型预测结果与实际数据,验证模型的准确性和可靠性.

结果汇报:每组选派代表,向全班汇报本小组的建模过程和结果,包括选择的函数模型、拟合的参数、预测的准确性等.

4.总结提升

总结回顾:教师总结本节课的学习内容,强调函数模型在解决实际问题中的重要性.

方法提炼:教师提炼建立和应用函数模型的关键步骤和注意事项,帮助学生巩固所学知识.

拓展延伸:教师介绍一些与函数模型相关的前沿应用或研究方向,激发学生的学习兴趣和探索精神.

5.课后反思与调整

学生反馈:教师收集学生对本节课的意见,了解他们在学习过程中的困难和需求.

教学反思:教师反思教学过程中的得失,分析学生的学习效果,以便在后续教学中进行调整和优化.

六、教学过程

第1课时

1.环节一:引导语

函数是描述客观世界变化规律的数学模型,不同的变化规律需要用不同的函数模型来刻画.我们已经学习了幂函数、指数函数、对数函数的性质,并且对几类基本初等函数的变化规律进行比较(常见函数模型如表25-1).本节课,我们将探究如何利用已知函数模型刻画实际问题的变化规律,并解决问题.

表25-1

一次函数模型	$y=kx+b(k,b$ 为常数,$k\neq 0)$
二次函数模型	$y=ax^2+bx+c(a,b,c$ 为常数,$a\neq 0)$
指数函数模型	$y=ba^x+c(a,b,c$ 为常数,$b\neq 0,a>0$ 且 $a\neq 1)$
对数函数模型	$y=m\log_a x+n(m,a,n$ 为常数,$m\neq 0,a>0$ 且 $a\neq 1)$
幂函数模型	$y=ax^n+b(a,b$ 为常数,$a\neq 0)$
分段函数模型	$y=\begin{cases} ax+b, & x<m \\ cx+d, & x\geq m \end{cases}$

2.环节二:探究新知

探究活动1:人口问题是当今世界各国普遍关注的问题.人口数量的变化规律,可以为制定一系列相关政策提供依据.早在1978年,英国经济学家马尔萨斯就提出了自然状态下的人口增长模型为 $y=y_0 e^{rt}$,其中 t 表示经过的时间,y_0 表示 $t=0$ 时的人口数,r 表示人口的年平均增长率.

问题1:如果以各年人口增长率的平均值作为我国这一时期的人口增长率,能否用马尔萨斯人口增长模型建立我国在这一时期的具体人口增长模型?(1950—1959年我国的人口数据资料如表25-2所示)

表25-2

年份/年	1950	1951	1952	1953	1954	1955	1956	1957	1958	1959
人口数/万	55 196	56 300	57 482	58 796	60 266	61 456	62 828	64 563	65 994	67 207

分析:用马尔萨斯人口增长模型建立我国该时期具体人口增长模型,就是要确定其中的初始量 y_0 和年平均增长率 r.

解:(1)由题意知 $y_0=55\ 196$,设1950—1959年期间我国人口的年平均增长率为 r,根据马尔萨斯人口增长模型,有 $67\ 027=55\ 196 e^{9r}$,由计算工具得 $r\approx 0.021\ 876$.

(追问:求年平均增长还有其他方法吗?)

因此我国在1950—1959年期间的人口增长模型为 $y=55\ 196 e^{0.021\ 876t}, t\in[0,9]$.

设计意图:要求学生以自主探索与合作交流相结合的方式对本问题求解,通过互相探究讨论能够得到平均增长率和函数解析式,然后相互交流探究结果.

问题2:怎样检验所得模型与实际人口数据是否相符?

说明:学生会探究出多种方法,如将模型预测的人口数与表格中实际人口数进行比较或比较实际人口数据的散点图和函数模型的图象,其中作图这种方法比较直观.

(2)分别取 $t = 1, 2, \cdots, 8$,由 $y=55\,196e^{0.021\,876t}$ 可得我国在1951—1958年间的各年末人口总数;

查阅国家统计局网站,得到我国1951—1958年各年末的实际人口总数.

根据1950—1959年我国人口总数的实际数据画出散点图,并画出函数 $y=55\,196e^{0.021\,876t}$, $t \in [0, 9]$ 的图象,如图25-1所示.

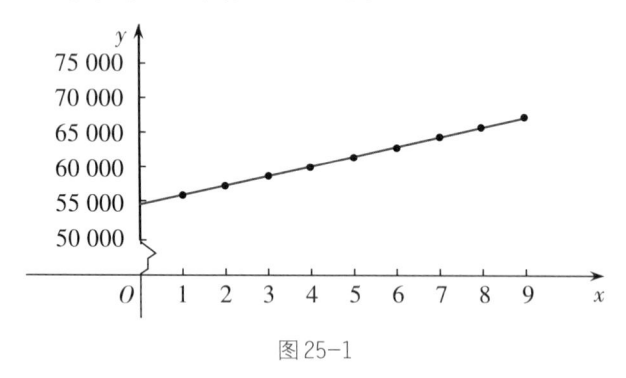

图25-1

由表25-2和图25-1可以看出,所得模型的计算结果与1950—1959年我国的实际人口数据基本吻合.

问题3:据此人口增长模型预测,那么大约在哪一年我国的人口数达到13亿?

(3)将 $y = 130\,000$ 代入 $y=55\,196e^{0.021\,876t}$,可得 $t \approx 39.15$,所以,如果人口数按照所求模型增长,那么大约在1950年后的第40年(即1990年),我国人口数就已达到13亿.

问题4:事实上,我国1989年的人口数为11.27亿,直到2005年才突破13亿.对由函数模型所得的结果与实际情况不符,你有何看法?

因为人口基数较大、人口增长过快,这种情况与我国经济发展水平产生了较大矛盾,所以我国从20世纪70年代逐步实施了计划生育政策.因此这一阶段的人口增长条件并不符合马尔萨斯人口增长模型的条件,自然就出现了模型结果与实际不符的情况.因此在用已知的函数模型探究实际问题时,应注意模型的适用条件.

设计意图:通过这一个探究活动,学生了解到有的模型不适用于估计时间跨度非常大的人口增长情况.因此用已知的函数模型实际问题时,由于实际问题的条件与得出已知模型的条件有所不同,通过模型得出的结果往往会与实际问题存在一定的误差.因此,在初步得出模型后教师需引导学生对模型进行修正,培养学生科学、严谨、务实的学习态度.

探究活动2:2010年考古学家对在良渚古城水利水坝上提取的草茎遗存物进行碳14年代学检测,检测出碳14的残留量约为初始量的55.2%,能否以此推断此水坝大概是什么年代建成的?

问题5:碳14的变化规律属于哪种常用的函数模型,应该选择什么函数建立数学模型呢?

碳14的残留量变化规律类似指数衰减,所以选择指数函数建立计算模型,即 $y = ka^x (k \in \mathbf{R},$ 且 $k \neq 0; a > 0$ 且 $a \neq 1)$。

问题6:如何理解半衰期,半衰期和衰减率有什么关系?

大约每经过5 730年衰减为原来的一半,这个时间称为"半衰期"。

问题7:如何利用已知数据建立具体的数学函数模型?

解:设样本中碳14的初始量为 k,衰减率为 $p(0 < p < 1)$,经过 x 年后,残余量为 y。根据问题的实际意义,可选如下模型:$y = k(1-p)^x (k \in \mathbf{R}$ 且 $k \neq 0, 0 < p < 1, x \geq 0)$。由碳14的半衰期为5 730年,得 $k(1-p)^{5730} = \frac{1}{2}k$,于是 $1-p = \sqrt[5730]{\frac{1}{2}}$,所以 $y = k(\sqrt[5730]{\frac{1}{2}})^x$。由样本中碳14的残留量约为初始量的55.2%,可知 $k(\sqrt[5730]{\frac{1}{2}})^x = 55.2\%$,即 $(\sqrt[5730]{\frac{1}{2}})^x = 0.552$,由计算工具解得 $x = \log_{\sqrt[5730]{\frac{1}{2}}} 0.552 \approx 4\,912$。

因为2010年前的4 912年是公元前2903年,所以推断此水坝大概是公元前2903年建成的。

利用函数模型解决实际问题的一般步骤:(1)审题;(2)建模;(3)求模;(4)还原。

设计意图:教师运用对数运算解决此类问题,进一步引导学生认识指数函数模型,理解半衰期和衰减率。

3. 环节三:目标检测、检验效果

练习1:已知1650年世界人口数为5亿,当时人口数的年增长率为0.3%;1970年世界人口数为36亿,当时人口的年增长率为2.1%。

(1)用马尔萨斯人口模型计算,什么时候世界人口数是1650年的2倍? 什么时候世界人口数是1970年的2倍?

(2)实际上,1850年以前世界人口数就超过了10亿;而2004年世界人口数还没有达到72亿。你对同样的模型得出的两个结果有何看法?

解:按1650年世界人口数为5亿,人口数的年增长率0.3%。建立人口数增长模型得 $y=5e^{0.003t}, t>0$,将 $y=10$ 代入模型中,$10=5e^{0.003t}$,解得 $t=231.049$,所以,按照1650年人口数年增长率0.3%,232年后(即1882年)世界人口数是1650年的2倍,达到10亿。按1970年世界人口数为36亿,当时人口数的年增长率为2.1%建立人口增长模型得

$y=36e^{0.021t}$,$t>0$,将$y=72$代入模型中,$72=36e^{0.003t}$,解得$t=33.007$,所以,按照1970年人口数的年增长率2.1%,34年后(即2004年)世界人口数是1970年的2倍,达到72亿.

马尔萨斯人口模型是用来刻画自然状态下的人口增长规律,其中,参数r表示人口数的年平均增长率.这两段时期都存在非自然增长的状况,且计算选择的增长率都不是这两段时期的平均增长率,所以所得出的两个结果与实际存在差异.

练习2:在一段时间内,某地的野兔快速繁殖,野兔总只数的倍增期为21个月,那么1万只野兔增长到1亿只野兔大约需要多少年?

分析:由于快速繁殖的野兔的倍增期为21个月,则可选择指数函数模型刻画该地在这段时间内野兔的增长规律.

练习3:当前,全国推进乡村振兴,某蔬菜基地种植西红柿,由历年市场行情得知,从2月1日起的300天内,西红柿市场售价P与上市时间t的关系如图25-2中的折线表示,写出市场售价与时间的函数关系式$P=f(t)$.

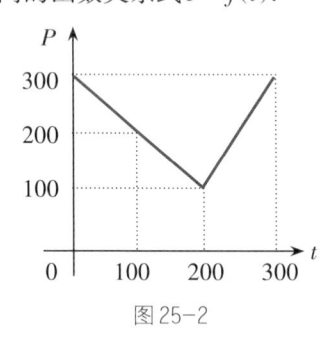

图25-2

设计意图:通过探究活动1、探究活动2的学习,学生能够看图、识图,建立函数模型,并用待定系数法求解确定的分段函数模型.本题可检测学生对建立两类应用问题函数模型的掌握程度,同时培养学生在综合问题情境中对知识和方法的迁移能力.要求学生认真写出求解过程,老师巡视答疑,再抽取学生的解答进行投影展示,师生一起评价、纠错.

4.环节四:归纳小结、强化认识

首先,学生自主对本节课所学内容进行归纳小结,总结解题方法,提炼数学思想.

学生:解决有关函数的应用题,要充分挖掘题目的隐含条件,充分利用函数图形的直观性,考虑把哪一种函数作为模型,然后建立解析式.已知函数类型时,一般利用待定系数法求解析式.

若模型的类型未知,该如何选择合适的模型描述实际问题的变化规律,我们将在第2课时来解决此问题.

注意:(1)分段函数的规范形式;(2)写出函数解析式后,要标清定义域使函数模型有实际意义;(3)运用数形结合、转化与化归等思想方法解决问题.

最后,教师补充完善,帮助学生构建知识体系

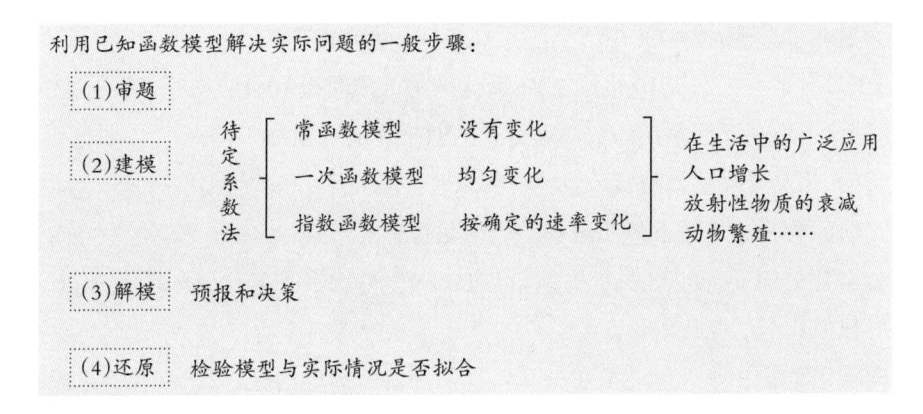

利用已知函数模型解决实际问题的一般步骤:
(1)审题
(2)建模　待定系数法 $\begin{cases} 常函数模型 & 没有变化 \\ 一次函数模型 & 均匀变化 \\ 指数函数模型 & 按确定的速率变化 \end{cases}$ 在生活中的广泛应用　人口增长　放射性物质的衰减　动物繁殖……
(3)解模　预报和决策
(4)还原　检验模型与实际情况是否拟合

设计意图:让学生对本节课学习的内容进行总结,了解学生的掌握情况,锻炼学生归纳总结的能力.

5.环节五:布置作业、应用迁移

复习巩固:课后作业提高综合应用能力.

第2课时

引导语:我们知道,函数是描述客观世界变化规律的数学模型,不同的变化规律需要用不同的函数模型来刻画.第1课时已经展示了用已知函数模型探究实际问题的变化规律,如果在实际问题中变量之间的关系尚不清楚,该如何选择恰当的函数模型来刻画并解决问题?

1.环节一:复习回顾

常用函数模型如表25-3所示.

表25-3

常用函数模型	(1)一次函数模型	$y=kx+b(k,b$为常数,$k\neq 0)$
	(2)二次函数模型	$y=ax^2+bx+c(a,b,c$为常数,$a\neq 0)$
	(3)指数函数模型	$y=ba^x+c(a,b,c$为常数,$b\neq 0,a>0$ 且 $a\neq 1)$
	(4)对数函数模型	$y=m\log_a x+n(m,a,n$为常数,$m\neq 0,a>0$ 且 $a\neq 1)$
	(5)幂函数模型	$y=ax^n+b(a,b$为常数,$a\neq 0)$

2.环节二:探究活动

探究活动3:假设你有一笔资金用于投资,现有三种投资方案供你选择,这三种方案的回报如下.

方案一:每天回报40元;

方案二:第一天回报10元,以后每天比前一天多回报10元;

方案三:第一天回报0.4元,以后每天的回报比前一天翻一番;

请问,你会选择哪种投资方案?

问题8:你用什么方法做出选择?以前是否有类似经验?

方案比较需要先找出变量关系,首先建立三种投资方案对应的函数关系,再通过计算比较它们的变化规律.

问题9:问题中涉及哪些变量关系?如何用函数描述这些数量关系?

预设答案:投资天数、回报金额.

解:设第 x 天所得回报是 y 元,

则方案一可以用函数 $y = 40(x \in \mathbf{N}^*)$ 进行描述;

方案二可以用函数 $y = 10x(x \in \mathbf{N}^*)$ 进行描述;

方案三可以用函数 $y = 0.4 \times 2^{x-1}(x \in \mathbf{N}^*)$.

问题10:根据三种方案对应的函数关系,我们可以作出函数图象,计算所得回报,观察其增长情况,据此你认为应该做出怎样的选择?这样选择可行吗?

先用计算机软件画出三种方案的函数图象,由于定义域的限制,函数图象为曲线上离散的点,如图25-3.

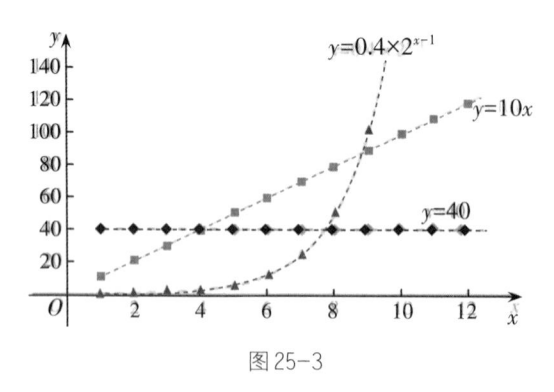

图25-3

为了比较具体的数值,我们再用信息技术计算出三种方案所得回报及增长情况,得到表25-4.

表25-4

时间/天	方案一 y	增加量/元	方案二 y	增加量/元	方案三 y	增加量/元
1	40	—	10	—	0.4	—
2	40	0	20	10	0.8	0.4
3	40	0	30	10	1.6	0.8
4	40	0	40	10	3.2	1.6
5	40	0	50	10	6.4	3.2
6	40	0	60	10	12.8	6.4
7	40	0	70	10	25.6	12.8
8	40	0	80	10	51.2	25.6
9	40	0	90	10	102.4	51.2
10	40	0	100	10	204.8	102.4
…	…	…	…	…	…	…
30	40	0	300	10	214 748 364.8	107 374 182.4

从每天所得回报看,在第1—3天,方案一的回报最多;在第4天,方案一和方案二的一样多,方案三的最少;在第5—8天,方案二的最多;从第9天开始,方案三比其他两个方案所得的回报多,到第30天所得的回报已超过2亿元.

从增长情况看,方案一的函数是常数函数,方案二、方案三的函数都是增函数,但方案三的函数与方案二的函数的增长情况不相同.可以看到,尽管方案一、方案二在第1天所得的回报分别是方案三的100倍和25倍,但方案一中回报的增长量固定不变,而方案三增加量呈"指数增长",其"增长量"是成倍增加的.从第7天开始,方案三的增长比其他两个方案的快得多,这种增长速度是方案一、方案二所无法企及的.

问题11:根据分析,应该进行这样的选择:投资5天以下选择方案一,投资5—8天,选择方案二,投资8天以上选方案三.

比较每天的回报量y和回报量y的增加量(或增长率)是处理数据的基本方法,但是这种比较只能反映出一天或者相比前一天的回报情况,并不能反映投资的总回报,所以不应该这样比较选择投资方案.

问题12:我们如何根据投资总回报做出选择?

再次利用信息技术得到累计的回报数表,如表25-5.

表 25-5

单位:元

方案	时间/天										
	1	2	3	4	5	6	7	8	9	10	11
一	40	80	120	160	200	240	280	320	360	400	440
二	10	30	60	100	150	210	280	360	450	550	660
三	0.4	1.2	2.8	6.0	12.4	25.2	50.8	102.0	204.4	409.2	818.8

从累计的回报数看,投资1—6天,应选择方案一;投资7天,应选择方案一或方案二;投资8—10天,应选择方案二;投资11天(含11天)以上,应选择方案三.

结论:上述案例只是一种假想情况,但从中可以看到,不同的函数增长模型,增长变化存在很大差异.

设计意图:通过分析和解决实际问题,学生感受到不同函数刻画的规律不同,进一步理解用函数模型刻画和解释实际问题的方法.问题8,引导学生根据已有的解决类似问题的经验,获得求解的方案.问题9,建立三种具体方案及对应的函数模型.问题10,根据问题8中总结的办法进行比较分析,并通过问题11讨论认识到不能把增加量作为标准来比较三种方案的差异.问题12,在问题11的基础上改进方法,引导学生用投资天数及对应的总回报量进行比较.

探究活动4:某公司为了实现1 000万元利润的目标,准备制定一个激励销售人员的奖励方案:在销售利润达到10万元时,按销售利润进行奖励,且奖金 y(单位:万元)随销售利润 x(单位:万元)的增加而增加,但奖金总数不超过5万元,同时奖金不超过利润的25%.现有三个奖励模型:$y = 0.25x$,$y = \log_7 x + 1$,$y = 1.002^x$.

其中哪个模型能符合公司的要求?

问题13:探究活动4与探究活动3相比,两者有什么差异?

探究活动3的每个方案对应的函数模型需要自己建,探究活动4中可以选择的模型已经给出.

问题14:你能用数学语言描述符合公司奖励方案的条件吗?

第一,由于公司总的利润目标为1 000万元,且销售人员的销售利润 x 一般不会超过公司总的利润,还要求销售利润达到10万元才进行奖励,所以定义域为$[10, 1\,000]$;

第二,奖金总数 y 不超过5万元,即最大值不大于5,因此值域为$[0, 5]$;

第三,奖金不超过利润的25%,即 $y \leq 0.25x$.

问题15:类比探究活动3,常用的比较方法有哪些?

常用的比较方法如函数图象法、表格法、特殊值法等.不妨先画出函数图象,通过观察函数图象得到初步的结论,再通过计算,确认结果.

解:借助信息技术画出三个模型的函数图象(图25-4).观察图象发现,在定义域区间[10,1000]上,模型一和二的图象都有一部分在直线 $y = 5$ 的上方,只有模型三的图象始终在 $y = 5$ 的下方,这说明只有模型三的奖励符合公司的要求.

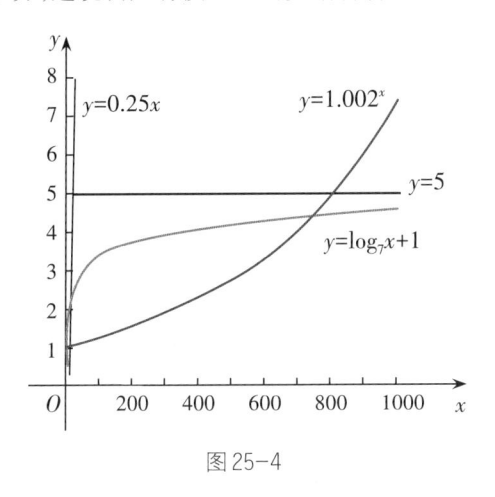

图 25-4

下面通过计算确认上述判断.

先计算模型的奖金总数.对于模型 $y = 0.25x$,它在区间[10,1000]上单调递增,而且当 $x = 20$ 时 $y = 5$,因此当 $x > 20$ 时,$y > 5$,所以该模型不符合要求;对于模型 $y = 1.002^x$,其在区间(805,806)内有一个点 x_0 满足 $1.002^{x_0} = 5$,由于它在区间[10,1000]上单调递增,因此当 $x > x_0$ 时,$y > 5$,所以该模型也不符合要求;对于模型 $y = \log_7 x + 1$,它在区间[10,1000]上单调递增,而且当 $x = 1000$ 时,$y = \log_7 1000 + 1 \approx 4.55 < 5$,所以它符合奖金总数不超过5万元的要求.

再计算按模型 $y = \log_7 x + 1$ 奖励时,奖金是否不超过利润的25%,即当 $x \in [10, 1000]$ 时,是否有 $y \leq 0.25x$,即 $\log_7 x + 1 \leq 0.25x$ 成立.可以选择做差法比较大小,因此构造差函数.

令 $f(x) = \log_7 x + 1 - 0.25x, x \in [10, 1000]$,利用信息技术画出它的图象.

由图象(图25-5)可知函数 $f(x)$ 在区间[10,1000]上单调递减,因此 $f(x) \leq f(10) \approx -0.3167 < 0$,即 $\log_7 x + 1 < 0.25x$.所以,当 $x \in [10, 1000]$ 时,有 $y \leq 0.25x$,

说明按模型 $y = \log_7 x + 1$ 奖励,奖金不会超过利润的25%. 综上所述,模型 $y = \log_7 x + 1$ 确实能符合公司要求.

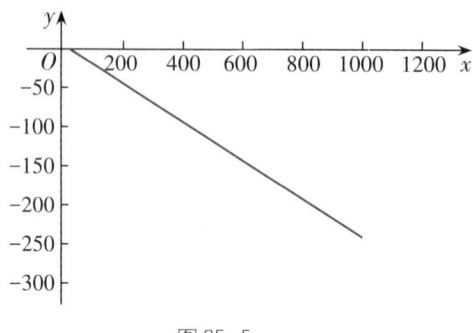

图 25-5

设计意图:让学生再次感受如何选择函数模型解决实际问题,体会数学模型在刻画现实世界变化规律时的作用.本题的求解通过类比、对比而得,问题13的作用是对比探究活动3分析题目,问题14的作用是将判断标准用函数的语言表达出来,进一步将实际问题数学化,问题15的作用是通过复习、梳理找到可能用到的方法.在这个题目的求解过程中,教师要充分利用信息技术,先用计算工具确定几个方案,再通过计算比较进行最终选择.充分发挥数形结合思想方法的作用,培养学生的直观想象和逻辑推理素养.

思考:这个奖励方案实施以后,立刻调动了员工的积极性,企业发展蒸蒸日上,但随着时间的推移,又出现了新的问题:员工缺乏创造高销售额的积极性.为了实现1 000万元利润的目标,在销售利润达到10万元时,按销售利润进行奖励,且奖金 y(单位:万元)随着销售利润 x(单位:万元)的增加而增加,要求如下:

10万~50万,奖金不超过2万;

50万~200万,奖金不超过4万;

200万~1 000万,奖金不超过20万.

请选择适当的函数模型,用图象表达你的设计方案.

设计意图:引导学生联系生活实际情况对奖励方案进行讨论与交流,对模型进行改进和优化,培养学生的质疑精神和应用意识.

3.环节三:抽象概括、形成规则

问题15:通过对探究活动题中函数模型的分析研究,你认为下列函数(如表25-

6)的增长情况是怎样的?

表25-6

常数函数	一次函数	指数函数	对数函数
没有增长	直线上升	"爆炸"增长	"缓慢"增长

问题16:在选择函数模型解决实际问题时,用函数建立模型解决实际问题的基本过程是什么?

这一过程(如图25-6)包括分析和理解实际问题的增长情况是"对数增长""直线上升",还是"指数爆炸";根据增长情况选择函数并构建数学模型,将实际问题化归为数学问题;通过运算、推理求解函数模型,用得到的函数模型描述实际问题的变化规律,解决有关问题,在这个过程中还需要计算工具帮助画图、运算等.

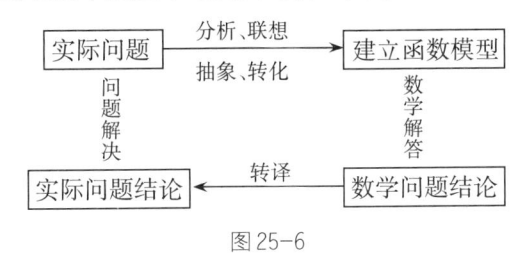

图25-6

设计意图:教师从具体案例中归纳、总结建立函数模型解决实际问题的方法与过程,帮助学生有序思考,提升分析和解决实际问题的能力.

4.环节四:小结提升,形成结构

(1)学生再一次体会"直线上升""指数爆炸""对数增长"变化的差异,从感性认识逐步到理性认识.

(2)本节探究活动课用实例介绍利用函数模型解决实际问题的方法,这些例子体现了函数模型应用的两种情况.一是利用已知函数模型解决实际问题,如人口增长、良渚遗址问题;二是选择合适的函数模型解决实际问题,如投资方案和奖励模型的选择问题.这些实例让学生积累应用数学模型的基本活动经验.

5.环节五:布置作业,应用迁移

复习巩固:课后作业.

拓广探索:对探究活动4中奖励机制进行改进,完成思考题.

课例 26

杨辉三角的性质

一、教学内容分析

本内容是2019年人教A版教材选择性必修三中数学探究的内容,是学生学习了二项式定理后进一步学习二项式系数性质的课例.杨辉三角的数字规律揭示了二项式系数的若干性质,蕴含着丰富的数学规律和重要的数学思想方法,是一个很好的探究学习的课例."杨辉三角"是我国古代数学重要成就之一,除杨辉外,贾宪、朱世杰、华罗庚对杨辉三角都有深入的研究.我们应抓住这一题材,对学生进行爱国主义教育,激发学生的民族自豪感.

本课例内容以二项式定理为基础,运用从特殊到一般的数学思想方法进行思考,发现规律,形成证明思路.这一过程不仅有利于培养学生的思维能力、理性精神和实践能力,也有利于学生理解本节课的核心数学知识,发展数学应用意识.

研究杨辉三角中特定组合数的性质,对巩固二项式定理,建立相关知识之间的联系,进一步认识组合数、进行组合数的计算和变形都有重要的作用,对后续学习微分方程等也具有重要作用.

二、学生学情分析

数学学习并不单纯是学习数学知识,更重要的是通过学习数学知识所蕴含的丰富的数学思想方法提高思维能力.学生进入高二阶段,从知识结构来看,他们已学习了两个计数原理和二项式定理,这为探究杨辉三角的性质与应用奠定了知识基础.从学生的心理特征来看,高二的学生已经具备了一定分析、探究问题的能力,数学学习能力有了很大提高,特别是观察、探究能力也有了长足的进步,也为探究杨辉三角的性质与应用奠定了能力基础.

三、教学目标分析

结合课标要求,本节课制定如下教学目标.

(1)教师通过观察"杨辉三角"和探究其性质的学习活动,让学生感受我国古代数学成就及数学美,激发学生的民族自豪感.

(2)教师从函数的角度研究二项式系数的性质,建立知识的前后联系,体会用函数知识研究问题的方法,培养学生观察发现、抽象概括及分析问题、解决问题的能力.

(3)学生通过直观感知,再上升到理性认识,逐渐掌握二项式系数的一些性质,体会应用数形结合、从特殊到一般、赋值法等重要的数学思想方法解决问题的"再创造"过程.

(4)教师通过课上自主探究、合作探究,课后拓展延伸的学习方法,培养学生的问题意识,提高学生的思维能力,激发学生数学学习兴趣.

本节课的教学重点:通过从不同的角度研究杨辉三角,得到杨辉三角的性质,并最终总结出一般数阵的研究方法.

本节课的教学难点:将杨辉三角的规律用组合数来进行总结.

四、教学策略分析

杨辉三角是数学中的经典内容,本课例围绕直观性、探究性和应用性展开.通过直观展示帮助学生形成初步认识,通过探究活动引导学生深入理解性质,最后通过应用实践巩固所学知识并培养解决问题的能力.

1.直观展示策略

多媒体辅助教学:利用PPT、动画等多媒体资源,动态展示杨辉三角的构造过程和性质,增强学生的直观感受.

2.探究发现策略

(1)教师通过提问引导学生观察杨辉三角的图案,发现其中的规律或特点,如每行的数字之和、每行的数字与上一行数字的关系等.

(2)教师组织学生分组讨论,分享自己的观察结果和思考,通过交流促进思维碰撞和相互学习.

(3)通过具体的计算或试验,学生验证发现的规律或性质,如通过计算验证杨辉三角的对称性、组合数性质等.

3.应用实践策略

教师给出与杨辉三角性质相关的实际问题,让学生在解决问题过程中体会其作用,如利用杨辉三角计算组合数、推导二项式定理等.

4.思维培养策略

(1)数形结合:借助杨辉三角的图形特征,发展学生的数形结合思维,帮助学生更好地理解数学概念和性质.

(2)逻辑推理:通过引导学生分析杨辉三角的构造过程和性质,培养学生的逻辑推理能力和数学思维能力.

(3)创新思维:鼓励学生提出新的问题和想法,如探索杨辉三角的更多性质或应用,培养学生的创新思维和解决问题的能力.

教师在具体的教学中注重学生的主体性、关注学生的差异性,强化实践环节,注重评价与反馈.

五、教学流程图

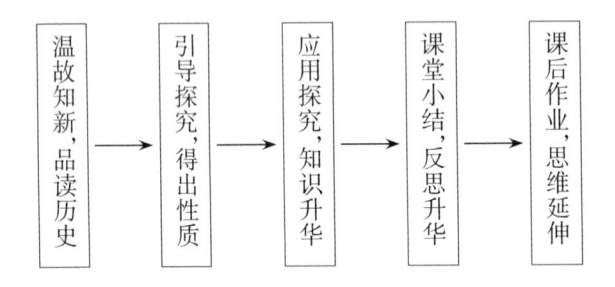

温故知新,品读历史 → 引导探究,得出性质 → 应用探究,知识升华 → 课堂小结,反思升华 → 课后作业,思维延伸

六、教学过程

(一)温故知新,品读历史

问题1:我们已经学过二项式定理,现在我们将二项式系数排成一个数阵,如图26-1.

设计意图:学生通过观察,直观感知"杨辉三角"与二项式系数的性质的关系.

经过数据整理,学生得到一张形如三角形的、非常优美的表.这样的二项式系数表,早在1261年我国数学家杨辉所著的《详解九章算法》一书里就出现了,我们把它称为"杨辉三角".杨辉三角是杨辉的一大重要研究成果,它的许多性质与组合的性质有关,杨辉三角中蕴含了许多优美的规律.古今中外,许多数学家如贾宪、帕斯卡、华罗庚等都曾深入研究过,并将研究结果应用于实践.(播放杨辉三角应用的相关视频)

第0行 　　　　　　1	$(a+b)^0$	1
第1行 　　　　　1　1	$(a+b)^1$	1　1
第2行 　　　C_2^0　C_2^1　C_2^2	$(a+b)^2$	1　2　1
第3行 　C_3^0　C_3^1　C_3^2　C_3^3	$(a+b)^3$	1　3　3　1
……	……	
第$n-1$行　C_{n-1}^0　C_{n-1}^1　C_{n-1}^{n-2}　C_{n-1}^{n-3}		
第n行　C_n^0　C_n^1　C_n^2 …… C_n^{n-1}　C_n^n		

图 26-1

设计意图:学生通过阅读教材,了解杨辉三角的历史.教师在教学中融入数学文化,让学生感受到中国古代数学家们的成就,增强文化自信.

(二)引导探究,得出性质

问题2:你认为可从哪些方面探究杨辉三角? 我们该如何探究杨辉三角的性质?

师生活动:学生小组合作学习,教师适时点拨.学生可以自由回答,教师也可提示比如横看、斜看、竖看、连续看、隔行看等,采取画一画、连一连、算一算的方式,进行归纳和猜想.(图26-2)

设计意图:通过对杨辉三角多角度的观察,学生发现其规律,培养观察力、特殊到一般的归纳猜想能力.

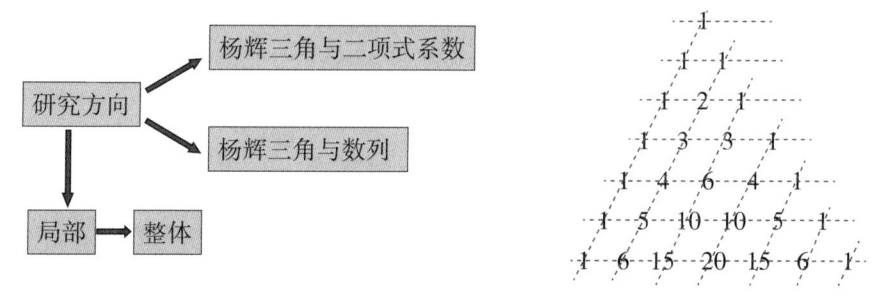

图 26-2

通过小组分工合作,教师补充可以得到如下性质.(性质如图26-3至图26-7)

性质一:对称性.

每行中与首末两端"等距离"之数相等,即 $C_n^m = C_n^{n-m}$.

证明:

$$左边 = \frac{A_n^m}{m!} = \frac{n!}{(n-m)! \times m!}$$

$$= \frac{n!}{m!} \times \frac{1}{(n-m)!}$$

$$= \frac{A_n^{n-m}}{(n-m)!} = C_n^{n-m} = 右边.$$

图 26-3

性质二:递推性.

除1以外的数等于肩上两数之和,即 $C_n^m = C_{n-1}^{m-1} + C_{n-1}^m$.

证明:

$$右边 = C_{n-1}^{r-1} + C_{n-1}^r$$

$$= \frac{(n-1)!}{(r-1)!(n-r)!} + \frac{(n-1)!}{r!(n-1-r)!}$$

$$= \frac{(n-1)!\, r + (n-1)!(n-r)}{r(r-1)!(n-r)(n-r-1)!}$$

$$= \frac{n!}{r!(n-r)!} = C_n^r = 左边.$$

图 26-4

归纳总结数学探究的一般思路:试验观察—归纳猜测—推理论证

性质三:横向求和.

第n行各数的和为

$$C_n^0 + C_n^1 + C_n^2 + \cdots + C_n^r + \cdots + C_n^{n-1} + C_n^n = 2^n.$$

证明:

由二项式定理得

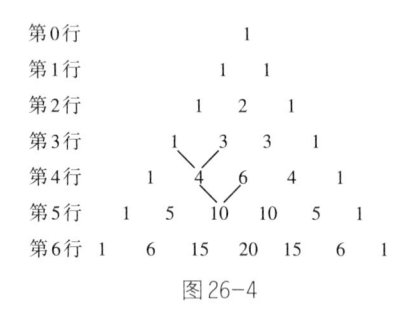

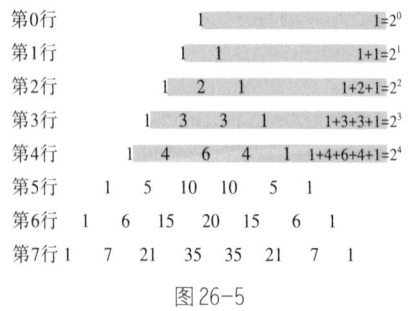

$(a+b)^n = C_n^0 a^n b^0 + C_n^1 a^{n-1} b^1 + C_n^2 a^{n-2} b^2 + \cdots + C_n^n a^0 b^n,$

令 $a=1, b=1, 2^n = (1+1)^n = C_n^0 + C_n^1 + C_n^2 + \cdots + C_n^n.$

图 26-5

性质四:奇数项和与偶数项和相等.

$C_n^0 + C_n^2 + C_n^4 + \cdots = C_n^1 + C_n^3 + C_n^5 + \cdots$

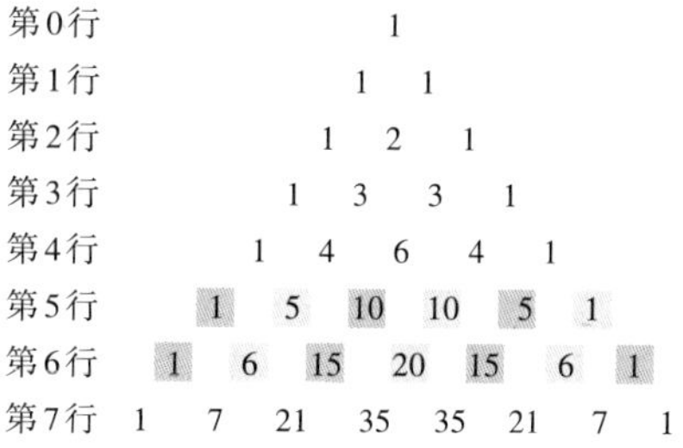
第0行 1
第1行 1 1
第2行 1 2 1
第3行 1 3 3 1
第4行 1 4 6 4 1
第5行 1 5 10 10 5 1
第6行 1 6 15 20 15 6 1
第7行 1 7 21 35 35 21 7 1

图26-6

证明:

由二项式定理得

$(a+b)^n = C_n^0 a^n b^0 + C_n^1 a^{n-1} b^1 + C_n^2 a^{n-2} b^2 + \cdots + C_n^n a^0 b^n$,

令$a=1, b=-1$,

$0=(1-1)^n = C_n^0 - C_n^1 + C_n^2 - C_n^3 + C_n^4 - C_n^5 + \cdots + (-1)^n C_n^n$,

移项整理可得$C_n^0 + C_n^2 + C_n^4 + \cdots = C_n^1 + C_n^3 + C_n^5 + \cdots$.

性质五:斜向求和.

$C_r^r + C_{r+1}^r + C_{r+2}^r + \ldots + C_{n-1}^r = C_n^{r+1}$.

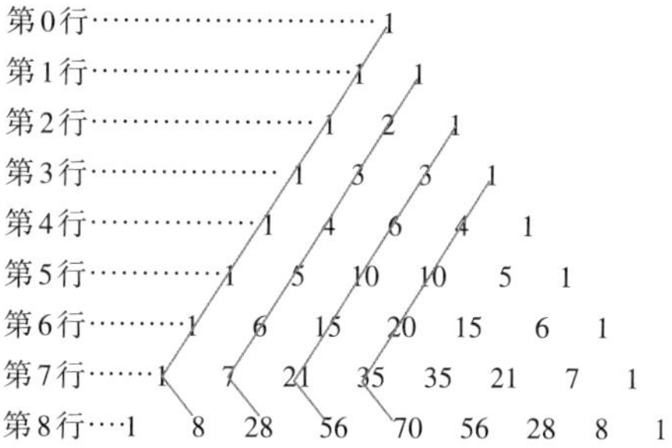
第0行 1
第1行 1 1
第2行 1 2 1
第3行 1 3 3 1
第4行 1 4 6 4 1
第5行 1 5 10 10 5 1
第6行 1 6 15 20 15 6 1
第7行 1 7 21 35 35 21 7 1
第8行 1 8 28 56 70 56 28 8 1

图26-7

证明:

$C_r^r + C_{r+1}^r + C_{r+2}^r + \cdots + C_{n-1}^r$

$= C_{r+1}^{r+1} + C_{r+1}^r + C_{r+2}^r + \cdots + C_{n-1}^r$

$= C_{r+2}^{r+1} + C_{r+2}^r + C_{r+3}^r + \cdots + C_{n-1}^r$

$= C_{n-1}^{r+1} + C_{n-1}^r = C_n^{r+1}$

设计意图:学生从数字表示的杨辉三角中寻找规律,从组合数表示的杨辉三角中总结规律,并加以证明.这体现了“观察—归纳—猜想—证明”的数学研究理念,小组合作的方式既能降低探究的难度,也能培养学生的合作意识,提高学生的学习兴趣.

思维拓展:可以给学生补充杨辉三角中更多有趣的“秘密”.

师:同学们观察得很认真!但是杨辉三角中还有其他规律,如高阶等差数队列、斐波那契数列、与11^n的关系、谢尔宾斯基三角形.(图26-8)

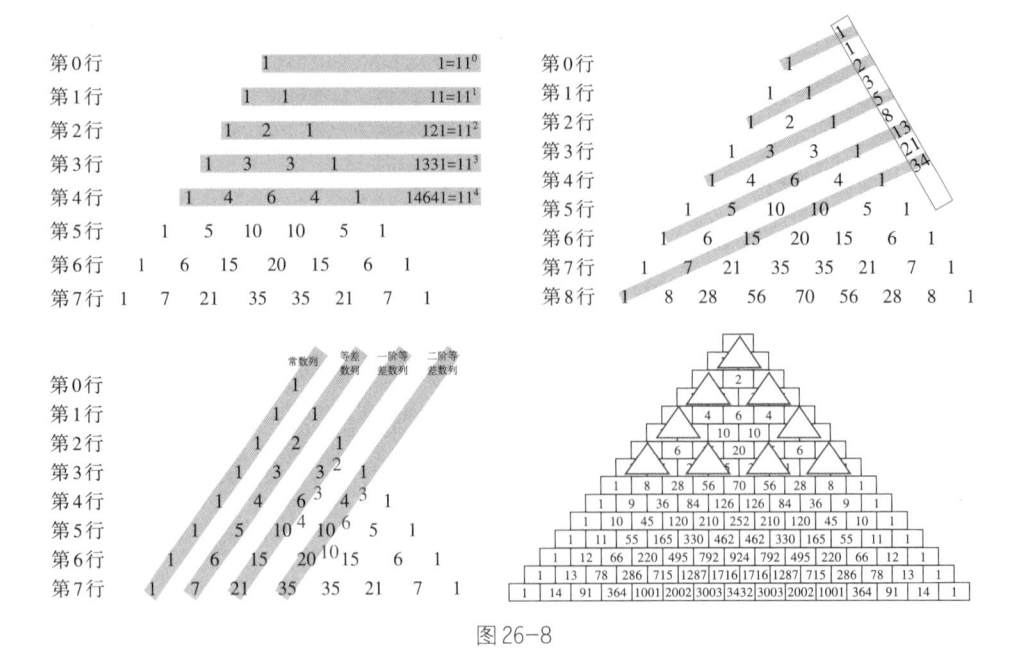

第0行	1							$1=11^0$
第1行	1	1						$11=11^1$
第2行	1	2	1					$121=11^2$
第3行	1	3	3	1				$1331=11^3$
第4行	1	4	6	4	1			$14641=11^4$
第5行	1	5	10	10	5	1		
第6行	1	6	15	20	15	6	1	
第7行	1	7	21	35	35	21	7	1

图 26-8

(三)应用探究,知识升华

拓展:杨辉的《详解九章算法》中有一个这样的问题:三角垛,下广,一面十二个,上尖,问计几何.

上述三角垛问题一般化后,相当于如下问题:如图26-9,底层是每边堆 n 个圆球的三角形,向上逐层每边减少1个,顶层是1个,求该三角垛中圆球的总数.

图 26-9

解析:假如从顶层开始往下,每层的球数为1,3,6,10,15,…,利用杨辉三角容易得到, $C_2^2=1$, $C_3^2=3$, $C_4^2=6$, $C_5^2=10$, $C_6^2=15$, $C_{n+1}^2=\dfrac{n(n+1)}{2}$,即为第 n 层数.所以底层为十二个圆球的三角垛,球的总数为 $S=C_2^2+C_3^2+C_4^2+\cdots+C_{13}^2=C_{14}^3=\dfrac{14\times12\times11}{3\times2\times1}=364$.

所以,得到公式 $S_n=1+3+6+\cdots+\dfrac{n(n+1)}{2}=C_{n+2}^3=\dfrac{n(n+1)(n+2)}{6}$.

(四)课堂小结,反思升华

师生活动:让学生小结学到的知识与数学思想方法.

知识小结:二项式系数的性质:对称性、传递性、增减性与最大值、各二项式系数的和.

思想方法小结:函数思想、数形结合思想、观察法、比较法、赋值法等.

设计意图:通过对课堂知识的整理、总结与反思,学生更好地掌握主干知识,体会探究过程中渗透的数学思想方法,再次感受我国古代数学成就,激励自己努力学习.

(五)课后作业,思维延伸

(1)探究与发现杨辉三角中的更多奥妙.

(2)搜集资料,了解杨辉三角的历史和研究成果以及在实际生活中的应用.

设计意图:教师多角度地分析问题、探究问题、解决问题,将学生思维推向高潮,既加深学生对前后知识内在联系的理解,又从深度和广度上让学生感受数学知识的串联和呼应.